新时代

XINSHIDAI
XIN DE SHEHUI
JIECENG RENSHI SIXIANG YINLING
YU TONGZHAN GONGZUO YANJIU

新的社会阶层人士思想引领与统战工作研究

中国统一战线理论研究会新的社会阶层人士统战工作理论江苏研究基地 / 著

河海大学出版社
HOHAI UNIVERSITY PRESS
·南京·

图书在版编目(CIP)数据

新时代新的社会阶层人士思想引领与统战工作研究 / 中国统一战线理论研究会新的社会阶层人士统战工作理论江苏研究基地著. —南京：河海大学出版社，2022.12(2024.1 重印)
ISBN 978-7-5630-7883-7

Ⅰ. ①新… Ⅱ. ①中… Ⅲ. ①统一战线工作—中国—文集 Ⅳ. ①D613 53

中国版本图书馆 CIP 数据核字(2022)第 253140 号

书　　名 新时代新的社会阶层人士思想引领与统战工作研究
书　　号 ISBN 978-7-5630-7883-7
责任编辑 张　媛
特约校对 周子妍
封面设计 徐娟娟
出版发行 河海大学出版社
地　　址 南京市西康路 1 号(邮编:210098)
电　　话 (025)83737852(总编室)　(025)83722833(营销部)
经　　销 江苏省新华发行集团有限公司
排　　版 南京布克文化发展有限公司
印　　刷 广东虎彩云印刷有限公司
开　　本 710 毫米×1000 毫米　1/16
印　　张 19.75
字　　数 390 千字
版　　次 2022 年 12 月第 1 版
印　　次 2024 年 1 月第 2 次印刷
定　　价 86.00 元

编委会

主　　编　夏锦文　徐东海　黄仕亮

执行主编　张　卫

副 主 编　后梦婷

课题组成员（按姓氏笔画为序）

后梦婷　孙风华　孙运宏　张　卫

张春龙　张伟伟　郑　祺　封荣生

顾　辉　郭冬梅　郭晓东　鲍　雨

目录

第一篇

新的社会阶层与国家治理现代化

第一节　新的社会阶层人士参与国家治理现代化的引导路径

一、新的社会阶层人士参与国家治理现代化的重要意义

（一）新的社会阶层人士是国家治理现代化的执政基础之一

现代国家建设是现代化发展的政治维度，是政治、经济、社会、文化等领域发展的现实载体。国家治理现代化则是现代国家建设的必由之路和核心议题，是影响经济社会发展的基本前提和保障。一般来看，政治现代化内蕴于国家治理现代化，是由传统政治转向现代政治的变迁过程，是政治权威理性化、政治功能专业化、政治参与大众化的发展趋向。在这其中，政治参与大众化处于核心的位置，是联结社会各阶层参与政治现代化、推进政治现代化的重要变量，也是政治秩序和社会发展有序运行的基础。

一方面，新的社会阶层人士有效参与国家治理现代化，有助于扩大党的执政基础。任何一个政党的有效执政都离不开特定的阶级基础和广泛的社会基础。一个政党的执政基础是依靠谁来实现执政的问题，是政党参与地区政治活动的首要前提条件。如果一个政党丧失了执政基础，那么有效执政只是空谈妄想，甚至连政党自身的存在都岌岌可危。工人阶级和农民阶级是中国共产党执政的根本基础，但是中国共产党不仅是工人阶级的先锋队，也是中国人民和中华民族的先锋队，是领导全国各族人民实现中华民族伟大复兴的政党。这就要求，中国共产党与时俱进，不断扩大、巩固执政的社会基础，将新的社会阶层人士纳入执政基础。改革开放以来，我国经济社会体制改革稳步推进，整个社会的阶层分化不

断加剧，社会结构发生了显著的变化，新的社会阶层群体正是在这一变革中得以产生和发展的，并且规模不断壮大，在社会中的影响力不断增强。这一新群体、新情况和新变化对党的执政基础产生了重大影响，如何面对客观发展而带来的新社会群体，如何在新时期社会结构变化中扩大、巩固党的执政基础，成为中国共产党人迫切需要解决的问题。新的社会阶层人士具备较高的教育水平、较突出的专业优势、较强的参与意识，同时与工人、农民、体制内知识分子的根本利益是一致的，因此，鼓励和引导新的社会阶层人士有效参与国家政治生活，参与国家治理现代化进程，有助于扩大党的执政基础。

另一方面，新的社会阶层人士有效参与国家治理现代化，有助于巩固和加强党的领导。在整个国家普遍认同的威望和强有力的影响力是党的领导地位的重要体现，这就要求党必须注重扩大执政的社会基础，在巩固工人阶级和农民阶级作为党执政的领导力量和支撑力量的基础上，注重广泛吸纳各社会阶层参与国家治理现代化。执政党执政效能高低的重要检验标准是能否广泛代表各方利益，整合社会各阶层多样化的利益诉求，回应社会各阶层大多数人的利益，最大限度地凝聚社会各阶层的共识。这关系到党执政能否得到大多数人的拥护和支持，关系到党的领导权威和影响力。新的社会阶层人士大多分布在非公有制经济领域，是不可忽视的政治力量。习近平总书记指出，要“择天下英才而用之”“在全社会大兴识才、爱才、敬才、用才之风”。中国共产党在领导推进国家治理现代化中，要勇于跳出传统的阶级阶层结构框架，鼓励和引导新的社会阶层人士有序参与国家治理现代化，通过有效的制度安排吸纳新的社会阶层人士，统筹兼顾和整合新的社会阶层人士的合理利益诉求，从而增强党在全社会的影响力和凝聚力。

（二）新的社会阶层人士是构建现代化经济体系的重要主体

党的十九大报告提出，要“贯彻新发展理念，建设现代化经济体系”，并提出“深化供给侧结构性改革”“加快建设创新型国家”“实施乡村振兴战略”“实施区域协调发展战略”“加快完善社会主义市场经济体制”“推动形成全面开放新格局”等具体部署。新的社会阶层人士在构建现代化经济体系中处于举足轻重的地位，是促进市场治理现代化的重要力量。

一方面，新的社会阶层人士为构建现代化经济体系提供专业支撑。新的社会阶层人士是伴随着非公有制经济的发展而出现的，实际上是经济制度变迁的产物。在我国由计划经济体制逐步转向市场经济体制的过程中，整个社会阶层结构也随之发生了变化，原有的产业结构不断调整，逐步建立了以职业为基础的社会分化机制，新的社会阶层凭借投入劳动、知识、技术、管理和资本等生产要素，不断发展壮大，日渐成为推动社会生产力发展的重要力量。进入新时代，新的社会阶层人士在构建现代化经济体系中不仅能够发挥市场主体多元化作用，而且能够提升市场主体创新能力。就发挥市场主体多元化作用而言，新的社会阶层人士分布在市场经济运行的各环节，主要集中在第二、三产业，是推动产业结构优化升级的重要力量，有利于形成多元化竞争格局，发挥专业特长、行业优势，推进专业化市场建设，有效促进资源要素在国民经济运行微观层面的优化配置。比如，中介组织从业人员在鉴证、咨询、服务等领域提供知识性产品服务。就提升市场主体创新能力而言，创新是实现社会发展、产业升级的根本性力量，作为新的社会阶层重要组成部分的民营科技企业创业人员和技术人员，是推动制度完善、技术创新的重要力量。他们作为科技领域的专业人才，直接从事科学技术创新、科技产品研发和科技成果的转化运用，推动传统产业提档升级，淘汰落后产能，开展新技术应用、新产品研发，凝聚新动能、引领新发展，在提升创新能力方面起着重要作用。

另一方面，新的社会阶层人士为构建现代化经济体系增添活力。互联网时代新的业态不断壮大，导致新职业快速发展，“自由职业者”成为增添现代化经济体系活力的重要力量。中国社会科学院社会学研究所的“中国社会状况综合调查”(CSS)显示，2008—2019 年我国职业阶层结构的一个巨大变化是自由职业者的快速发展，从 0.1%猛增到 5.6%①。过去传统“自由职业者”主要是指自我雇佣的脑力和体力劳动者，没有劳动雇佣单位，如独立从业的作家、艺术家、会计等群体。然而，互联网蓬勃发展的时代，产生了一批形式多样的新型网络工作形态，如网络直播、网上带货、网约车、短视频制作等。以自由职业者快速增加为标志的“新型零工”就业蓬勃发展，在就业体系中从边缘性的补充逐渐走到前台，并与互联网耦合成为重要就业形态。自由职业者中大部分是新的社会阶层人士，他们对在新形势下扩大就业、增强市场活力具有积极的意义，是建设社会主义市场经济的一支重要生力军。

（三）新的社会阶层人士是打造社会治理共同体的协同力量

习近平总书记指出，要“打造共建共治共享的社会治理格局”。党的十九

① 李培林、崔岩：《我国 2008—2019 年间社会阶层结构的变化及其经济社会影响》，《江苏社会科学》2020 年第 4 期。

届四中全会进一步提出“完善党委领导、政府负责、民主协商、社会协同、公众参与、法治保障、科技支撑的社会治理体系，建设人人有责、人人尽责、人人享有的社会治理共同体”。社会治理现代化离不开多元主体的协同参与，新的社会阶层人士在这方面具有特殊的优势，是打造社会治理共同体的协同力量，在社会治理现代化的全过程、各领域、各环节中发挥着重要作用。

一方面，新的社会阶层人士参与社会治理有助于完善社会治理的共治机制。社会治理作为公共治理的重要领域，需要来自社会各方力量的广泛共同参与，只有各行各业、社会各界人士凝心聚力，各利益相关主体之间建立互联的组织网络，形成分工合作的社会治理运行体系，才能建立科学高效的社会治理的共治机制。“作为相对纯粹的‘社会人’，新的社会阶层人士思维更加活跃、观念更加多元、人格更加独立、社会参与意识更加强烈，是构建社会治理共同体的重要主体。”[①]新的社会阶层人士涵盖面广、数量多，可以有效联结政治、经济、社会、文化等诸多领域，是新时期助力社会治理现代化的重要力量，可以充分发挥自身在管理、组织、协调和引导方面的专业作用，实现社会治理机制的顺畅运行，为人民群众创造良好有序的社会环境。同时，引领新的社会阶层人士参与社会治理，让他们对社会治理的进程和发展有更多的认知和参与，有助于了解社会发展形势，前瞻谋划，化解各种社会风险，应对各种挑战。

另一方面，新的社会阶层人士参与社会治理有助于提升社会治理效能。科技支撑和专业水平是社会治理现代化的两个重要指标，决定着社会治理现代化的实现程度。就科技支撑而言，它是社会治理技术含金量的重要体现，大数据、云计算、物联网、人工智能等现代科技与社会治理深度融合，能够大幅度提升社会治理的效能。新的社会阶层人士中的民营企业和外商投资企业管理技术人员，大多具有较高的专业知识水平和技能，在新技术研发应用领域发挥着重要作用，有力推动了社会治理迈向智能化、便捷化。这其中新媒体等新兴产业的投融资操盘、技术研发攻关、内容生产发布以及经营管理领域，是当前我国经济快速发展催生出的新兴产业，其从业者大多游离于体制之外，是党委、政府在社会治理过程中短时难以充分触及的新领域、新群体，也是社会治理运行中极易“梗阻”的环节和盲区。充分发挥新媒体从业人员中代表性人士在社会治理中的引领作用，对社会治理成效的提升意义重大。就专业水平而言，中介组织和社会组织从

---

① 潘岳：《新的社会阶层人士是建构社会治理共同体的重要力量》，中央社会主义学院网站，https://www.zysy.org.cn/article/3w4sJSQVOe4。

业人员是社会治理的重要主体和依托，具有服务社会的专业优势和职业精神，他们坚持职业操守，为社会治理提供了大量公共产品和专业服务。中介组织从业人员以专业性知识产品为社会提供服务，是社会治理不可或缺的智库团队，为建立良好和谐的社会关系、经济关系等提供了智力支持，可以有效调解劳动关系、缓和利益矛盾；社会组织从业人员是新的社会阶层的重要组成部分，他们服务范围广泛，涉及各领域、各地区、各行业，既有社会公平和社会福利问题，也有社区发展和个案救助问题，既有省域的公益创投项目，也有街道、社会的公益孵化平台，通过整合各方优势资源，提供精准精细的专业服务，为提升社会治理整体效能提供专业保障。

（四）新的社会阶层人士是推动文化高质量发展的活跃因子

没有社会主义文化繁荣发展，就没有社会主义现代化。习近平总书记指出："统筹推进'五位一体'总体布局、协调推进'四个全面'战略布局，文化是重要内容；推动高质量发展，文化是重要支点；满足人民日益增长的美好生活需要，文化是重要因素；战胜前进道路上各种风险挑战，文化是重要力量源泉。"这明确了文化建设在我国经济社会发展全局中的突出地位和重要作用。新媒体从业人员创造的文化产品是社会大众重要的文化消费热点，同样作为新的社会阶层人士重要组成部分的自由职业文艺工作者，包括自由美术工作者、民间手工艺人、网络作家、音乐制作人、独立演员歌手等，所创造的优秀文艺作品已成为社会主义文化强国建设的重要力量，自由职业文艺工作者也成为推动文化高质量发展活跃且有重要影响力的因子。

一方面，新的社会阶层人士创造的文化产品紧跟时代发展。不管是新媒体从业人员，还是自由职业文艺工作者，他们创造的文化产品紧跟时代潮流，贴近市场需求，是文化产品供给的重要组成部分。以网络视频和网络文学为例，视频网站推出的优质短视频不断增多，网络剧、网络综艺、网络电影蓬勃发展，其匠心精制的制作理念满足了用户的不同文化消费需求；网络作家群体则以网络文学网站为聚集地，在互联网上传播文学作品，或将文学作品改编成电影、电视剧、游戏等，使得网络成为年轻人文化消费的新领域。

另一方面，新的社会阶层人士创造的文化产品社会影响巨大。以网络作家为例，网络作家主要依靠优质的网络文学作品来吸引读者，逐步实现网络文学作品与影视、动漫、游戏等周边文化产业的深度融合，网络文学已经成为当前我国文化产业的重要组成部分。《第47次中国互联网络发展状况统计报告》显示，截至2020年12月，我国网络文学用户规模达4.6亿。仅阅文集团单用户月均付费已从2019年上半年的22.5元增至2020年上半年的34.1元，同比增幅高达51.6%。[①] 一个网络作家可能影响着几十万、几百万的读者，其中读者又以年轻人居多，网络作家群体的思想境界、价值取向、道德判断，会对读者产生直接的影响，他们逐渐成为影响社会思潮、公众舆论及价值追求的重要力量之一。网络本身具有匿名性、虚拟性、开放性等特点，加之网络作家群体数量庞大，范围对象难以掌握，除极少数全国知名的网络作家外，数以百万计的网络作家均以虚拟身份在网上创作，分布在阅文集团、百度文学、阿里文学、中文在线、掌阅科技等网络文学平台。他们仅仅需要填写简单的个人资料信息，就可以快速完成网络作家的身份认证。大多数网络作家并无相对固定的平台，现有的技术较难通过网络文学平台对网络作家进行实时、有效的掌控，由此可能会对现实社会的和谐稳定造成一定的冲击。

二、新的社会阶层人士对国家治理现代化进程的影响力分析

（一）新的社会阶层人士分布广泛、规模庞大，是影响改革开放稳定局面的重要变量

新的社会阶层人士属于中高收入群体，广泛分布于经济、社会、文化等诸多领域，日渐成为促进我国经济社会发展的重要力量，也是影响改革开放稳定局面的重要变量。

一方面，新的社会阶层人士分布广泛、规模庞大，影响着社会变革创新。改革开放以来，新的社会阶层人士在发展新产业、催生新业态、研发新技术、组建新型经济和社会组织等方面发挥了重要的驱动引领作用，不管是在经济生产领域，还是社会生活领域，新的社会阶层人士作为创新发展的驱动力作用逐步增强，成为影响社会变革创新的重要力量。在经济发展领域，新的社会阶层人士中的专业技术人员是科技创新、数字经济的重要参与者，推动生产要素的高效优化组合，直接推动了生产方式的变革。在社会生活领域，新的社会阶层人士中的社会

① 中国互联网络信息中心（CNNIC）：《第47次中国互联网络发展状况统计报告》，中国政府网，2021年2月，http://www.gov.cn/xinwen/2021-02/03/5584518/files/bd16adb558714132a829f43915bc1c9e.pdf。

组织从业人员在脱贫攻坚、乡村振兴、救助救灾、慈善公益等方面发挥了巨大作用，有力推动了我国社会事业的发展和进步。

另一方面，部分新的社会阶层人士在政治理念、意识形态、价值观等方面存在模糊认识，在一定程度上影响社会和谐稳定。新的社会阶层人士对于党和国家的政治认同普遍较高，但部分人也存在一些模糊和错误的认识。新的社会阶层人士成长于改革开放时代，发展于市场经济时代，兴盛于经济全球化时期，经常接触到国内外各种思潮，部分人容易受到西方政治思潮影响而向往西方社会制度和生活方式，有时候会用西方所谓的"三权分立""民主宪政"等制度或理论来分析我国的经济社会问题，脱离我国的基本国情，从而出现传播错误、偏激、片面言论的问题，甚至有可能在意识形态和群体倾向方面，出现朝着偏离甚至相反方向发展的危险。因此，新的社会阶层人士是保持我国阶层关系和谐稳定的关键群体，要对其进行正确的、积极有效的思想引导，让他们投身于社会主义现代化建设。

（二）新的社会阶层人士具有较高的政治参与度，是影响国家治理效能提升的重大因素

在一个政治稳定、运行有序的国家，各个利益相关群体的利益表达渠道一般比较通畅，国家能够有效收集社会民众的利益诉求，进而实现有效的利益整合，在这基础上制定的政策才能真正符合人民的根本利益。随着新的社会阶层人士财富的增加和社会地位的提升，他们的政治参与意识逐渐增强，希望通过政治参与表达和实现自身的利益诉求，这对国家治理效能提升产生了重大影响。

一方面，新的社会阶层人士具有较高的政治参与度，影响国家治理的科学化、民主化和法治化水平。有序的政治参与对于国家治理具有重要的现实意义，新的社会阶层人士的政治参与对于国家治理现代化的发展具有重要的影响。首先，影响国家治理的科学化水平。新的社会阶层人士中的大部分行业精英，在科技创新、数字经济、决策咨询、中介服务、社会工作等领域具有专业优势，他们参与国家治理能够有效提升治理效能的科学化水平，推进治理活动的科学有序开展。其次，影响国家治理的民主化水平。新的社会阶层人士作为新生的社会群体，吸纳他们有序参与国家治理，能够统筹兼顾各社会阶层的利益，听取多方利益诉求，提升国家治理的民主化水平。最后，影响国家治理的法治化水平。新的社会阶层人士中的律师群体，是提升法治化营商环境的关键力量，律师群体的政治参与情况影响着区域法治化水平。

另一方面，新的社会阶层人士具有较强的政治参与意识，在某些情况下会寻找非制度化的政治参与渠道。我国新的社会阶层人士的政治参与是在短时间内迅速发展起来的，在某些利益表达渠道不畅通、有效制度供给不足、相关立法不健全的情况下，当新的社会阶层人士自我价值难以实现的时候，部分人往往会寻找非制度化的政治参与方式，这给国家治理效能提升带来了负面影响。部分新的社会阶层人士的非制度化政治参与，不仅破坏了市场经济的公平原则，而且影响了国民经济的健康持续稳定发展，易滋生贪污腐败，造成恶劣的社会影响，使党和政府的权威性、公信力下降，使人民群众对党和政府产生信任危机。

（三）新的社会阶层人士利益诉求的多元化，是影响社会价值共识凝聚的重要方面

新的社会阶层人士大多属于体制外，成长于改革开放以后，他们一般具有较高的受教育水平和较强的权利意识，但由于在职业、文化教育背景、价值观念等方面存在较大差异，利益诉求呈现个体性和分散性，影响社会价值共识凝聚。

一方面，新的社会阶层人士是政府与民众之间沟通联系的重要纽带，影响着组织化的利益表达和合法的维权。新的社会阶层人士广泛活跃于各领域，通过各种渠道提出利益诉求，积极为政府施政建言献策。特别是新的社会阶层人士参与成立的大量民间行业协会、中介组织、基金会等，通过了解成员的利益和要求，将成员的各种合理利益诉求整合为组织的共同利益和行动纲领，是组织化利益表达的重要体现，更是推动合法维权的重要形式。在这其中，行业协会履行了政府赋予的行业协调管理的职能，是行业利益诉求发声的专门渠道，在维护行业成员合法权益、建立行业从业规范、推动行业公平竞争、加强行业管理自律等方面发挥着重要作用；社会组织是基层社会治理的重要组成部分，是了解社区居民利益诉求、提供专业社工服务的重要力量，是基层社会治理诉求的重要表达渠道，在一定程度上促使政府对民众的利益诉求给予及时和负责任的回应，呼吁全社会共同关注经济社会发展议题。

另一方面，新的社会阶层人士基于自身利益的功利化诉求，影响着整个社会价值共识的凝聚。新的社会阶层人士中绝大多数能够从经济社会发展的整体利益出发，兼顾自身利益和公众利益，较好地发挥模范带头作用。但是，由于新的社会阶层本身构成的复杂性，仍然有一些新的社会阶层人士在利益诉求表达时带有明显的功利性。他们不是出于对国家发展和民族复兴的考量，不是出于对政治民主、经济发展、社会福祉、文化繁荣的关注，而是通过投入与产出比较来决

定自己利益表达的重点，寻求以最小的代价获取最大的利益，通过向政府要优惠扶持政策、谋求政治身份来实现自己的经济利益和政治利益。比如，有的新的社会阶层人士希望设置专门渠道来解决子女入学问题、自身医疗保障问题。这些基于自身利益的功利化诉求本质上是一种个体“原子化”的逐利行为，是一种“碎片化”的少数利益诉求，明显缺乏为国分忧、为民服务的责任担当意识，不是一个阶层、一个群体的行为，其表达利益诉求的目的只是为自己的发展谋求方便，而不是为整个阶层、整个社会的长远发展着想，对整个社会价值共识的凝聚产生消极影响。

（四）新的社会阶层人士作为新生社会阶层，是影响阶层结构优化整合的重点和难点

新的社会阶层人士作为新生社会阶层，是以市场化为基础的阶层结构的分化，如何将之前在某种程度上处于边缘化境地的新生社会阶层以制度化形式整合到国家治理体系中，是阶层结构优化整合的重点和难点。

一方面，新的社会阶层人士不断“动态发展”，影响新生社会阶层“组织起来”的效果。“新的社会阶层”概念是2001年江泽民在庆祝中国共产党成立80周年大会上的讲话中首次提出的，之后这一概念的内涵不断调整。目前学界比较认同的是中央统战部有关课题组的概念界定，即新的社会阶层是指“改革开放以来，随着社会主义市场经济的发展，在非公有制经济领域和社会领域出现的一些新社会群体，主要包括民营企业和外商投资企业管理技术人员、中介组织和社会组织从业人员、自由职业人员、新媒体从业人员等”[①]。但是，在实践中“新的社会阶层”涵盖的群体一直处于变动中，且阶层内部的异质性较大，影响“组织起来”的效果。仅以自由职业人员为例，“零工经济”[②]就业方式的蓬勃发展带来了自由职业人员数量激增，在就业体系中从过去的边缘性补充走上前台，并预示着某种未来就业的发展趋势。根据阿里研究院的统计，中国2015年“零工经济”人员约为1.1亿，占比约为7.8%，预计到2036年“零工经济”从业人员将突破4亿人。这一规模巨大且不断变动的自由职业群体，对新生社会阶层的“组织起来”

---

① 《开拓新的社会阶层人士统战工作新局面》，《中央社会主义学院学报》2017年第4期。

② “零工经济”(Gig Economy)指的是用时短、灵活性强的工作形式。不同于传统的“朝九晚五”式的工作形式，它包括咨询顾问、承接协定、兼职工作、临时工作、自由职业、个体经营、副业，以及通过自由职业网站平台找到的订单式零工。参见[美]黛安娜·马尔卡希：《零工经济》，陈桂芳译，中信出版社2017年版，第3-25页。

带来巨大的影响。

另一方面，新的社会阶层人士作为新生社会阶层，影响原有国家治理体系的整合。作为经济发展和社会阶层变革的反映，新的社会阶层人士的崛起改变了传统国家治理体系下的封闭结构，影响了阶层结构的优化整合。做好新的社会阶层工作的关键点就是在秩序与活力之间不断寻找治理的平衡，在这一过程中既要保持经济和社会发展活力，又要不断强化社会整体运行的秩序，这就对治国理政提出了新要求。社会结构变动的核心特征是社会阶层的日益分化与多样，原有的“总体性”社会结构被“多元化”社会结构所替代，新的社会阶层人士凭借其具有的专业知识、技术能力和创新思维悄然影响着整个社会。但传统治理体系给予“体制内”群体更多的参与途径，而对“体制外”新的社会阶层人士提供的途径较少，无法有效地将新的社会阶层人士包容到治理体系中。此外，新的社会阶层的成长带动了市场经济的制度性安排与政策变革，发展所取得的成就离不开政策创新和制度性有效安排，但是，在新形势下仍然存在着有效性政策供给不足的问题，如针对自由职业、创业发展的新的社会阶层人士缺少必要的政策引导，在打造公开、法治、透明、便利、公平的营商环境方面，在为他们提供基本的、有针对性的公共服务方面等还存在着短板，影响着阶层结构的优化整合。因此，必须从更广阔的视野思维和更新的发展理念出发，跳出固有运行机制的藩篱，不囿于发展惯性的束缚，勇于创新治理理念与方式。

三、新的社会阶层人士参与国家治理现代化的地方实践探索

国家治理的目的在于，在各种不同的制度关系中运用权力去引导和规范公民的各种活动，以最大限度地增进公共利益。国家治理涵盖了政府治理、政党治理、市场治理、社会治理、社区治理、乡村治理等各个方面。新的社会阶层人士通过相应的途径参与其中，实现其参与国家治理的价值和作用。

近年来，江苏各地积极建设统战工作实践创新基地，引导新的社会阶层人士有效参与国家治理，探索新的社会阶层人上参与国家治理现代化新方式，总结出许多各具特色的新的社会阶层参与社会治理工作的实践经验，推动新时代新的社会阶层人士统战工作走在全国前列。

（一）新的社会阶层人士参与市场治理的实践经验

新的社会阶层群体中有很多人是某行业的代表人物或精英骨干，对所在企

业的运作管理和行业的发展发挥着十分重要的作用。引导新的社会阶层人士参与市场治理，并在其中发挥管理、决策、服务的作用，能够有效地推进“政事分开、事企分开、管办分离”，实现行业协会承接国家市场治理的职能。

1. “放管服”相结合，改善新的社会阶层人士营商环境

常州市武进区西太湖科技产业园企业集中，管理技术人才集聚，园区党群工作部将民营企业和外资企业管理技术人员作为重点关注对象，以创客工寓为平台载体，积极探索开展新的社会阶层人士统战工作。第一，打造空间圈，集聚新的社会阶层人士。重点打造西太湖・创客工寓，以解决创客“居住＋创业”两大难题的一站式服务平台，依托园区“4＋1”特色产业和苏澳合作园板块，推出创客空间、人才公寓、总裁公寓和服务式公寓四大服务空间，满足了企业高管及技术人员的多元化生活工作需求。第二，建立服务圈，为新的社会阶层人士提供各种服务帮助。西太湖科技产业园党群工作部将新的社会阶层人士按不同的职业类型划分，因人而异，为企业家、企业高管、企业中层和技术骨干量身定制不同层面的职业培训，以服务赢得新的社会阶层人士的信任和支持。园区还积极与武进区委统战部对接，邀请区各党派团体走进创客工寓，为企业高管和技术人员开展义诊、心理咨询等活动。第三，搭建成长圈，培育新的社会阶层人士。西太湖科技产业园党群工作部依托众创平台，开展创业导师团、创业分享趴、创新创业大赛等活动。

宿迁市坚持“人与产业共发展”的理念，以发展电子商务和电商产业园区建设为依托，汇聚了大批电商领域知名企业管理技术人员。一方面，宿迁市委统战部做好“产业＋集聚”，推进传统企业“上网触电”，相继出台了《关于促进电子商务加快发展若干扶持政策》《宿迁市加快电子商务发展实施意见》等文件和专项政策。经过多年的精心打造，园区三大基础产业初具规模，集聚相关企业 100 余家，年内交易额突破 100 亿元。另一方面，做实“招引＋服务”，以更大力度集聚各类人才。以“纳才聚贤，智汇宿迁”为主题，开展系列招才引智活动，不断拓展管理技术人才的招引渠道和招引质效。采取线上与线下结合、集中与分散互补的方式，组织电商产业园 100 多家企业参与网络招聘会，提供优质岗位 1 900 多个。

2. 搭建创新创业平台，激发社会主义市场经济体制活力

连云港市东海县是全国水晶产品种类最全、经营范围最广和专业市场最大的水晶集散地，从业人员近 25 万人，90％以上为党外人士，其中有不少自由职业人员代表系知识层次高、思想活跃、自主创业意识强的新的社会阶层人士。为有效加强水晶行业新的社会阶层人士统战工作，东海县委统战部结合实际积极创

新方法，发挥“统战＋”优势，成立“新的社会阶层人士创新创业基地”，通过打造创业平台、服务平台、交流平台、示范平台和管理平台，为自主创业的新的社会阶层人士提供政策咨询、小额贷款、代理代办、项目开发等“一站式”服务，助推新的社会阶层人士创新创业，取得了较好的实效。新的社会阶层人士创新创业基地“五台”联建，有效地把统战工作有机嵌入产业发展和创业富民的实践。第一，夯基筑巢引金凤，着力打造多功能创业平台。基地按照“545”三项功能模块定位设计，拥有 60 间创业工作室、9 个开放式创业卡座、18 个办公服务场所，具备创业培训、项目管理、综合服务、政策帮扶、服务孵化五大功能。第二，突出分类抓指导，着力打造“保姆式”服务平台。根据新的社会阶层人士在各个创业阶段的不同情况，分别制定了富有针对性的“精准帮扶”措施，切实为新的社会阶层人士创业创新解决实际困难。比如，对于初级孵化期的新的社会阶层人士，由创业咨询师给予“一对一”点对点帮扶，提高其创业能力。第三，强化教育广培训，着力打造多层次交流平台。多方聘请创业专家与新的社会阶层创业人士“一对一”或“多对一”结对，为他们创业成才提供智力支持。此外，统战部门还会同有关单位创办了“创业家园”报刊，每月定期发布创业方面的优惠政策、项目推介等信息，积极营造浓厚的创业氛围。截至目前，已开展创业培训 3 764 人次，其中培训水晶专业高技能人才 1 183 人次。第四，典型引路抓带动，着力打造引领性示范平台。坚持以点带面、点面结合，注重抓好基地创新创业典型的培养宣传工作。在硅产业、水晶产业等产业中，基地每年都会遴选一批优秀创业项目，并给予重点扶持，每个项目按照 5 万～10 万元标准给予一次性奖励。第五，协调联动立规范，着力打造全方位管理平台。基地成立了统战、组织、宣传、人社等多个部门单位参加的工作协调小组，在制定基地管理、入驻、考核、退园等一系列管理办法的同时，进一步规范统战工作例会制度、联络员制度和新的社会阶层人士联谊制度等。

3. 以区域为主导，构建亲清政商关系

玄武区中山路国际名品街区地处南京市中心商务区，面积约 0.9 平方公里，拥有德基广场、凯润金城、汇杰广场等商贸办公楼宇 35 幢，集聚非公企业 6 000 余家。街区内新的社会阶层人士类型全，数量多，层次高。2014 年 8 月，街区党委在佳汇大厦注册成立了玄武区新领空间白领服务中心，通过“新领空间”将区域内有关部门、机构、组织和非公企业等联结起来，针对企业发展需要提供人员培训、政策咨询、发展规划等方面的服务，助推企业发展。2015 年“新领空间”与区有关部门、街道经济发展中心合作，举办拟上市企业对接服务会。2016 年“新领空间”举办了“拥抱互联网”专题讲座，就互联网思维进行解读，深入剖析“互联网十”商业模式,来自街区的50余家企业的中高层管理人员参加了学习培训。“新领空间”依托街区新的社会阶层人士自身的资源优势、行业特色和服务专长,积极参与社会公益活动,并注重发挥新的社会阶层人士的优势作用,让他们成为社会公益服务的“参与者”。

淮安市金湖县新的社会阶层人士多集中在掌握民营或外资企业核心管理技术、中介行业、公益性社会组织、网络意见领袖等关键领域,他们就如同杠杆上的“支点”,对社会的和谐稳定、区域经济的科学跨越发展起到了“关键点”的支撑作用。金湖县统战部门以“1+1+X”工作模式,搭建统战服务组织架构。首先,创建一个统战服务工作中心。金湖县统战部门利用产业规划展示馆,在江苏金湖经济开发区(省级)建设统战服务中心阵地,自其投入运行以来已举办过10多场活动。在成立党支部的非公企业、行业协会中配备统战指导员,在企业机构、社会团体中配备统战工作联络员,形成新的社会阶层人士统战工作有工作平台、有专人负责的生动局面。其次,形成一个统战服务工作机制。成立由县委书记为组长的新的社会阶层人士统战工作领导小组,建立由党委组织部、统战部牵头,工商、民政、经信委等政府部门及各类“两新组织”共同参与的新的社会阶层统战工作联席会议制度,融合“大党建”“大统战”“大群团”的格局共建,形成内外联动、优势互补、科学有序的新的社会阶层人士统战工作机制。

(二) 新的社会阶层人士参与政府治理的实践经验

随着我国社会主义民主政治的深入发展,新的社会阶层人士的政治意识、民主意识、参与意识、监督意识等不断增强,越来越多新的社会阶层人士有加入政治组织的诉求,希望以政治身份参与国家治理。新的社会阶层人士通过参政议政平台,为国家治理建言献策;加入中国共产党或者民主党派,以政治身份直接参与国家、地区经济社会发展公共事务的管理、协商、决策过程。这样有利于在新的社会阶层中形成一批代表性人物进行政治参与,能够更好地调动整个群体的积极性,为发展中国特色社会主义民主政治服务,而且能更好地反映他们所在的行业或者所代表的群体的具体利益与要求,更好地发挥中国特色社会主义民主政治的优势。

1. 建立参政议政智库平台,提升政府治理的科学性和能力水平

泰州市委统战部将新媒体从业人员纳入统战工作范围,把他们团结凝聚在党和政府周围,引导他们围绕中心、服务大局,为社会发展稳定增添助力、形成合力。泰州市委统战部创新开展了“大V看泰州”系列活动,利用新的社会阶层人

士中新媒体从业人员的网络媒体优势和舆论影响力，组织网络“大V”、自媒体达人走进泰州的机关部门，走进项目建设现场，展现“强富美高”新泰州的风貌。活动过程包括：第一，考察座谈。按照方案组织人员到代表性较强的部门领域和项目现场参观、考察、访谈，召开座谈会，畅谈活动的感想，反映广大网民关心的热点和疑难问题。第二，建言献策。现场针对各部门的工作，与单位的领导直接沟通交流，了解相关政策；反映普通群众和广大网民的意见诉求；提出建设性意见及建议。活动结束后，各新媒体及网络“大V”们广泛征集网民意见并撰写社情民意进行反馈。第三，在“泰州统战”微信公众号开辟网络“大V看泰州”子栏目，并在当地官方新闻媒体进行报道，做好二次宣传，拓展建言渠道。网络“大V”们齐聚一堂，通过新媒体平台从他们的视角及时发布解读政府相关政策，解疑释惑，汇聚民智，从而积极建言献策，推进政府工作的开展和完善。

扬州市邗江区历史悠久，文化积淀深厚，文化人才辈出，自由职业人员较多集中在文化艺术特别是书画界。为找准着力点，做好自由职业人员统战工作，扬州市邗江区统战部将自由职业人员中的书画界人士作为突破口，力求以点带面推进各项工作的开展。其中主要体现在以换届为契机，拓宽参政渠道。为充分体现邗江文化艺术地域特色，新一届政协将文化艺术从原有的文教界别中单列出来，增设了文化艺术界别，作为以新的社会阶层人士为主体的文化艺术界人士表达个人愿望和利益诉求的重要渠道。换届以来，文化艺术界别的政协委员参政议政积极性明显提高。同时，通过政治培训、理论研讨、座谈交流等形式，加大思想教育引导力度，增强他们中国特色社会主义道路自信、理论自信、制度自信、文化自信，使之成为党的政策的宣传者和社会和谐的促进者，自觉把党委政府的决策需求和界别群众意愿诉求有机统一起来，为改革发展出实招、谋良策。吸纳新的社会阶层代表人士进入政协平台，为新的社会阶层增设界别，增强了新的社会阶层人士的政治认同感和界别意识、群体意识，促使他们自觉加强与所在界别群众的联系，主动承担起界别群众代言人和群众利益维护者的角色。

2. 促进协商民主制度化发展，发挥新的社会阶层人士“监督者”的功能

南通市通州区委统战部经过近年来的探索，以中介组织和社会组织从业人员为切入点，提出以融合的方法推进中介组织和社会组织统战工作的基本思路，通过加强与政府部门、群团组织、社会团体等各方面的联系合作，推动思想融合、理念融通、活动融入、工作联动，寓统战工作于部门工作、特色活动、载体建设之中，在构建多方支持、相互协作的统战工作新格局中，实现点、线、面的有机统一，为中介组织和社会组织统战工作的开展创造了有利条件，取得了理想成效。第

一，融入党政部门工作，以志愿服务架起“连心桥”。与司法局合作，依托通州区基层法律工作者协会，组织72名律师和基层法律工作者，组建法律服务团，通过开展“村居法制惠民行动”，为全区243个村居提供法律政策咨询、矛盾纠纷调解服务，有效提高了社会矛盾调解的成功率。组织实施“法企同行护航工程”，向全区1 300多家中小企业征询法律服务需求，编印“企业常见法律知识手册”，向企业提供一对一的法律维权服务。第二，融入群团组织工作，以活动平台拓展“朋友圈”。将统战工作与文化惠民工程相融合，加强与文联的工作联动，组织通州区作家协会、戏剧家协会、美术家协会等12个社团组织，联合举办“通州艺苑”文学艺术展示周活动。通过举办“领读者”讲师团系列讲座、“名家讲坛”周周讲等活动，积极倡导“阅读悦美”生活时尚，弘扬社会主义核心价值观。第三，融入党派团体工作，以组织引领画好“同心圆”。积极探索在有条件的中介组织和社会组织率先建立党支部，选配党建工作指导员，为中介组织和社会组织党建工作创造条件。把中介组织和社会组织从业人员等新的社会阶层人士纳入民主党派（知联会）组织发展视野，通过组织推荐、会员引荐等方式，把政治素质好、层次高、专业技术强，具有群体代表性的新的社会阶层人士吸收进民主党派基层组织和无党派知识分子联谊会，把他们有效地组织了起来。目前，通州5个民主党派基层组织（知联会）共吸纳了22名新的社会阶层人士。

3. 发挥律师界专业人士优势，担当全面依法治国的维护者与推动者

镇江市京口区委统战部决定组建成立“同心基地·党外律师信访工作室”，通过安排律师接访，将律师这个新的社会阶层人士群体团结引领到社会综合治理的大潮中来，构建公民、法人、律师、其他社会组织和国家机关共同参与社会治理的有序局面，实现完善社会治理结构、提高社会治理效能的目的。区委统战部通过层层推荐选拔，精心挑选了16名政治素质好、业务能力强、执业经验丰富的党外律师组成服务团，入驻党外律师信访工作室。在这16名律师中，无党派人士11名、民革党员1名、民建党员2名、致公党党员1名、九三学社社员1名，涉及5个律师事务所。在区信访局专门用一间办公室作为“党外律师信访工作室”，每周委派2名党外律师值日服务，接待信访群众，开展法律咨询，进行法律援助，为信访局行政行为、文件等涉及的法律行为提供意见。党外律师信访工作室的工作立足于源头预防，将化解社会矛盾的关口前移，将大量矛盾纠纷化解在萌芽状态，减少了不和谐因素，减轻了地方政府的维稳工作压力，得到了地方政府的好评；让信访群众方便地享受到免费、优质的法律服务，得到了看得见、摸得着的实惠，得到了群众的好评；党外律师在服务群众中体现了个人价值，锻炼了

业务能力，收获了潜在的案源和效益；区委统战部为党外法律代表人士、民主党派人士发挥积极作用提供了载体、搭建了平台，找到了新的社会阶层人士参与社会治理创新的新途径、新方法。同时，党外律师信访工作室适当对表现突出的党外律师进行政治安排，既是对他们工作的充分肯定，也是发挥他们更大社会作用的有效渠道。2016 年，在区人大、政协换届中，党外信访律师服务团中有 4 名律师当选为人大代表或被吸纳为政协委员。同时将党外律师信访服务团成员的服务情况定期反馈给本人、所属行业协会、所在单位，对相关单位和人员予以表彰奖励，进行正面宣传，为新的社会阶层人士服务社会治理创新树立典范。

（三）新的社会阶层人士参与社会治理的实践经验

新的社会阶层人士当中许多人思维活跃，拥有一定的社会地位且有较强的自我认同意识和社会参与意识，渴望得到社会承认。新的社会阶层人士政治诉求不断增强，希望归属组织，融入社会，获得更多的政治参与。不是所有新的社会阶层人士都有加入民主党派或其他政治组织的意愿和机遇，但是他们又有参与各种社会活动的强烈的愿望诉求。针对这种状况，参与社会治理，依托于社区自治组织、社会组织、营利组织和居民等参与主体应对公共问题共同完成和实现公共服务和社会事务管理的改革和发展的过程，是国家治理体系的重要部分，是实现新的社会阶层人士参加国家治理的有效途径。

1. 推进城乡社区治理现代化，推动社会治理重心向基层下移

徐州市泉山区委统战部结合其地处市中心和商务楼宇多的实际情况，以王陵街道为新的社会阶层人士创新试点，以商务楼宇中新的社会阶层人士为重点，注重发挥基层党组织的主体作用，在商务楼宇中创立“党组织＋工会组织＋社会事务工作站＋经济事务工作站＋青年之家”＋“楼宇商会”的“5＋1”模式，搭建商务楼宇新的社会阶层人士联谊平台，建立统战工作机制，加强教育和引导，全方位服务商务楼宇中新的社会阶层人士创新创业工作。街道党工委以楼宇党组织建设为依托，整合资源，建立商务楼宇统战工作新机制。在楼宇中设立统战工作指导委员会，在辖区商务楼宇建立楼宇统战联络员，由社区统战联络员担任楼宇统战联络员，负责楼宇企业统战工作联络沟通。组织楼宇内的非公企业，成立楼宇企业联合商会。制定了发挥党外人士作用、创建民族工作示范社区、建好街道“侨之家”、打造楼宇统战亮点、推动光彩事业发展等工作制度和举措。社区与重点楼宇实行“一对一”服务，强化了日常工作的“常态联动”机制，形成了较为顺畅

的楼宇统战工作体制。泉山区委统战部积极采取社区化管理与服务的工作方式，使工作人员“零距离”贴身服务楼宇企业，当好服务企业的“店小二”，把“企业找服务”变成“政府送服务”，及时有效地为新的社会阶层人士解决有关办证、纳税、城管、消防、环保、绿化、交通、停车等生产经营及生活中遇到的问题，构筑起以服务企业为重点，上下结合、多方联动、党群工作一体的商务楼宇服务模式和运行机制，搭建平台，架起商务楼宇新的社会阶层人士与社会沟通的桥梁。近年来，“楼宇统战之家”设立休闲会客厅以及便利服务、政策咨询、议事办公和图书阅览等区块，为统战人士提供集娱乐、休闲和政策咨询于一体的综合服务。本着“贴近楼宇特点、贴近员工需求、贴近企业发展需要”的工作思路，提供网络服务、代理服务，为楼宇内的企业和新的社会阶层人士代订报纸、办理党务，提供少数民族优惠政策、开展工青妇活动手续等方面的咨询服务。

2. 培育孵化社会组织，构建新型政社关系

常州市创新成立了常州市现代社会组织发展中心，通过政府购买服务的形式委托其对常州市本级社会组织进行孵化和管理，逐步发展成为社会组织孵化基地。孵化基地既是社会组织的集聚平台，也是党外人士的集聚地，为开展社会组织从业人员统战工作提供了契机。常州市委统战部创新方式和载体，把统战理念“渗入”孵化基地，把统战要素“融入”孵化基地，把统战资源“嵌入”孵化基地，以此打造出了统战工作的孵化平台，探索出一种社会组织统战工作的“345”模式。常州阳光爱心联盟是统战部在调研中发现的具有典型性的社会组织，通过与其建立经常性的联系，将统一战线的人才、智力、物力等资源优势有机融入该社会组织，与其联合开展扶贫帮困、捐资助学、送医支教等富有成效的社会活动。在给予热情帮助的同时，积极引导常州阳光爱心联盟与常州市天宁区委统战部发起成立“同心·阳光”联盟(后更名为“同心阳光公益联合会”)。常州市现代社会组织发展中心成立以后，联合会成为首个入驻发展中心的社会组织。发展中心通过发挥同心阳光公益联合会的典型示范作用，开始对全市的社会组织进行孵化与管理。同心阳光公益联合会的鲜明统战性为在社会组织孵化基地开展统战工作打下了基础，统战工作通过孵化基地实现了服务全覆盖。

盐城市东台市义工联合会(简称“东台义工联”)成立于2013年，是苏北第一家注册的4A级民间义工社会组织。几年来东台义工联组织义工18 000余人次，开展各类志愿服务活动600余场，筹款捐款80余万元，服务弱势群体15 000余人次，资助贫困学子300余人次。“红马甲”成为东台城乡一道亮丽的风景线，获得了社会各界的广泛认可和好评，东台义工联先后被评为江苏省优秀社区志

愿组织、盐城市优秀志愿组织。东台市委统战部以义工联为切入点，创建了“1234”工作模式，即围绕一条主线、注重两大建设、搭建三个平台、发挥四个作用，不断推动全市新的社会阶层人士统战工作创新。为提高优秀义工参政议政的积极性，东台市在人大代表、政协委员等政治安排上统筹考虑。2016 年推荐东台义工联会长葛敬军为盐城市第八届政协委员，引导其积极参政议政、参与社会管理，做好新社会阶层代表人士的发声者，增进新的社会阶层人士的社会归属感、政治认同感。推荐来自义工联的优秀党外教育工作者、医疗工作者、媒体工作者等担任监察、司法、教育等部门特约员，充分发挥其优势和特长。加大优秀义工典型宣传，鼓励支持其参加“东台好人”“道德模范”等评选活动，激发义工的社会荣誉感。

3. 凝聚思想共识，建立网络意识形态安全治理体系

苏州作为江苏经济发达的城市之一，吸引了一大批新媒体企业和新媒体人才。苏州新媒体从业人员以党外人士居多，学历层次相对较高。除体制内的中央和省、市级媒体之外，诸如腾讯、新浪、网易、搜狐、搜房、和讯网、凤凰网等全国性的门户网站都在苏州设站。苏州市（含区县）影响力比较大的微信号约有 1 000 个。另外，苏州一些民营出身的自媒体（纯商业自媒体）平台，每年盈利达到百万至千万数量级，影响力也从苏州走向全省和全国。对于有过在传统媒体工作经历的新媒体人员，苏州市委统战部倡导将传统媒体的政治意识、责任意识、把关意识，转化为新媒体的社会责任感。对于有广告、宣传等行业背景的人员，统战部建议他们多研究新媒体的影响力、号召力、动员力，理性认识社会现实问题，防止出现对敏感和热点问题的误判；对于外地来苏创业的人员，统战部与他们建立经常性联系渠道，避免他们只顾“低头赶路”（做业务经营）而忽视了“抬头望天”（尽社会义务）。通过开展新媒体从业人员统战工作创新实践活动，苏州市委统战部将统战工作由少数人延伸到多数人、由政治延伸到社会、由线下延伸到线上，在网络世界里做好大团结、大联合，汇聚起了推动社会进步的正能量，对于助推经济发展、维护网络安全、引导社会舆论、促进社会和谐稳定、巩固党的执政基础产生了积极的作用。注重引导，凝聚共识。在工作实践中，坚持以学习达成共识，以服务拉近距离，以活动实现共赢，以真诚赢得信任，将思想引导寓于服务之中、活动之中、激励之中。一方面，积极向新媒体从业人员宣传党的政策，广开言路，认真倾听他们的不同意见和呼声；另一方面，及时向相关部门和机构反映新媒体从业人员的合理诉求，引导他们响应、认同、践行党的路线方针政策，让新媒体从业人员与社会各阶层“同频共振”，成为不断传播社会正能量、疏导负能

量的积极力量。

四、新的社会阶层人士参与国家治理现代化的影响因素

国家治理现代化是未来中国政治经济良性运行的重要保证，更是实现中国梦的重要基石。没有国家治理的整体转型，经济产业的转型升级就很难实现；没有国家治理的深度调整，社会活力就很难进一步激发。在改革浪潮中成长起来的新的社会阶层人士，不仅对中国的经济腾飞作出了巨大贡献，也正对中国的行政体制改革提出更高的要求。如何将新的社会阶层人士有效地团结在党的周围，成为国家治理现代化的重要主体和重要力量，这是新时代“做好新的社会阶层人士工作，发挥他们在中国特色社会主义事业中的重要作用”的首要选择。

进入新时代，各级统战部门把“组织起来，发挥作用”作为开展新的社会阶层人士统战工作的首要任务，通过新平台、新载体、新方式的创新实践，形成了多轨并行、多法并用的工作格局，将新的社会阶层重新整合起来深度嵌入国家治理现代化的进程，凝聚成为建设中国特色社会主义事业的重要力量。目前，这项工作已经形成了一些宝贵的实践经验，从从无到有的建设阶段进入精益求精的飞跃阶段。在这一背景下，进一步挖掘影响新的社会阶层人士参与国家治理现代化的影响因素，有利于重构新的社会阶层群体的参与行为和组织过程，探索新时代统战工作新的着力点和增长点。

（一）从社会人到政治人的身份转变是影响有效参与的内在因素

改革开放之后，单位制消解，市场经济发展，国家也逐渐卸下全能型政府的包袱，个体逐渐从户籍、单位、身份等一系列制度限制中脱离出来，成为独立流动的原子化个人。随着产业结构转型升级，信息技术、知识经济高速发展，非公有制经济作为一种重要的经济形式推动着国家生产力的发展。政治体制，尤其是事业单位体制的改革促使大批文化产业机构、科研机构、医疗机构、教育机构从国家体制中脱离出来，成为新的经济组织或社会组织。这些单位中具有专业技能的知识分子开始自主择业、自由流动、自愿结社、自发参与，在非公经济领域迅速成长起来，实现了从“单位人”到“社会人”的转变。

但是，与其他“社会人”群体不同，新的社会阶层人士大都受过良好的教育，具有独立的技术专长和专业的知识储备，日常从事着复杂的脑力劳动和科学管理工作。在现代社会中，受教育程度是个体社会地位的重要反映之一，拥有文化

技能的人往往拥有更多的社会财富，具有更高的社会地位。新的社会阶层人士重视自我的再学习、再深造，重视知识技术的不断革新，他们试图通过文化技能水平的提升来增加自身的社会财富，提高自身的社会地位（表 1-1）。

表 1-1　新的社会阶层人士的受教育程度[①]　　单位：%

	民营企业和外商投资企业管理技术人员	中介组织和社会组织从业人员	自由职业人员	新媒体从业人员	新的社会阶层人士
高中及以下	5.5	6.5	17.7	8.7	8.1
大专	28.0	19.2	40.4	39.1	29.1
本科	55.3	65.8	36.0	50.0	54.1
硕士研究生	9.7	8.5	5.9	2.2	8.0
博士研究生	1.5	0.0	0.0	0.0	0.7
合计	100.0	100.0	100.0	100.0	100.0

同时，新社会阶层的流动性和选择性更为强烈，在选择职业时有着更强的独立性和自主性。调查显示，有超过 60%的新的社会阶层人士曾因种种原因更换过工作，他们更追求自己的发展空间，甚至想自己创业。新的社会阶层人士大多具有专业知识和特殊技能，更能适应新职业出现对于人才的需求，具有流动的资本和资源。这种流动性能够激发该群体的积极性、创造性和开拓进取精神，促使他们向更高的社会地位攀升，使他们将较高的社会地位看作是对有能力的人的一种奖赏。伴随着这种社会经济地位的提升，新的社会阶层人士逐渐表现出高涨的社会参与意愿，“社会人”开始逐渐向“政治人”转变。

进入新时代，社会的发展和政府职能的转变逐渐产生一种新的平衡关系，形成一种社会治理的多元主体结构。在这一过程中，新的社会阶层群体作为一个重要的治理主体，整体的参与意识和批判意识都在不断增强，他们对党的执政成效和各类公共事务表现出公共关怀，敢于在日常生活中直面执政过程中政策的不足，积极表达自己的利益诉求和承担社会责任。调查显示，91.8%的新的社会阶层人士表示关心党和国家的方针政策，75.9%的新的社会阶层人士认为自己可以通过参加公益慈善活动推动公益慈善事业发展。这说明新的社会阶层人士希望通过自己的实际行动参与到党和国家的政策制定和执行过程中，既借此获

① 数据来源于课题组 2021 年 6 月在江苏省内进行的网络问卷调查。调查范围涉及南京、常州、无锡、苏州、扬州、南通、盐城、徐州共八市。调查共回收问卷 827 份。

得个体利益、实现自身发展，也希望借此承担起社会责任，实现社会价值。这些都是新的社会阶层人士开始从“社会人”逐步成长为“政治人”的表现，在关注经济财富之余，他们更加关注自己的社会声誉、社会价值和政治地位，逐渐成为提升公共服务水平、发展公共福利、推动社会稳定有序的重要力量。课题组在调查时发现，超过80%的新的社会阶层人士更看重自身社会价值的实现，近15%的人开始关注自身的政治地位（图1-1）。

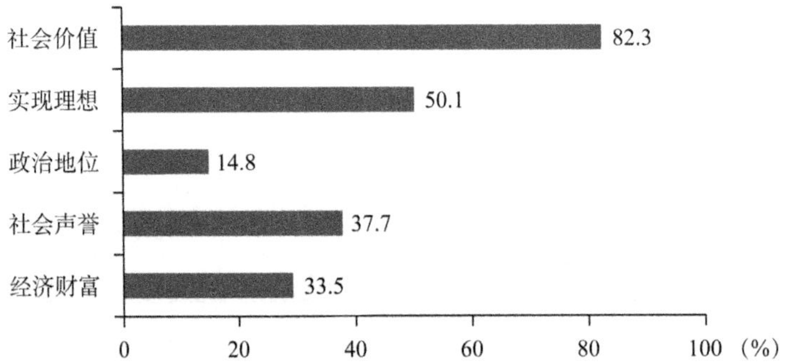

图1-1　新的社会阶层人士更看重哪方面的发展

（二）“自组织”与“被组织”同步演进的组织化过程是影响有效参与的核心基础

习近平总书记指出：“新经济组织、新社会组织中的知识分子，如律师、会计师、评估师、税务师等专业人士，是改革开放以来快速成长起来的社会群体。目前看，这些人主要在党外、体制外，流动性很大，思想比较活跃，做他们的工作，一般化的方式不太管用。”“我们党历来有一个好办法，就是组织起来。”[①]组织起来这个过程实际上就是执政党主动调动自身资源去组织新的社会阶层，是以引导者和参与者身份为他们的组织化提供发展的平台和方向，使得新的社会阶层的治理能力、参政能力与国家治理能力相互衔接，成为社会的有效“整合器”和“启动器”[②]。

① 中共中央文献研究室编：《习近平关于社会主义政治建设论述摘编》，中央文献出版社2017年版，第134页。

② 德鲁克提出：在“组织的社会”中，组织将不但是一种“社会整合器”，而且是一种“新的、跟以前都不同的”社会“启动器”。参见［美］彼得·F.德鲁克：《后资本主义社会》，傅振焜译，东方出版社2009年版。

在低组织化或无组织化状态下，群体的利益或因彼此分散、冲突而难以实现，或因个体“人微言轻”而难以受到重视。只有组织起来，才可以将碎片化的个体利益诉求聚合成整体利益，将个体力量聚合成整体力量，将个体微弱的、分散的“蚊蝇之声”放大为“洪钟之音”。同时，将新的社会阶层人士吸纳、整合到各类组织之中，可以为他们参与政府决策、民主协商、权力监督等政治生活提供制度化渠道，使其政治参与由散落无序的自发行为转变为整体有序的自觉行为，提升政治效能感。因此，新的社会阶层人士的高度组织化过程是他们有效参与国家治理现代化的核心基础，只有将他们组织起来，才能提高新的社会阶层人士参与国家治理的效率和效果。

目前来看，新的社会阶层人士的组织化过程大致包含了两种趋势：一种是自由选择、自发组织的“自组织”过程，另一种是国家层面（党委政府）主导的“被组织”过程。具体来说，随着单位制的减弱，越来越多的新的社会阶层人士在市场体制下趋向于以个体化状态存在，组织性逐渐减弱，呈现出一种“去组织化”的趋势。但是实际上，随着大统战工作格局的确立以及各级党委和统战部门对新的社会阶层人士统战工作的重视，新的社会阶层人士的组织化工作正在稳步推进，传统统战力量、群团组织、新联会等统战团体构建了立体化的组织网络，将新的社会阶层人士吸纳到党的组织化系统中，建立了一支特征鲜明的代表人士队伍。调查显示，不少新的社会阶层人士已参加了新的社会阶层联谊会组织，其中还有一些人同时加入了其他类型的社会组织（图 1-2）。并且随着新的社会阶层联谊组织的向下延伸和壮大，这一比例还在不断增加。这说明党和政府正在积极推进新的社会阶层人士的组织化工作，通过建立不同的组织巩固他们的思想共识，

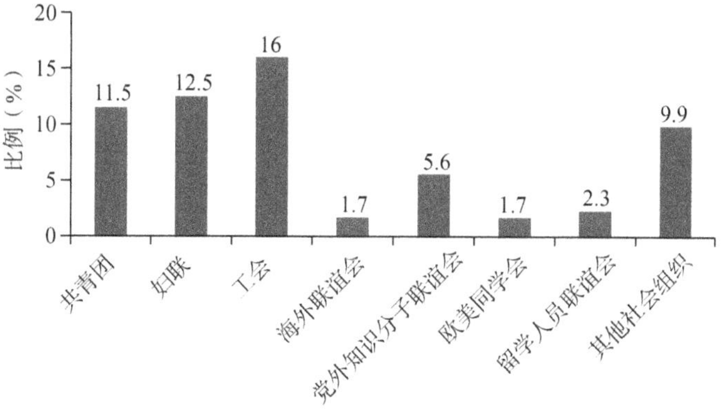

图 1-2　参加新的社会阶层联谊会的个体同时参加其他组织的情况

引导新的社会阶层人士服务经济发展大局、参与社会治理过程，发挥专业优势和管理技能。通过层层向下的纵向组织化过程，将新的社会阶层人士组织起来，发挥其在国家治理中的作用，这就是我们说的“被组织”过程。

与政治吸纳的“被组织”相伴而生的是新的社会阶层内部的自组织化，并且随着时间推移，这种自发组织起来的形式和数量都在不断增加，呈现出多样化的特征。组织化过程不再局限在相似的职业、专业或是兴趣爱好，而更多地缘于小众文化认同或特殊意愿表达。这种自发组织起来的组织化过程与党委政府部门主导下的组织化过程之间形成了一种相互拉扯、相互影响的结构张力，也对统战工作提出了新的挑战，即新的社会阶层不仅仅表现为碎片化的个人，也可能表现为碎片化的“小圈子”，新的社会阶层内部的圈层区隔会更加明显。小群体内部的联系相对紧密，具有相同话语和一定的交往密度，而不同的圈层之间可能连话也说不上。在“被组织”与“自组织”的张力之间，将不同圈层、不同组织的新的社会阶层人士组织起来并发挥作用是今后一段时间统站部门重要任务之一。

（三）参与平台发展的不充分不平衡是影响有效参与的外部制约因素

引导新的社会阶层人士有效参与国家治理现代化的首要因素就是要保证充足合理的参与途径，使得有参与意愿的新的社会阶层人士能够合理、合法地充分表达自己的诉求，有适当的参与平台传达自己的意见建议。一般来说，社会组织数量的多寡影响到整个社会的活力，也会进一步影响到个体的参与行为和参与能力，因此建立更多高质量的社会组织，能够激活整个社会的活力，提高社会参与的效能。但是从目前江苏的情况来看，社会组织的绝对数量依然较少，且很多社会组织的规模较小、实力较弱。截至2019年底，江苏共有社会组织9.7万个，每万人拥有社会组织数量约为12.02个，这个数值依然低于发达国家的水平，说明江苏在释放社会活力、促进多元社会治理主体成长方面还有可以拓展的空间。同时，在已经建立的社会组织中，它们的组织类型较为单一，以兴趣爱好类、联谊交友类组织为主，而志愿服务、社会互助、公益慈善等涉及参与社会治理的组织相对较少，这就使得这些组织在推进国家治理现代化方面的实际效用并不明显。同时，这中间有很大一部分社会组织的规模相对较小，且仍处于初步发展阶段，组织力和影响力都比较弱，组织功能和活动开展相对简单，对社会的辐射力和影响力都不足。

从新的社会阶层人士目前所属的组织情况来看，当前，新的社会阶层人士组织化可以依托或利用的组织平台大多数产生较晚，且一般由党委政府部门主导建立，总体上仍处于成长发育之中。一些新的社会阶层人士联谊组织的运行过程明显缺乏自主性和行动力，存在着对党和政府，尤其是统战部门的依赖倾向，在成员发展、开展活动等方面大多还需要统战部门的支持，总体上结构功能不强，自主性、活跃度不够，运转机制有待完善。另一些由新的社会阶层人士自发成立、自主发展、自我运作的自组织，也可以被看作是他们参与国家治理的组织平台，但是这些组织中成员之间的联系较为松散，多以扁平化、网络化结构呈现，组织的结构仍不完备。有一些组织自身资源相对不足，活动经费来源渠道单一，主要依靠组织负责人捐助或者会员众筹，而政府支持或企业赞助的比例很少，导致成员积极性不高，组织活动难以开展。

尽管目前有新的社会阶层人士参与的组织平台数量在持续增加，但上述问题和不足直接影响了新的社会阶层人士的有效参与，导致一些促进新的社会阶层人士参与国家治理现代化的政策难以完全落实，新的社会阶层人士本身对参与国家治理缺乏清晰的认识。调查发现，约 60%的新的社会阶层人士对这类政策落实情况并不满意，认为这些政策的落实过程存在细则不足、门槛过高、手续复杂等问题。正是这些问题阻碍了新的社会阶层人士参与到社会治理的各个方面，也阻碍了党和政府更好地引导他们在社会中发挥正能量。新的社会阶层人士普遍认为目前他们在社会治理各方面的参与程度不够深入，61.9%的新的社会阶层人士认为自身的参与只是浮于表面的一般参与，政府对他们意见建议的采纳程度也不高，甚至有约 20%的新的社会阶层人士在调查中表示他们很少参与到社会治理过程中来，有种“报国无门”的惆怅感(图 1-3)。

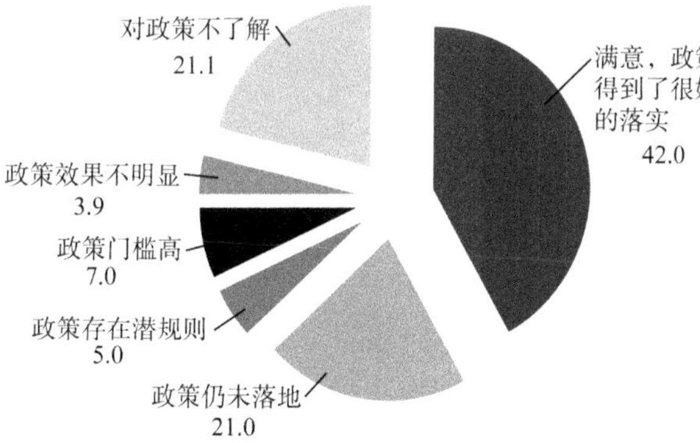

图 1-3　对促进新的社会阶层参与国家治理的政策的评价(单位:%)

同时值得注意的是，新的社会阶层人士大多较为关心个人的成长和自我价值的实现，而目前一些新的社会阶层组织开展的一些活动并不贴合该群体的实际需求，对他们的个人发展并没有实质性的影响，从而对他们缺乏吸引力和影响力。调查显示，约20%的新的社会阶层人士认为加入新的社会阶层组织或是参加新的社会阶层活动没有给他们带来实质性的变化，近40%的新的社会阶层人士表示这种影响很小，甚至有近8%的受访者表示这些活动增加了他们的工作负担，约7%的受访者认为活动占用了自己的个人时间。换言之，现有的参与平台并没有充分发挥出它们应有的功能，并没有充分拓展新的社会阶层人士参与国家治理的组织路径，释放他们的思想活力和发挥他们的行动影响力。

（四）信息技术迭代与网络赋权效应是影响有效参与的重要环节

“互联网＋”时代的重要特点是一切原有社会结构中的个体与行为都因为互联网的影响和结合而产生新的改变和发展。互联网改变了社会资源的交换方式，社会结构从固化走向多元，从层级化逐渐转向扁平化，网络不断超越空间和时间的界限，政府与民众的互动关系更为直接，民众对政府工作公开透明的诉求更为强烈。同时，互联网改变了信息的传播方式，每个个体都可能成为信息的中心，以青年为主的网络群体在虚拟空间中自由表达，表现出行为民主化、文化多元化的特征。网络技术，尤其是移动微传播技术已经改变了传统意识形态的输出形式，双向交互与实时共享为开展统战工作创造了一种全新的工作形式，统战工作的范围开始从实体社会向虚拟社会扩展，网络以及由网络产生的新的阶层群体都是统战工作的全新领域。可以说，信息技术的发展倒逼统战工作方式的转变，也影响着新的社会阶层人士参与国家治理现代化的方方面面。

从调查的情况来看，有56.2%的新的社会阶层人士会利用互联网来发表自己的看法，并且越是年轻的群体越是习惯在网上发表自己对时事的看法，这个比例在30岁及以下群体中占到75.9%，在31岁到40岁群体中占到61.8%（表1-2），说明互联网在年轻群体中的影响力更大，是他们社会参与行为的重要组成部分。可以预见，随着新的社会阶层人士队伍的日益年轻化，网络将成为他们社会参与的重要媒介。

现阶段，微信、短视频等新媒体平台快速发展，使得人们获取信息的渠道变得更多、更畅通，参与网络讨论的新的社会阶层群体认为自身具有更大的政治权利来参与公共事件的讨论，从事件发生到意见表达，再到舆论形成以及影响社会决策，他们将网络看作是表达自身意愿、体现自身价值、积极参与政治的重要载体。这一点在调查中也得到了佐证，有 72.7%的新的社会阶层人士认为网络舆论对各级党委、政府的决策行为有较大影响（图 1-4）。他们认为通过网络，党和政府可以更多地了解人民群众的看法（78.7%），可以更好地服务人民（68.3%），人们也可以更了解政治（44.7%），可以有更多的机会评议、监督政府的工作（41.6%）。

表 1-2　不同年龄段的新的社会阶层人士是否会在网上发表看法　　单位：%

年龄	会	不会
30 岁及以下	75.9	24.1
31 岁到 40 岁	61.8	38.2
41 岁到 50 岁	48.4	51.7
51 岁及以上	44.6	54.4

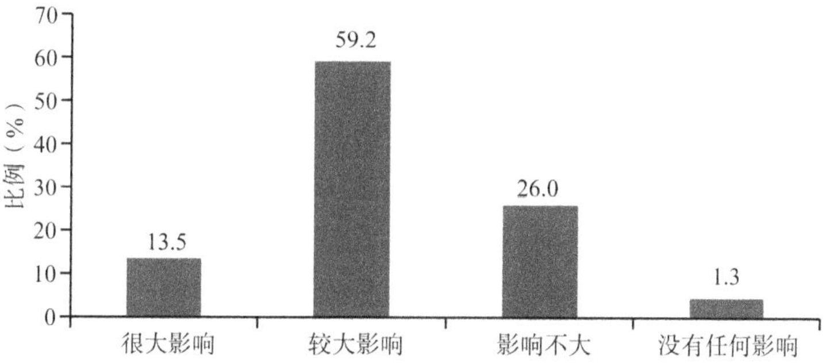

图 1-4　网络舆论对党和政府决策的影响程度

因此，本研究认为，高涨的表达意愿和网络的匿名性、便捷性一拍即合，新的社会阶层以其专业化身份在网络上发声能够迅速在网络舆论中引发共鸣，“线上”“线下”社交网络的相互叠加，更会触发不同人群的“共振”效应，促成了网络舆论的快速生成。新的社会阶层人士成为网络舆情的重要节点。同时，互联网平台让新的社会阶层内部的组织过程表现出线上、线下的交互特性，即他们既在线上发声也在线下行动，既在线上吸纳也在线下整合，线上、线下相互叠加，网络赋权强化了新的社会阶层在社会中的动员能力。而新的社会阶层中的新媒体从业人员是与网络接触最为频繁、与网络关联度最高的群体，他们最快接触到多元信息，对重大事件的判断、对关键信息的解读都起着举足轻重的作用。其中有少数网络意见人士在引导网络关注热点、网络舆论导向等方面更是具有很大的影响力和话语权，对网络民意的引导往往起着决定性的作用。

这些都说明互联网已不再只是一种简单传递信息的工具，它创设了一种全新的社会环境和生活空间，“网络化生存”成为人们生活工作的真实写照。互动性强、使用门槛低、更新快、方便快捷的特性，使微信、QQ、博客等一系列网络平台迅速普及并迅速改变着人们的行为特征。新的社会阶层群体对新技术、新语言、新思想的天然敏锐性促使他们必然成为多元社会思潮的引领者，信息技术的更新换代和网络赋权效应也成为影响新的社会阶层人士有效参与国家治理现代化的重要环节。

五、新的社会阶层人士参与国家治理现代化的引导路径

习近平总书记指出：“国家治理体系和治理能力是一个国家制度和制度执行能力的集中体现。国家治理体系是在党领导下管理国家的制度体系，包括经济、政治、文化、社会、生态文明和党的建设等各领域体制机制、法律法规安排，也就是一整套紧密相连、相互协调的国家制度；国家治理能力则是运用国家制度管理社会各方面事务的能力，包括改革发展稳定、内政外交国防、治党治国治军等各个方面。国家治理体系和治理能力是一个有机整体，相辅相成，有了好的国家治理体系才能提高治理能力，提高国家治理能力才能充分发挥国家治理体系的效能。”①国家治理现代化是对国家治理困境和危机的主动性回应，是国家治理功能的自我矫正②，它打破以往的传统政治思想，动员社会多元主体的力量，协商共治，解决国家在现代化发展过程中面临的问题，保证社会的稳定运行。

有效的国家治理涉及三大要素，即治理主体、治理机制和治理工具。只有政府、市场和社会之间相互合作、优势互补、相对平衡，才能有效推进国家治理的现代化。新的社会阶层人士作为中国经济社会发展的重要力量，是国家治理的重要主体之一，更是国家治理现代化得以实现的有效载体。统一战线作为巩固中国共产党领导地位，维护社会政治团结，充分调动各方面积极因素参与社会主义建设事业的重要路径，应当发挥其独特的社会关系协调优势，与时俱进、明确定位、创新思路，为国家治理现代化进程的顺利推进提供支撑。

新的社会阶层人士是一个年轻化、专业化的群体，他们独立自主，重视学习

---

① 习近平：《切实把思想统一到党的十八届三中全会精神上来》，《求是》2014 年第 1 期。

② 刘建伟：《国家治理能力现代化研究述评》，《上海行政学院学报》2015 年第 1 期。

创新和公平竞争，倾向自由选择和自主流动。引导他们有效参与国家治理现代化，引导他们积极投身于中国特色社会主义事业，“寻找最大公约数，画出最大同心圆”，才能更好地实现政府治理和社会调节、居民自治良性互动，将制度优势转化为治理效能，提升社会治理的社会化、法治化、智能化、专业化水平，从而实现国家治理现代化。

党的十八大以来，新的社会阶层人士统战工作从全面调研、摸清底数、认识特征，依赖传统统战团体和政协组织的 1.0 阶段，进入全面建立多层级、分地区新的社会阶层联谊会，分类施策，打造符合新的社会阶层群体特征的创新实践基地的 2.0 阶段，并开始逐步推进“统战＋”工作思路，打造线上线下全覆盖的智慧统战平台，走入新的社会阶层人士统战工作的 3.0 阶段。未来，统战工作应当在总结现有实践经验的基础上，将工作重点从如何引导转移到如何更有效地引导，如何将现有的工作手段、平台、载体进行重新整合和不断升级，用更有效的方法最大限度地提高现有新的社会阶层人士的组织化效率，帮助他们更好地在国家治理现代化中发挥作用。具体来说有以下几个重点工作方向。

（一）聚焦个体成长，关注圈层文化，以“主动性”为核心价值推动参与进程

引导新的社会阶层有效参与国家治理现代化就是要把新的社会阶层人士作为核心主体，积极调动他们自身的主动性和能动性，积极塑造他们积极参与、主动作为的核心价值观念，变被动为主动，提高参与的有效性。

要创新传统统战工作以自身工作任务和工作内容为出发点的工作思路，改变原来“统战为中心”“一厢情愿”的工作需求。坚持以人民为中心，将新的社会阶层的客观需求和全面发展作为统战工作的重要目标。将新的社会阶层本身看作是统战工作网络中能动的、可以依靠的人，是“开展新的社会阶层人士统战工作的主体力量”。统战工作既不能回避新的社会阶层人士的利益诉求，也不能妨碍他们追求自身事业、生活的全面发展，与之相反，应把人的自由而全面的发展融入新的社会阶层人士统战工作，把新的社会阶层人士的利益获取、自我成长、事业发展放到发展的大框架下去引导，把尊重和满足成员发展的利益需求作为根本的原则遵循，秉持“寓统战于服务”的理念，将服务新的社会阶层人士作为统一战线的“黏合剂”。激发新的社会阶层人士的主体性意识，使其更为积极主动地投身到统战工作中，让统战部门和新的社会阶层人士之间产生强大的凝聚力，工作更加卓有成效。

要根据他们的群体特点、自组织化倾向，创造性地打破原有单一依赖“新联会”的组织架构，以行业、地域、兴趣、专业等多要素体系打造统战工作的基础单位。要在了解新的社会阶层人士的区域分布和组织归属，帮助新的社会阶层人士了解、认同自己的身份类别的同时，将他们的利益诉求、爱好特长、交往圈子等特质进行分类整理，形成动态跟踪数据库。对他们原来所在的行业、公司、组织、自组织、小圈子等进行详细的跟踪调研，充分了解他们在什么样的组织内部更愿意参与社会交往、发挥社会能量，形成更贴合类别特征的工作单元，增强组织内部的相似性和生活性，提升组织成员的实际归属感。真正增强统战组织的社会化属性，使其能够在自我整合、自我增益、自我规范、自我发展过程中，发挥亲善、灵活、强大的统战联结机能，成为生机勃勃、有发展活力的统战组织，成为新的社会阶层人士统战工作常态化的重要抓手。

关注新的社会阶层人士的客观需求和全面发展，建立符合他们利益诉求和交往圈层的组织，这都是为了增强他们在统战队伍及其组织化过程中的归属感，从而提升他们发挥作用的主动性和积极性。因此，要始终将“主动参与”作为引导新的社会阶层人士参与国家治理现代化的核心价值，以他们的专业背景、自身诉求和关注焦点为出发点，提升他们参与国家治理的效率。

（二）聚焦旗帜性人物，以动态跟踪、实时评价提升参与国家治理能力

引导新的社会阶层人士更加有效地参与国家治理，实际上就是一个“社会人”如何被组织起来，一个“政治人”何以被塑造的过程。一个充分成长的“动员精英”是新的社会阶层人士参与国家治理现代化的重要因素。统战部门需要特别关注那些才能出众的“动员精英”，以能力优先的激励机制，鼓励发挥个体才能、作出成就。把新的社会阶层的人才政策纳入总体人才战略的总体规划。打破体制、系统、身份、职业等传统界限，在政策上坚持平等对待、一视同仁、适当照顾的原则，从政治素质、道德水准、群众基础、人品作风以及组织领导能力上进行全面考察，将这部分精英吸纳进代表人士队伍，并进行系统学习和培训，使其成长为新的社会阶层群体中的旗帜性人物和枢纽型人物。通过他们以点带面，联系、团结一批具有相似价值观的新的社会阶层精英人士。通过这群人，将长期分散的小组织联系起来，起到相互帮助、相互引导的作用。同时要健全社会保障机制，提升新的社会阶层人士工作和生活的安全感，促使他们不再将自己放在一个“弱势群体”的位置上，不再只希冀通过“自组织”来为自己发声，顺势而为，充分

将他们的参与热情引入对社会公益事业的关心，引导他们理性地、有序地参与到社会治理之中，为实现国家治理现代化提供更多的正能量。

同时，要充分利用应用信息技术开展网络统战的优势基础和内生动力，积极扩大信息技术和智能手段在统战工作中的应用，完善新的社会阶层人士大数据管理服务平台。通过设立分账号形成数据库体系，利用云存储技术，提高推广性和用户接受度、可操作性。以实时动态呈现全区新阶层人士人员数量、会员数量、代表人士数量及具体分布、结构、参与培训、活动等情况，实现数据管理网络化。在此基础上，依托微界面推动移动综合服务平台建设，保证统战部门和新的社会阶层人士能够共同查询、编辑、阅读、交流。做好数据库的持续更新和动态整理，以提高统战工作的效率。利用数据平台提供的客观信息，做好归纳整理，对现有代表人士的网络行为做好跟踪分析，及时了解他们的心态变化，及时调整组织引导思路。

针对代表人士队伍结构偏差或接续问题要及早准备，运用信息网络的延展性和便捷性把网络上涌现出的优秀骨干纳入统战工作视野，实现科学化的动态管理。要在动态跟踪、实时评价的基础上做好数量与比例、培养与使用的长远性规划，在发现上拓宽眼界，培训上增加特色，任用上注重实践，建设一支与党“同呼吸、共命运”、有情怀、有胸襟、有担当的新一代代表性人士队伍，保证新的社会阶层人士参与国家治理的延续性。要注重发挥年轻一代在网络空间和现实社会中的“领头雁”作用。要形成新的社会阶层代表人士的三年培养计划，根据发展情况，将发展指标细化到每个领域、每个类别，甚至每个行业，建立青年后备骨干人才信息库，把青年人才作为后备力量纳入培养的总体框架。要探索合适的代表人士的制度安排路径，将优秀的代表人士吸纳到人大代表或政协委员的队伍中，让他们能够在社会服务中发声出力。

（三）构架科学合理、系统有序的协商治理体系，完善制度化参与路径

随着我国改革开放的深入推进，社会主义民主政治表现出了强大、旺盛的生命力，人民当家作主的思想意识和地位不断得到巩固和提高，更多民众表现出了前所未有的民主法治意识和政治参与意识。在这一过程中，要充分保护民众的民主参与精神，更要积极引导他们参政议政。特别是新的社会阶层人士，他们与经济社会联系更为紧密，更为关心国家的方针政策，因此，要提升他们的参与意识，鼓励参政议政。

首先要完善人民代表大会制度，树立人大代表责任意识。不断进行实践探索和理论创新，始终将人民群众的利益放在首位，捍卫和巩固人民当家作主的主体地位。制定人大代表责任考察制度，人大代表要树立责任意识和服务意识，要善于贴近群众，反映民生。要主动吸纳新的社会阶层人士中的优秀人才，使其担任各级人大代表，发挥他们贴近社会、熟悉民众的优势，增强新的社会阶层人士的话语权和决策权，增强他们的自我价值的认同感，以及服务社会、奉献社会的责任意识。

其次要加强民主协商，推进新阶层参政议政。当前，协商民主是我国群众路线建设的重要方面。加强民主协商，就要不断构建科学合理、程序完整、系统有序的协商治理体系，使更多代表不同方面利益的社会组织、民主党派、爱国人士参与到民主协商议事中来，并拓展各党派、各组织团体之间沟通交流的渠道。按照推进协商民主广泛多层制度化发展这一战略任务，构建程序合理、环节完整的社会主义协商民主体系，确保协商民主有制可依、有规可守、有章可循、有序可遵。通过建立健全民情收集和处理机制、民主参与制度，畅通利益表达渠道，切实做好建言献策，使公共政策更加符合民意和公众利益。

最后要创新引导途径，充分调动各阶层积极性。基层协商民主面对广大群众，方式的多样性有利于调动基层民众政治参与的积极性、主动性。一是正确面对日益复杂的内部阶层构成，坚持分层分类开展工作。正面教育，渐进提高，注重长效，既关注代表人士，又重视各类群体，既把代表人士作为工作重点，又不忽视各个阶层中的一般成员。二是在实践中，应注重把握党委、政府主导性和政协自身主动性的紧密结合，把握柔性与刚性的紧密结合，综合运用政治手段、经济手段、法律手段和文化手段，加强团结引导，体现人文关怀，启发自觉、赢得信任，将引导新的社会阶层人士承担社会责任与非公经济转变经济发展方式结合起来。三是不断丰富基层民主的形式，规范基层民主的操作规程，以精心组织开展富有时代感、吸引力的活动为载体，以信息传媒网络为媒介，使各个阶层的利益都能得到充分的表达和协调。

（四）建立“统战+”开放合作机制，打造人人皆是主体的社会化参与格局

开展新的社会阶层人士统战工作，引导他们有效参与国家治理现代化，无论是民主协商等体制内程序化层面，还是体制内与体制外合作环节，推进新的社会阶层人士统战工作向园区、楼宇和社会组织等延伸拓展，其核心理念都应当是对

社会化的主动积极适应，是对“开放合作”理念的坚持，是对“统战＋”机制的灵活性放大运用。这种社会化的“大统战”发展思路，对社会化统战资源的有效整合是新的社会阶层人士参与国家治理现代化得以长效发展的重要保证。

这种社会化的发展思路，使传统统战工作单一依赖统战部推动的模式转变为工作主体与工作对象双向结合的发展模式，将全域内各类社会化资源整合起来，形成人人皆可参与、人人皆是主体的开放、多元、众筹、多赢的合作局面。一方面，外部资源内在化。建立“统战＋”开放合作机制，依托组织、平台的连接、辐射能力，整合全区各类社会化资源，使其成为统战资源，成为新的社会阶层人士统战工作的能动资源。让统战干部、优秀律师、新媒体从业人员、优秀管理技术人才等都成为统战工作的主体，他们所能调动的资源都是统战资源。这些资源可以是体制内党的组织资源、政府其他部门的资源，也可以是体制外社会组织、民营企业的资源。让新的社会阶层人士联谊组织成为一个兼具“物联网”和“人联网”特征的“众筹式”、开放型资源整合平台。另一方面，内部资源外在化。将统战资源转化为服务中心大局的发展要素资源。各个层级的统战部门要把新的社会阶层人士的统战工作放在本区域发展的总体大局中，放在谋求新时代、新发展的经济建设和社会建设大局中，用统一战线的影响力，将统战人物转化为统战力量，将统战资源转化为经济社会发展可利用的资源，充分引导新的社会阶层人士开展重点课题调研、重点项目督查、重点实践锻炼等活动，多渠道反映社情民意，在服务发展中充分发挥统一战线的法宝作用。

实现国家治理现代化，需要建立健全决策咨询制度、推进公共决策科学化。新的社会阶层人士大多是受过良好教育的专业人士，在各自的职业领域具有较高的专业水平和职业能力，要引导新社会阶层中的“智产阶层”围绕党和政府急需解决的重大问题、事关人民群众切身利益的民生问题以及党的重要惠民政策的落实情况展开讨论，形成政策建议，通过民主协商的形式直接传导到决策层面。统一战线要发挥新的社会阶层人士的公共服务能力，引导其积极参与社会的公共事业，使其成为政府服务的重要补充，及时弥补政府在公共服务均等化过程中的不足，促进社会成员共享改革发展成果，化解社会突出矛盾，消除国家治理中的阻碍因素，构建政府与市场、社会之间良性互动关系。

（五）创新“组织＋平台＋活动”的品牌化工作方式，整合现有统战工作载体

要突破传统统战工作单一依赖工作平台或联谊交友活动联系新的社会阶层

人士的工作方式，以“组织＋平台＋活动”三位一体联动的工作思路，以创新实践基地为基础整合统战力量，以项目化、品牌化运作打造新的社会阶层人士认知、认可的统战工作载体。要以新联会及其分会已经初步架构起的新的社会阶层统战工作为骨架，以已经建立的实践创新基地为实体化功能辐射平台，让新的社会阶层的组织化过程更接地气。“组织”是联系新的社会阶层人士的中介桥，为平台和活动提供重要主体；“平台”是新阶层统战工作的落地触手，是活动和组织的重要支撑；“活动”是新阶层统战工作的重要内核，为组织和平台注入巨大的生机和活力。这种三位一体的协同方式，让新的社会阶层人士统战工作的工作格局更大、运筹能力更强、项目服务更精准、工作基础更扎实、工作界面更亲善、工作效度更高，实现社会化、效能化、智慧化变革，为新的社会阶层人士参与国家治理现代化提供合理化路径。

要通过品牌化运作打造合适的教育培训项目，通过定期教育培训，加快新的社会阶层人士的专业化、职业化进程，让他们对国家治理现代化的理论内核和实践进展有更为充分、更加理性的认识，提高统战工作的亲和度、契合度和实效性。要寻找运行规范、效果良好、复制性佳的优质项目，使其成为新的社会阶层人士参与社会治理的“示范典型”，形成特色鲜明的社会治理服务项目，做好宣传推广。要通过搭建自由平等的项目承接平台，增强新的社会阶层人士的主动性和独立性，通过赋予组织、平台以动感和质感，以多样化的活动形式发挥新的社会阶层群体专业化优势，弥补政府在公共服务领域的空白。要发挥好中介组织和社会组织从业人员在参与国家治理中的天然优势，将实践创新基地作为他们施展专业能力的舞台，让他们在自主设计活动项目的基础上，作为统战工作主体在市场和政府之外的公共领域动员社会参与，吸纳其他新的社会阶层人士服务社会。要以优秀社会组织为抓手，打造全新统战孵化平台，扩大统战工作的覆盖面，实现统战工作“链接”方式由线性结构向网状结构、平面网络向立体网络迭代升级。用统战思维和社会治理思维重建联系网络，把新的社会阶层人士的能量引渡到更广泛的领域。

（六）以枢纽型公益慈善组织为桥梁，重塑纵横组织化参与路径

组织起来，是新的社会阶层人士有效参与国家治理的根本前提，因此要积极推进新的社会阶层群体的组织化进程。进入新时代，国家治理理念正处在从全面控制到统筹协调的转变进程中，新的社会阶层的“去组织化”是与“组织化”相互并存的，组织化不再单纯沿着自上而下的“纵向组织化”路径，而是逐步在横向

维度上展开，形成了依托社会力量推动新的社会阶层组织化的态势。为此，各级统战部门要通过新平台、新载体、新方式的创新实践，形成多轨并行、多法并用的组织化格局。所谓“纵向组织化”，是在党委领导、统战牵头的“大统战”格局下，以党的各级组织为核心，辅以工会、共青团、妇联等群团组织，发挥各级政协和民主党派的独特优势来开展组织化工作，是以自上而下的思想引导和政治吸纳为主要方式，是党的群众路线对新的社会阶层组织归属需求的积极回应。横向组织化路径则弱化了组织过程的政治职能，以新的社会阶层本身为统战工作的核心出发点，将他们的主体性看作是开展统战工作的核心，将新的社会阶层人士本身的主动性、积极性和创造性作为衡量新的社会阶层人士统战工作实际成效的重要尺度。通过横向组织化路径，新的社会阶层不再仅仅是统战工作的工作对象，而是与统一战线在一起的主体行动者，他们的组织归属需求同统战工作的组织化目标结合在一起，形成了双向互通的渠道。

推进国家治理现代化的过程，本质上就是政府“放手”的过程。政府要“舍得”，要转变职能，将属于“社会”的部分交还给“社会”，通过实施“政社分开”不再对社会越位管理，并通过合理引导孵化帮助“社会”发展壮大，主动参与公共服务和社会治理过程，成为政府的有效助手。因此，组织新的社会阶层人士参与国家治理现代化，就是要积极做强横向组织化路径，并将纵向和横向两条路径有机整合起来。这就需要重点关注和打造具有“精英领袖”的强影响力的社会组织，或是具有公益慈善属性、线上线下全覆盖的社会组织，主动将统战工作嫁接上去，充分利用新的社会阶层群体内部强个体，与强组织、新媒体形成相互叠加效应，让这种力量成为符合主流文化与核心价值的正能量，从而在新的社会阶层人士内部形成一种自发参与国家治理、承担社会责任的良好氛围。要重点打造具有统战性质的枢纽型公益慈善组织，使其成为联系纵横组织化网络的重要中介和桥梁，成为新的社会阶层参与社会治理、提供公共服务的重要载体。通过对这类组织统战属性的全面打造，发挥其在新的社会阶层组织化过程中的吸纳、整合和动员作用，不仅巩固新的社会阶层人士的思想共识，而且引导他们主动服务经济发展大局，参与社会治理过程，发挥专业优势和管理技能。

（七）肃清信息空间，释放网络正能量，提升参与的便捷度和有效性

网络化运作是推进新的社会阶层人士参与国家治理的必要环节，要积极推动“互联网＋统战”的共同运作，充分运用网络化、信息化、全息化方式，实现参与

国家治理线上线下的融会贯通。要在大统战工作格局下，搭建联系纵横两条组织化路径的线上平台，通过“两微一端”的内容建设，让民主党派、群团组织等多重统战力量在平台上发声，积极发挥教育引导、价值输出的社会功能，将其打造为新的社会阶层群体了解党的统一战线的重要窗口，也成为统战工作联系新的社会阶层群体的重要手段，充分发挥它的便捷性、生动性和及时性。

要着力强化现有微博、微信等网络统战平台的内容建设，鼓励和扶持一些地方性具有影响力的网站、论坛等，使其成为统战部门宣传引导的阵地，要主动发布本地民生信息和经济发展信息，使现有网络平台更具有实用性和参与性，更有利于新的社会阶层人士参与本地区社会热点问题的讨论。要利用网络宣传推进统战工作，切实增强统战宣传工作的时效性、针对性、创造性，全力打造网络统战“连心桥”，释放网络媒体“正能量”，画好网络空间“同心圆”，形成统战宣传工作网上网下双向推动、统战部门与统战成员线上线下良性互动的生动局面。要增强网络中统战部门对于重要政策信息发布的首发性和权威性，对线上线下出现的涉及重大政治原则的错误观点敢于“亮剑”，以专业性、中立性的深度分析肃清网络空间，在新的社会阶层中建设自尊自信、理性平和、积极向上的社会心态，帮助他们严守发声底线。

统战部门要适应互联网发展新趋势，掌握工作主动权，使互联网成为统战部门与统战对象交流互动的窗口、联系沟通的桥梁、引导服务的渠道。第一，关注新的社会阶层人士形成的“小众”文化，按不同的文化特色、组织性质、群体特征形成分类统战的组织化思路，通过网络社会组织联合会、新媒体党外人士联谊会、自由职业人员联谊会等新形式引导他们从网络上“走下来”，步入线下的组织化轨道。第二，畅通在线政治参与渠道，设置并公开投稿邮箱，主动收集新的社会阶层人士的意见和建议，利用“在线论坛”“网上沙龙”等网络平台，围绕“新媒体人的社会责任”“社会组织的公益身份”“自由职业人员网络政治参与”等热点问题定期组织专题讨论，鼓励新的社会阶层人士建言献策。第三，利用“博客”“微信朋友圈”等网络工具，鼓励优秀的统战工作者充分展示自身的理论素养和才华，在互动谈心、解疑释惑、体验走访中传播统一战线工作理念、情感和文化，改变统战工作传统单向性的政治说教，多一些人文关怀、情感熏陶，增强统一战线的亲和力和感染力。

第二节　国家治理现代化视域下新的社会阶层人士统战工作的思路

国家治理，其本质特征是国家、市场、社会三者相互关系处于最佳协同状态，是政府、企业与公民对社会政治事务的协同治理。而国家治理现代化的中国道路则体现了不同的价值理念，它强调要坚持以人民为中心、坚持平等和公平正义、坚持共建共治共享、坚持法治①。统一战线作为始终坚持中国共产党的领导地位，维护社会和谐稳定，充分调动各方面积极因素参与社会主义建设事业的重要路径，应当发挥其独特的社会关系协调优势，与时俱进、明确定位、创新思路，为国家治理体系和治理能力现代化进程的顺利推进提供支撑。2020 年 12 月中共中央发布的《中国共产党统一战线工作条例》(以下简称《条例》)明确指出，新时代统一战线工作的主要任务之一就是"为推进国家治理体系和治理能力现代化服务"②。

新的社会阶层人士作为中国特色社会主义事业的建设者，既是我国经济社会文化发展不可或缺的重要力量，又是统一战线的重要组成部分，是新时代统战工作新的着力点和关键点。新的社会阶层人士主要包括民营企业和外商投资企业管理技术人员、中介组织和社会组织从业人员、自由职业人员、新媒体从业人员等。其中，民营企业和外资企业管理技术人员指受聘于民营企业和外资企业，掌握企业经营管理知识和专门技术，从事经营管理和技术研发应用的人员。中介组织从业人员主要指公证性中介组织中的就业人员，包括律师、注册会计师、

① 鞠成伟:《国家治理现代化的中国道路》，中国共产党新闻网，2019 年 12 月 26 日，http://theory.people.com.cn/n1/2019/1226/c40531—31523929.html。

② 中央统战部:《学习贯彻〈中国共产党统一战线工作条例〉》，《求是》2021 年第 2 期。

注册税务师、注册评估师、专利代理人、拍卖师等。社会组织从业人员主要指社会团体、民办非企业单位、基金会、市场中介机构从业人员。自由职业人员指不隶属于任何组织和单位，凭借专业技能获取报酬的知识分子，包括自由写作人员、自由文艺创作人员、自由演艺人员、自由策划咨询人员、自由经纪人、自由技能型服务人员等。新媒体从业人员主要包括新媒体公司的出资与经管者、采编人员和技术人员等。

根据有关研究报告，我国现有新的社会阶层人士约 7 200 万，集中分布在新经济组织、新社会组织中，以中青年为主，其中党外人士占比为 95.5%，约 6 900 万人，他们是建设中国特色社会主义事业的重要力量，是参与国家治理的重要主体。他们普遍学历较高，具有较丰富的专业知识和技能，或直接从事技术创新及科技成果转化应用；或在经济社会文化领域发挥专业作用，是创新社会治理、构建和谐社会的重要方面；有的从事精神文化产品的生产和传播，对推动社会主义文化建设具有重要影响。可以说，他们在推进社会主义政治、经济、文化、社会和生态文明建设各方面都发挥着重要作用，是建设社会主义现代化强国的重要力量。新的社会阶层人士在国家治理现代化中的重要地位主要体现在三个方面：一是经济社会转型的重要动力。作为大众创业、万众创新时代的活力群体，新的社会阶层人士直接投身于新产业新业态新社会领域，推动产业转型升级。二是社会治理共同体建设的重要力量。作为体制外的“社会人”，新的社会阶层人士具有年轻化、知识化特点，思维较为活跃，来源不同，构成复杂，价值取向多元，善于运用新媒体新技术参与塑造舆论生态，是构建社会治理共同体的重要主体之一。三是国家治理现代化进程中重要的执政基础。新的社会阶层人士大多是体制外、党外知识分子，不少自海外回来。他们与其他社会群体的根本利益是相同的，也是我们党长期执政的阶级基础和群众基础。

新的社会阶层人士作为中国经济社会发展的重要力量，不仅是国家治理的重要主体之一，更是国家治理现代化得以实现的有效载体。因此，基于国家治理现代化视阈下认识和推动新的社会阶层人士工作，积极推进统战工作思路理念、方式方法和体制机制创新，赋予传统方式以新的时代内涵，推动统战工作体现时代性、把握规律性、富于创造性，不断推进统战工作高质量发展，是做好新的社会阶层人士工作的必然要求，更是增强中华民族凝聚力的题中之义。①

---

① 中央统战部：《学习贯彻〈中国共产党统一战线工作条例〉》，《求是》2021 年第 2 期。

一、凝聚新的群体力量，巩固党的执政合法性

合法性不是法律意义上的概念，是一个政治概念、系统概念，是指政治系统使人们产生和坚持现存政治制度是社会的最适宜制度之信仰的能力[①]。马克斯·韦伯认为："合法性就是人们对享有权威人的地位的承认和对其命令的服从。"[②]中国共产党执政地位的确立是历史的选择、人民的选择，而国家治理现代化的中国道路是中国共产党多年智慧的结晶，坚持党的执政地位不动摇是其核心。

1978 年改革开放以来，随着经济转型升级步伐加快，体制机制改革和创新型国家建设，社会阶层结构发展在改革开放的第二个三十年中呈现出新的趋势。各类新的群体或在经济社会快速变革中出现，或在新兴行业中就业，或因多重社会身份叠加形成，或由于体制藩篱消除产生，阶层变动的速率与规模空前，尤其是以民营科技企业创业人员、非公企业管理或技术人员、中介组织从业人员以及社会组织的专职从业人员为代表的"智能型"新社会阶层正在快速成长。这种社会阶层的分化、流动促使社会价值愈加多元，人们思想活动的独立性、选择性、多变性和差异性不断增强，给新时代党的执政合法性带来了诸多挑战。统一战线是我们党的一大政治优势，是党加强同各阶层、群体联系，充分反映社情民意的重要途径，是党凝心聚力、共谋大业的重要手段。

（一）筑牢群众基础，尊重共同利益

统一战线作用的发挥有利于凝聚各类群体，实现国家治理现代化的主体多元，达到目标一致。因此，在改革逐渐深化的现阶段，团结和协调新的社会阶层人士的利益关系，巩固国家治理的群众基础，具有十分重要的意义。目前，要在协调尊重不同群体共同利益的基础上，充分发挥统战工作优势，缓解各阶层群体之间的矛盾，凝聚全社会各方力量，调动一切积极因素为国家经济社会建设服务。具体体现在：一是对个体化、分层性的新的社会阶层人士，需要在充分了解其群体特征基础上，通过交心、交友、交流、合作等方式加以协调整合；二是通过

---

① ［美］西摩·马丁·李普塞特：《政治人：政治的社会基础》，张绍宗译，上海人民出版社 1997 年版，第 55 页。

② ［德］马克斯·韦伯著，约翰内斯·温克尔曼整理：《经济与社会》（上卷），林荣远译，商务印书馆 1997 年版，第 238 页。

求同存异、体谅包容等手段，对具有多元化价值取向的不同阶层群体加以引导，以促进不同价值观念之间的相互理解，缓解不同群体之间的矛盾；三是要充分尊重不同利益群体对自身利益的追求，引导其通过合理合法的途径实现自身利益，通过统筹兼顾、和谐相处加以沟通协调，以此夯实推进国家治理现代化的群众基础，保证党执政的合法性和有效性，形成推进国家治理现代化的社会合力。

（二）树立分众统战意识，增强政治认同

实现国家治理体系和治理能力的现代化需要全社会各个阶层的共同努力。新的社会阶层人员构成复杂，社会经历、教育背景、职业分工、专业方向各异，其思想状况也日益表现出多元化趋势。在这样的背景下，对不同类型的新社会阶层加以分类引导显得尤为重要。为此，有必要对新社会阶层进行“分众”统战，即关注新的社会阶层不同群体的多样性、层次性和差异性，对差异较大的不同群体采取不同的统战原则、内容、方法和载体，有针对性地开展工作，提高工作实效，达到统一战线的共同目标。[①] 唯有树立并强化分众统战理念意识，辅以丰富多样的引导方式，才能适应新时期推进国家治理现代化的需要。

推进国家治理现代化必须增强新的社会阶层人士的政治认同，使其紧密团结在党的周围。统一战线已经在中国特色社会主义体制内发挥了重要作用，为经济发展、社会团结、政治稳定提供了有效支撑，未来统一战线仍将为中国特色社会主义建设作出巨大贡献，成为实现民众有序政治参与、协同参与社会治理的重要渠道。参与渠道畅通，有利于各个社会阶层人士正常表达自己的合理需求，实现自身参政议政的政治意愿，从而保证政治系统健康稳定发展，巩固执政党的执政基础。统一战线要积极通过政治学习、思想交流等形式，引领新的社会阶层人士学习中国特色社会主义理论体系，巩固党的执政基础，维护社会和谐稳定。

（三）加强组织网络，团结一切力量

坚持党的领导，巩固党的核心地位是推进国家治理现代化的核心要素。新的社会阶层人士大多是游离在组织外的“社会人”，对于组织生活有较强的归属需求，因此要切实发挥党组织在新的社会阶层中的作用，以党组织为中心和辐射

① 杨卫敏、许军：《新的社会阶层人士分众统战研究——以浙江省为例》，《江苏省社会主义学院学报》2015 年第 3 期。

源，凝聚新的社会阶层人士。积极推动开展党的工作，广泛引领新的社会阶层人士充分发挥先锋模范作用，成为利益代表并起到价值表率作用。同时要加大培养教育力度，促使党员及新的社会阶层代表人士更好地引导、团结和带动其他新阶层人士，帮助他们与党保持密切联系。换言之，要在充分尊重新的社会阶层人士意愿的基础上，通过适当的方式引导教育，将其团结在党的周围，使其为国家治理现代化贡献力量。同时要及时掌握新的社会阶层人士的思想状况和特点，让他们发挥专长和优势，在国家治理中发挥作用，最终实现国家和社会的善治和良治。

二、加快健全法治体系，推进治理体系法治化

世界银行《1997年世界发展报告：变革世界中的政府》曾得出这样的结论：一个国家如果具有稳定的政府、可预知的法律变动方式、有保障的产权以及强有力的司法体系，就会比缺乏这些制度的国家取得更大的投资和增长。[①] 国家治理现代化的本质就是要在加快法治建设基础上实现对公共事物的有效管理，保证每个公民对公共权力的有序参与和表达，防止公共权力的滥用或错位，推动实现国家和社会和谐发展。正如习近平总书记所指出的，"国家治理体系是在党领导下管理国家的制度体系，包括经济、政治、文化、社会、生态文明和党的建设等各领域体制机制、法律法规安排，也就是一整套紧密相连、相互协调的国家制度"[②]。因此，法治化在国家治理体系和治理能力现代化进程中具有举足轻重的地位。

进入市场经济体制，国家治理的改革从根本上说是要顺应市场经济的要求，新的社会阶层人士大多属于体制外，他们的成长更加依赖于良性的市场经济的发展，他们对政务公开、政策透明、行政合法更加重视，他们的独立意识和民主意识逐步增强，民主和法治成为新的社会阶层人士维护自身利益需要的内在要求。

（一）参与健全法律体系，为国家治理现代化提供制度支撑

理论和实践证明，一个国家法律越完备，国家治理的制度也就越健全、越规

---

① 世界银行：《1997年世界发展报告：变革世界中的政府》，中国财政经济出版社1997年版，第23页。

② 习近平：《切实把思想统一到党的十八届三中全会精神上来》，《求是》2014年第1期。

范。在当前情况下，我国要加快建设社会主义现代化国家，实现国家政治、经济、文化、社会、生态文明“五位一体”发展，就必须做到多方治理有法可依、有章可循，形成以宪法为中心、以法律为基础完备的法律体系，从而建立起完整高效的国家治理制度。完备、有效、权威的治理制度与治理体系，是国家治理能力赖以发挥的重要依托和基础。就新的社会阶层这一群体而言，他们分布在各行各业，对不同职业、不同领域的法律法规都有充分的认识和感受。新的社会阶层中不乏熟知法律法规的专业人士，如律师。他们主动参与法律规范体系建设，能够更好地推进法治化建设，为国家治理现代化提供基础性的制度支撑。应当充分发挥统一战线作用，引导新的社会阶层人士合理表达对健全法治化体系的合理诉求。发挥他们在各行各业的专业能力，为增加公开透明度、推进行政法治化发挥更为积极的作用。

（二）积极学习法律法规，营造新的社会阶层参与国家治理的法治环境

党的十八届四中全会公报指出：“法律的权威源自人民的内心拥护和真诚信仰。人民权益要靠法律保障，法律权威要靠人民维护。”[①]国家治理现代化的推进离不开治理体系的完善，而治理体系的完善及推行需要执法人员具有较高的素质以及高水平的治理能力。这对国家治理现代化进程中社会治理主体提出了较高的要求，既要懂得法律知识，具备良好的法律素养，又要知晓各类规章制度规范，并能在具体的治理实践中运用。新的社会阶层分布在社会的各行各业，实际执业过程中或多或少需要熟悉不同的法律法规，并有效执行。作为国家治理的重要参与主体，其不断学习新的法律规范，与时俱进，提升自身的法律修养，保证职业行为的规范化，有利于推进整个社会的法治化进程。统一战线需要在日常工作中帮助新的社会阶层人士学习法律规范，在各类治理实践中不断提升自身的社会治理能力，实现治理的合理化和合法化。

三、构建新型政社关系，充分发挥新社会组织作用

社会力量能否在国家治理中发挥关键作用，这不仅是衡量一个国家治理现

① 《中国共产党第十八届中央委员会第四次全体会议公报》，中国政府网，2014 年 10 月 23 日，http://www.gov.cn/xinwen/2014-10/23/content_2769791.htm。

代化程度的重要指标，也是一个国家能否保持动态稳定发展的重要因素。推进国家治理现代化必须由原来的“大政府、小社会”向“小政府、大社会”转变，其核心内容之一就是处理好政府与社会的关系，构建一种强强联合互动的新型政社关系。

新的社会阶层群体的出现打破了原有社会结构形式，壮大了中间阶层，整个社会结构开始向多元化的方向发展。这种趋势一方面有利于形成“橄榄型”或“纺锤型”社会结构，另一方面也加剧了社会分化，新的社会矛盾及问题日渐增多。尤其是新的社会阶层中的新媒体从业人员、中介组织从业人员、社会组织从业人员，他们都是“社会”逐渐壮大的重要组成部分，他们的出现和日渐活跃为社会政治经济发展增加了一个弹性因素，提高了社会抵御经济政治动荡的能力，减轻了政府管理和财政上的压力。尤其是不断发展壮大的社会组织，不仅能够承接政府的公共服务职能，缓解政府在公共物品提供上的压力，而且能调节政府与其他组织之间的关系，推动社会的有序运行。但是，目前中国的“社会”对政府仍存在一定程度的依赖，需要在政府的引导孕育下发展，独立性和自主性较差。因此，推进国家治理现代化的重要方面就是要构建新型的政社关系，促进“强政府—强社会”的形成。

（一）加快政府职能转变，厘清政府职能边界

推进国家治理现代化的过程，本质上就是政府“放手”的过程。要实现“强政府—强社会”的路径选择，政府要“舍得”，要转变职能，将属于“社会”的交还给“社会”，通过实施“政社分开”，不再对社会越位管理，并通过合理引导孵化帮助“社会”发展壮大，使其主动参与到公共服务和社会治理的过程中，成为政府的有效助手。实现“政社分开”不是要削弱政府的公共管理能力，而是要厘清政府和社会组织各自的角色定位与职责，厘清政府职能边界，充分发挥社会组织的独特作用，集中政府力量实现政府应有的职能。换言之，“政社分开”是建立一个强政府的必经之路，是推进国家治理现代化的重要阶段。“政社分开”是深化政府“放管服”改革、推动社会体制改革的核心，也是全面推进国家治理现代化的重要前提。新的社会阶层人士大多在“社会”框架内工作，处在“政社分开”进程的第一线，在这一过程中，统一战线应当积极发挥桥梁作用，促进这一过程的有效推进，为厘清政府职能边界提供支持。

（二）激发社会组织发展活力，提高社会组织自身自治能力

通过购买服务等方式使社会组织参与到社会治理的过程中。社会组织必须能够在这一过程中真正承担好相应的管理和服务工作，因此激发社会组织活力，提升社会组织能力显得尤为关键。这是推进国家治理现代化的重要一环。第一，要改革登记管理制度，推进社会组织社会化。简化登记程序，实行直接登记。保证社会组织在数量上的增长，保证“社会”在参与社会治理中的热忱。下放管理权限，完善双重负责登记管理制度。第二，完善社会组织诚信自律机制。加强社会组织财务监督，健全社会查询、监督和举报机制。打造社会组织公信力工程，建立健全社会组织规范运作、诚信执业、信息公开、公平竞争、奖励惩戒、自律保障等机制，确保社会组织透明、高效、规范运行和健康可持续发展。第三，提高社会组织自身专业化水平。通过开展培训、学习与交流等活动，培养专业人才，提高社会组织在公共服务中的专业服务能力，增强独立性和自主性，在国家治理创新中发挥积极作用。① 第四，强化社会监督。对社会组织最有效的监管不是政府部门的行政监管，而是以公民为主体的社会监督和舆论监督。因此，必须畅通社会监督渠道，完善社会公众投诉举报机制，提升新闻媒体对社会组织的关注程度和监督力度。建立第三方对社会组织的监督机制。保障捐赠人、受益人、社会公众对社会组织机构、人员、活动、财产等信息的知情权，实现对社会组织透明有效监督。②

（三）建立健全政社合作机制，推进多主体协同治理

国家治理现代化体现出一种协作治理的模式，需要政府和以社会组织为代表的社会加强互动与合作、实现协同治理。换言之，多主体的参与和作用发挥对推进国家治理现代化至关重要。因此，必须建立健全政社合作机制，保证政府与社会组织的有效互动，促进多主体协同治理的实现。第一，要树立平等意识、合作意识，加强沟通，搭建良好合作的平台。社会组织和政府在国家治理过程中都是平等的治理主体，是相互合作、相互信任、相互协调的关系。应当加强治理实践中的有效沟通，共同处理治理中遇到的困难。第二，要创新协同方式，把社会

---

① 张卫、后梦婷：《坚持培育与监管并重 提升社会组织自身效能》，《中国社会报》2019 年 6 月 24 日。

② 吕雅琴、刘妍：《国家治理现代化视域下新型政社关系的构建》，《中国管理信息化》2015 年第 23 期。

组织引入公共服务提供过程。随着经济社会的不断发展，个体对于公共服务的需求逐渐增强，并向着多元化方向发展，政府在提供公共服务时无法满足不同社会阶层的不同需求，常常处于疲于应付的状态。社会组织能够针对不同的服务群体和服务需求，提供直接有效的服务，因此，通过公益创投、基地孵化等多重创新方式，帮助社会组织参与公共服务，有助于提升整体治理水平。第三，要建立健全协作制度，进一步明确政府向社会组织购买公共服务的范围，促使政府购买公共服务的行为具有法律依据，做到公开透明。

四、强化政治参与意识，搭建参政议政平台

随着我国改革开放不断深入，社会主义民主政治表现出强大及旺盛的生命力，人民当家作主的思想意识和地位不断得到巩固和提高，民主法治意识和政治参与意识日渐增强。在这一过程中，要充分保护民众的民主参与精神，更要积极引导他们参政议政。国家治理现代化的一个重要侧面就是多元主体协同治理，换言之，就是要保障社会各阶层在国家治理中的知情权、参与权与监督权，规避传统社会管理中部门化、分块化、碎片化的局面，快速便捷地整合各界资源，凝聚社会力量，实现社会治理的高效化。

目前，社会的多元分化导致多元利益群体的形成，各利益群体的利益沟通和民意表达势必促进他们的政治参与，并迫切地希望自己的意志和要求纳入政策系统，为政府决策更加符合民意提供了重要的依据。新的社会阶层人士在这种结构变动中产生壮大，与经济社会的联系更加紧密，更为关心国家的方针政策，已然成为民主建设的重要主体。新的社会阶层人士整体上素质较高，对经济社会变革反应比较快，容易接受新的思想，传播新的观念，经济实力的壮大也提高了新的社会阶层人士的政治觉悟，催生了政治参与的自觉性。他们具有参与政治的意识和要求，希望通过政治参与来反映、表达、保护自己的利益。

（一）完善人民代表大会制度，强化人大代表责任意识

推进国家治理现代化，需要不断进行实践探索和理论创新，始终将人民群众的利益放在首位，捍卫和巩固人民当家作主的主体地位。人民主体地位的确立和巩固有利于保证国家治理目标的正确性和方式的合法化，是推进国家治理现代化的必然要求。制定人大代表责任考察制度，人大代表要强化政治责任、社会

责任及为群众服务意识，要善于贴近群众，反映民生，成为人民群众表达自身利益诉求的喉舌。要主动吸纳新社会阶层中的优秀人才担任各级人大代表，发挥他们贴近社会、熟悉民众的优势，通过新社会阶层参政议政的方式，将社会各阶层的利益诉求和价值观念纳入国家治理的考量体系。要增强新的社会阶层人士的话语权和决策权，增强他们的自我价值感以及服务社会、奉献社会的责任意识，使他们主动参与到社会建设、公共服务的过程中来，热心参与“希望工程”“光彩事业”等社会公益服务，推动社会进步。

（二）加强民主协商，不断推进新的社会阶层人士参政议政

习近平总书记指出，“要健全同党外知识分子、非公有制经济人士、新的社会阶层人士的沟通联络机制”“坚持团结和民主两大主题，提高政治协商、民主监督、参政议政水平，更好凝聚共识”。[①] 社会主义协商民主是中国特色社会主义民主政治所特有的形式和优势，是我们党群众路线在政治领域的重要体现，是深化政治体制改革的重要内容。当前，协商民主是我国群众路线建设的重要方面。作为协商民主重要的载体和实施平台，统一战线具有定位独特的组织优势、人才荟萃的智力优势、稳定规范的制度优势、体谅包容的民主优势和联系广泛的渠道优势。[②] 新时代在党的领导下，各民主党派、各团体和社会各界人士，围绕改革发展过程中国家的大政方针以及政治、经济、文化、社会生活中的重要问题，在决策之前和决策执行过程中进行协商，不断完善国家民主制度。实践表明，协商民主能够通过对话、讨论、交流等形式使决策更加科学和符合实际。它可以通过鼓励积极参与、表达来促进广大新的社会阶层人士对公共利益的关注，培养相互理解、宽容的民主精神；可以通过协商程序设计来有效制约公权力的膨胀，防止公权力被滥用。加强民主协商，其目的就是要构建科学合理、系统有序、程序完整的协商治理体系，要促使不同类型、代表不同群体利益的社会组织参与到民主协商的议事程序中来，不断拓展各社会组织、不同团体之间沟通、交流的渠道。通过健全政治参与制度，进一步畅通新的社会阶层利益表达渠道，使公共政策更加符合民意和公众利益。按照推进协商民主广泛多层制度化发展这一战略任务，构建程序合理、环节完整的社会主义协商民主体系，确保协商民主有制可依、有

---

① 习近平：《提高政治协商民主监督参政议政水平更好凝聚共识 把人民政协制度坚持好把人民政协事业发展好》，《人民日报》2019 年 9 月 21 日。

② 李娜：《关于进一步发挥统一战线在协商民主中独特作用的思考》，《山西社会主义学院学报》2020 年第 4 期。

规可守、有章可循、有序可遵。

（三）创新政治引导途径，充分调动各阶层群体的积极性

基层协商民主面对广大群众，方式的多样性有利于调动更大的积极性和更多的参与。这就说明要充分调动基层民众政治参与的积极性、主动性。因此，不断优化政策环境，是政治引导取得成效的重要条件，不断探索和创新工作机制、搭建各类载体，是政治引导取得成效的实际保障，而不断拓展新的社会阶层人士有序政治参与的途径，是政治引导取得实效的坚实基石。一是准确把握群体特点，分类施策开展统战工作。坚持思想引领，渐进提高，既要关注代表人士，又要重视各类群体；既要把代表人士作为工作重点，又不忽视各阶层中的一般成员。针对日益复杂多元的新阶层群体，始终本着实事求是、与时俱进的态度，充分尊重不同群体的主观意愿，在帮助其实现自身价值的基础上，引导其参与社会治理。二是在实际工作中，注重把握柔性与刚性的有机结合，运用多种手段，主要通过政治手段、经济手段、法律手段和文化手段，加强团结引导，充分体现人文关怀，启发自觉，赢得信任，将引导新的社会阶层人士承担社会责任与非公经济转变经济发展方式结合起来。三是不断丰富基层民主的形式，规范基层民主的操作规程，以精心组织开展富有时代感、吸引力的活动为载体，以信息传媒网络为媒介，让各个阶层的利益都能得到充分的表达和协调。

五、凸显新的社会阶层专业优势，聚合成为国家治理合力

国家治理是一个多元主体共同交互参与的过程。“没有多元主体，没有更多的社会组织和社会阶层的参与，就不可能有真正意义上的国家治理体系的建立。在国家治理层面做好新的社会阶层工作是新形势下我们党治国理政必须妥善解决的现实课题，为中华民族伟大复兴的中国梦凝聚新力量。”[①]统一战线就其实质而言是中国共产党领导的爱国人士广泛联盟，其任务是建立最广泛的政治联盟，为中国特色社会主义建设服务。国家治理现代化的实践与统一战线具有互补性，统一战线在凝聚社会共识、协调社会利益关系、团结各阶层社会力量、促进社会和谐包容等方面具有独特的优势。作为统战工作的重要对象之一，新的社

---

① 林少红：《国家治理现代化中新的社会阶层与中华民族凝聚力探析》，《广东省社会主义学院学报》2019年第3期。

会阶层人士主要就业于新兴产业或高科技领域，具有独立的技术专长和专业的知识储备，他们所拥有的经济资源和文化资源正是目前推动国家治理现代化的重要基础，对整个社会具有示范、引导、服务功能。将他们的专业优势转化为国家治理的动力来源，是目前统战工作的重要内容。

（一）彰显智产阶层优势，促进公共决策科学化

推进国家治理现代化需要建立健全决策咨询制度，加快推进公共决策科学化，积极推动中国特色新型智库建设，以科学决策引领科学发展。新的社会阶层人士大多是受过良好教育的专业人士，在各自的职业领域具有较高的专业水平和职业能力，如何体现新阶层知识分子的优势，使其为国家治理现代化贡献力量，是统一战线未来工作的重点。新时代统战工作应当把社会各阶层的优秀人才纳入中国特色社会主义事业建设。新的社会阶层智力密集、群英荟萃，属于“智产阶层”。他们分布在各个领域，专业技术也不尽相同，引导他们围绕党和政府亟待解决的一系列重大问题、民生问题，提出合理可行的政策建议，通过民主协商等多种形式直接反馈到决策层面，使公共政策更加符合民意和公众利益，不仅扩充了国家治理的参与主体，而且能最大限度地集中治理智慧，发挥治理能力，促进治理能力现代化的进一步实现。

（二）健全公共服务体系，化解消除社会矛盾

社会阶层多元带来社会利益分化，在市场机制影响下，各阶层群体之间的利益分配与资源占用差距日渐明显，造成贫富差距扩大。而不同社会阶层群体之间利益关系的紧张，是影响社会稳定和谐的重要因素。协调各阶层之间的利益关系，帮助各阶层合理追求自身的合法权益，有利于国家治理现代化过程的有效推进。因此，提供公共服务、协调社会关系、化解社会矛盾、促进社会和谐是国家治理现代化的重要任务。新的社会阶层具有强大的公共服务能力，特别是其中的中介组织、社会组织，更是逐渐承接部分政府职能，成为未来实现国家治理现代化的重要参与者。他们在国家治理中的作用发挥有利于缓解政府的公共服务压力，满足不同群体的社会需求。公共服务供给主体的多元发展应当建立在政府切实认识到如何提高公共服务效率、更好履行公共服务的基础上，政府在公共服务供给主体的多元发展中仍具有不可替代的作用，在公共服务多中心治理中仍然起着主导作用。在此基础上，政府应当积极为其他提供公共服务的主体提供制度激励，规制其负外部性，保护公众的利益。统一战线应当发挥新的社会阶

层人士的公共服务能力，引导其积极参与社会的公共事业，使其成为政府服务的重要补充，及时弥补政府在基本公共服务均等化过程中存在的短板，使社会成员共享改革发展成果，化解社会突出矛盾，消除国家治理中的阻碍因素，实现中华民族伟大复兴的中国梦。

第三节　新的社会阶层人士参与国家治理现代化的现状调查与分析

近年来，新的社会阶层人士群体不断扩大，不仅在推动社会发展和科技进步方面发挥了举足轻重的作用，也在参与国家治理过程中占据了一席之地。当前我国正处在推进国家治理现代化的关键阶段，为更好引导新的社会阶层人士参与到国家治理现代化进程中，泰州市委统战部将做好新的社会阶层人士参与国家治理工作作为年度重点调研课题，通过深入调查，摸清相关底数，找准薄弱环节，探索工作举措，不断推进新的社会阶层人士统战工作的开展。

一、新的社会阶层人士的基本特征

本次课题调研涵盖新的社会阶层人士中的四类群体，其中 44.78%为民营企业管理技术人员，25.37%为社会组织和中介组织从业人员，17.91%为自由职业人员，11.94%为新媒体从业人员，样本具有全面性。具体而言，主要呈现出以下特征。

（一）整体年轻化，知识层次高

调研结果显示，74.63%以上的新的社会阶层人士不超过 50 岁，其中 22.39%的新的社会阶层人士不超过 40 岁，整体年龄结构呈现年轻化趋势（图 1-5）。从学历层次来看，所调查的新的社会阶层代表人士中具有本科学历的占比为 40.29%，硕士及以上学历占比为 16.42%，受教育程度普遍较高（图 1-6）。

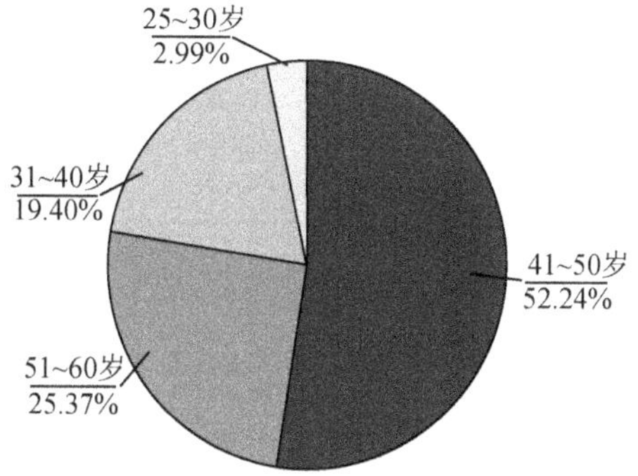

图 1-5 接受调研的新的社会阶层人士的年龄结构情况

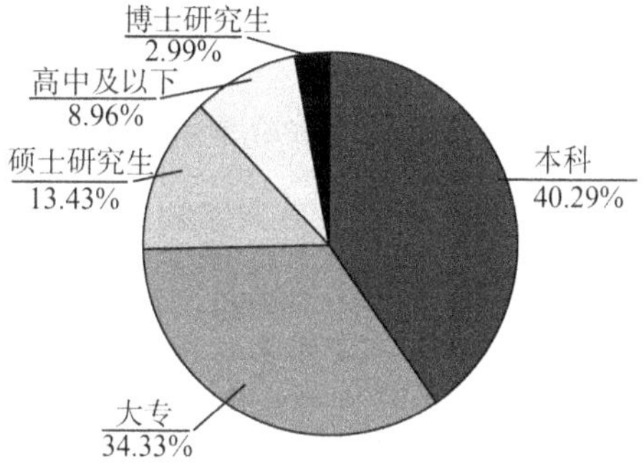

图 1-6 接受调研的新的社会阶层人士的学历情况

（二）工作流动性大，收入水平较高

从调研结果来看，67.16%的新的社会阶层人士至少换过 1 次工作，其中换过 2 次工作的占 22.39%，换过 3 次及以上工作的占 16.42%，工作更迭频繁（图 1-7）。然而，从个人收入来看，新的社会阶层人士的收入水平总体比较高，年收入 10 万～20 万的占 26.86%，20 万～30 万的占 20.89%，30 万～50 万的占 10.45%，50 万以上的占 17.91%（图 1-8）。

（三）政治面貌多元，网络参政现象明显，具有创新意识

调研样本中，仅有 16.42%的新的社会阶层人士为中共党员，另有 16.42%为民主党派成员，剩余大部分新的社会阶层人士为群众。而在所有参政渠道中，通过问卷调查和座谈交流，我们发现除了安排使用以外，新的社会阶层人士更倾向于通过互联网发表对时事的看法，他们认为网络可以帮助党和政府更好地了

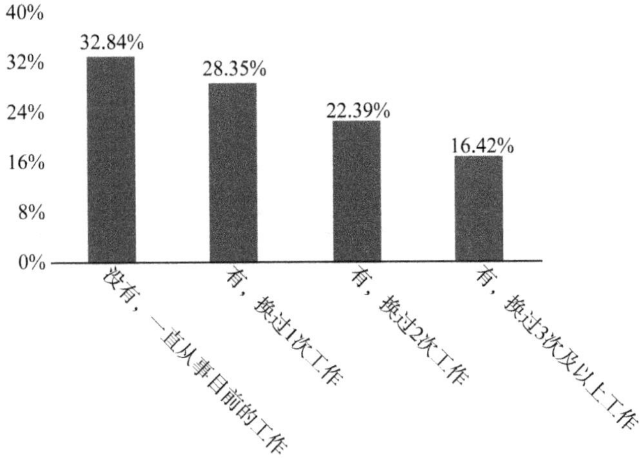

图 1-7　接受调研的新的社会阶层人士换工作的情况

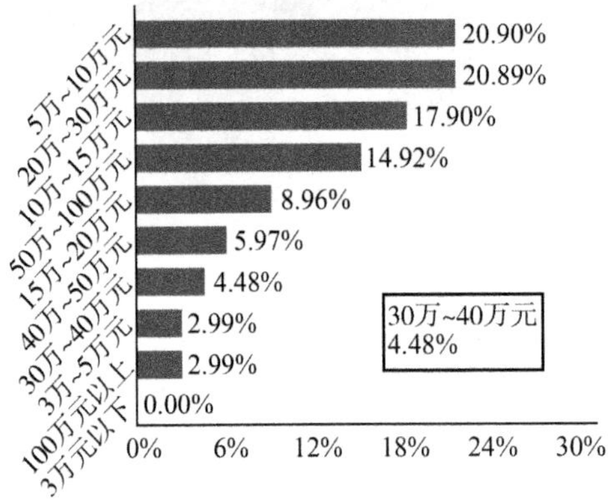

图 1-8　接受调研的新的社会阶层人士的收入情况

解群众的看法，可以让人们享有更多权利，有更多机会评议、监督政府工作。这表明新的社会阶层人士思想较为开放，意识比较超前，观念更新较快，易于接受新鲜事物。

二、新的社会阶层人士参与国家治理的现实要义

作为社会发展的新生力量，新的社会阶层人士知识水平相对较高，经济地位属于中等收入阶层，在地区和行业内有一定影响力，不仅是统战工作的对象，也是参与国家治理的主体。

（一）新的社会阶层人士社会影响大，参与国家治理有助于凝聚社会共识

通过前期的调研，我们发现目前泰州市新的社会阶层人士有近30万，可以说是数量非常庞大的一类群体，其具有结构形态多元性、价值选择多样性和社会影响广泛性的特征。如果这类群体得不到关注或者关注方式出现偏差，必然会带来诸多不确定因素，因而做好新的社会阶层人士统战工作，是巩固党的执政基础的政治使命。有必要通过灵活多样的工作方式，积极引导新的社会阶层人士筑牢共同思想基础。

（二）新的社会阶层人士政治诉求强烈，参与国家治理有助于化解社会矛盾

新的社会阶层人士具有成长过程的渐进性，随着自身文化水平和经营管理能力的提升，其更多开始谋求自身社会价值的实现，开始尝试通过政治参与、社会协商、行业担当等方式积极建言献策，以期为党委、政府的科学决策贡献一份力量。而这也正体现出他们自身素质的提升以及职业身份的多元，在很大程度上在现今社会治理中发挥了突出作用。

（三）新的社会阶层人士专业能力强，参与国家治理有助于激发社会活力

新的社会阶层人士大多具有非凡的创造能力和创业精神，专业能力比较强，是体制外非常珍贵的优势资源。比如民营企业管理技术人员直接从事经营生产活动，对于推动科技进步、技术创新，推动形成更多新技术、新产业、新模式、新业态具有十分重要的作用。

三、新的社会阶层人士参与国家治理存在的问题

（一）参与方式单一

目前，新的社会阶层人士参政议政的渠道还局限于情况通报会、座谈会等单一形式，缺少网上意见征集、聘用特约信息员等多样化的渠道。但是随着社会的发展，越来越多的新的社会阶层人士希望获得政治认同，在所调查的新的社会阶

层代表人士中，有52.24％的人表示非常关心党和国家的方针政策，并明确表示希望通过更为广泛的参政议政方式来实现自我价值。

（二）参与渠道不畅

目前，在党委、政府部门的支持下，虽然新的社会阶层人士已经在一定程度上参与到国家治理中，但由于缺乏相应体制机制的保障，仍仅有少部分新的社会阶层代表人士可以担任人大代表、政协委员。相关数据显示，在所调查的新的社会阶层代表人士中，人大代表所占比例仅为5.97％，政协委员所占比例仅为28.36％，人民政协亦尚未将新的社会阶层作为一个界别列入。60％左右的新的社会阶层人士仍主要通过社会组织协商的方式来表达相关意见，而通过社会组织协商达成的建议意见又因为缺少与政府部门的有效沟通协调机制而难以纳入政府决策过程。

（三）身份归属感二元结构明显

新的社会阶层人士的出现打破了传统经济体制下社会职业结构的稳定性，流动性的职业特征造就了他们多元化的思想，进而导致他们在阶层认知、社会关注等方面存在一定差异，有时甚至出现两极分化的情况。一类知识层次较高、经济实力雄厚的新的社会阶层人士，随着事业发展的逐渐稳定和社会地位的不断提升，更多地关注行业发展、社会进步等阶层利益，对新阶层这一身份的归属感相对较高，对国家治理的参与度也相对更高。另一类自身利益尚未完全实现的新的社会阶层人士，则还是更多地关注于个人的职业发展，阶层归属感较不明显，认为参与国家治理与自身关系不大，只要做好本职工作就行，不愿将过多精力投入国家治理。

（四）构成复杂，素质参差不齐

新的社会阶层人士职业、素质、价值取向等在一定时期内一直处于动态发展的过程，导致其在参与国家治理时表现出一定的差异性。有些新的社会阶层人士相较于国家大政方针更关注自身专业技术的提升，因而在政治参与的过程中往往更关注细节问题而缺乏整体思路；有的新的社会阶层人士由于经济尚不稳定，将更多精力放在自身事业的发展上，而对于政治参与则显得心余力绌；有的新的社会阶层人士虽然对社会治理等有一些见解、意见，但受限于文字表达能力，很难将好的想法转化为优质的社情民意信息。以上因素都制约了新的社会阶层人士参与国家治理作用的发挥。

（五）管理平台作用未充分发挥

近年来，为了更好地在新的社会阶层人士中开展统战工作，我们逐步在市、市（区）实现了新的社会阶层组织全覆盖，然而由于新的社会阶层组织刚刚建立，在实际开展工作过程中尚未充分发挥其作用，在人员、经费等方面尚未完全“去行政化”，更没有一个有序的管理制度体系，新的社会阶层人士自主性和积极性有所欠缺，归属感较弱。因而目前大部分新的社会阶层人士政治参与仍处于杂乱无章或单兵作战的状态，以个体参与为主，缺乏系统化、组织化、程序化的操作。这种政治参与很难对政府决策产生大的影响。

（六）社会认识程度有待提高

党的十八届三中全会为社会治理体制创新奠定基调之后，多元主体协同治理成为社会治理的基本模式。然而由于管理型政府的强大思维惯性，社会对社会组织治理认可度不高，而新的社会阶层产生时间不长，尚未形成明确的阶层意识，其身份认同度不高，缺乏足够的公信力。除此之外，受人力、物力、财力等多方面因素的影响，新的社会阶层组织自身规范化、专业化发展受到一定程度的限制，因而在承担部分社会公共事务时还难以产生良好的治理效果。

四、推进新的社会阶层人士参与国家治理的思考

新的社会阶层人士是构建社会治理共同体的重要力量，推进新的社会阶层人士参与国家治理是推进中国特色社会主义民主政治发展的一个重大课题，也是统一战线工作新的着力点。要坚持党的统一领导，通过思想引领、统筹协调、精准施策、线上线下结合，努力凝聚共识、服务大局，为建设高质量发展的幸福泰州贡献新的社会阶层人士的智慧和力量。

（一）明确功能定位，构建大统战工作新机制

目前，对新的社会阶层人士工作才刚刚起步，在摸清底数、掌握情况的基础上，要从思想政治素质提升、骨干人才队伍建设、实践创新基地推进、特色品牌项目创建、体制机制制度保障等五个方面作出整体谋划；要充分发挥联席会议机制作用，密切与司法局、民政局、网信办等部门的联络联系，对新的社会阶层人士分

类施策，如可以通过律师协会、注册会计师协会来加强对新的社会阶层人士中中介组织群体的引导团结，可以整合共青团、妇联、文联等群团组织的资源来加强对新的社会阶层人士中青年、妇女、文艺界人士的教育引导。

（二）完善和拓宽渠道，维护参与国家治理的权利

政治安排是新的社会阶层人士参与国家治理的有效途径。为增加新的社会阶层人士参与国家治理的机会，可以加大对新的社会阶层人士的安排使用力度，从而把新的社会阶层人士参与国家治理的积极性调动起来，使其在我国政治生活中更好地发挥作用。加入各民主党派和无党派也是增加新的社会阶层人士参与国家治理机会的方式，因此可以考虑推荐优秀的新的社会阶层人士加入民主党派和无党派。同时也可以考虑推荐具有相关专业技能的新的社会阶层人士到政府部门机构中担任法律顾问、财务顾问等，以此实现新的社会阶层人士对于政策制定和决策执行的参谋作用。除此之外，还可以考虑建立新的社会阶层人士统战工作联席会议成员单位领导干部与新的社会阶层代表人士联系制度，进一步畅通新的社会阶层人士建言献策的渠道，密切新的社会阶层人士与党委、政府的联系，提升新的社会阶层人士参与国家治理的实效性。

（三）加强教育培养，完善新的社会阶层骨干人才队伍建设

新的社会阶层人士数量庞大，因而工作要做到以点带面。做好有较大影响力的各类新的社会阶层人士的发现和培养工作，利用好现有组织平台，广泛吸纳新的社会阶层人士，并建立动态数据库。根据分级分类、科学施训的原则制定实施新的社会阶层代表人士培训计划，通过采取“省以上选送参训＋部门嵌入式培训、市和市（区）重点培训”的形式，为新的社会阶层人士成长成才赋能。要注重培养典型，表彰先进，发挥示范作用，建立绩效考评机制和动态管理机制，将思想素质良好、政治表现突出、履职能力较强的新的社会阶层人士作为年度评优和政治安排优先考虑的对象，同时可通过工会、共青团、妇联等群团组织，进一步扩大新的社会阶层代表人士的影响力，如可以考虑将优秀的新的社会阶层人士纳入“劳动模范”“江苏好青年”“巾帼建功标兵”评比表彰范围。

（四）加强学习培训，提高参与国家治理的能力

新的社会阶层人士选择性、自主性、差异性较强，如何有效加强对新的社会阶层人士的教育引导，帮助他们更好地参与国家治理就成了一个崭新的课题。

我们认为，一是要加大培训力度，保障培训的常态化，引导新的社会阶层人士了解国情，树立正确的政治方向和明确的阶层意识。通过开设三大课堂，即做精固定课堂，邀请专家学者作党史教育、经营管理、法律实务等专题讲座；做活流动课堂，赴新四军黄桥战役纪念馆、中国人民解放军海军诞生地纪念馆等爱国主义教育基地和单声珍藏文物馆、刘国钧故居等统一战线传统教育基地开展红色教育活动，赴外地开展学习考察活动；做优互动课堂，通过微信群、座谈会、分享会等线上线下交流，让新的社会阶层人士互通有无，围绕党委、政府中心工作积极建言献策，为经济社会发展献智出力。二是要提升培训质效，保障培训针对性。首先要通过了解掌握行为动态做到在思想上充分接近，然后要分层分类明确各领域新的社会阶层人士特别是代表人士培训工作的着力点。如对民营企业管理人员，重在激发爱岗敬业精神，致力企业生产经营和改革创新，对自由职业人员，重在增强政治认同感和向心力，通过鼓励创作凝聚共同奋斗力量；坚持"抓两头、带中间"，以代表人士为工作重点，对履职效果突出、群众基础扎实的新的社会阶层人士，加强政治历练，提升综合素质，更好地发挥其示范带动作用，对有影响、有个性的新的社会阶层人士，加强日常培训，及时化解消极因素。三是要创新培训方式，保障培训实效性。推动新的社会阶层人士参与国家治理归根结底就是要发挥其人才智力优势，服务经济社会发展，那么培训也应围绕创新意识的培养、建言献策意识的提升以及社会治理水平的提高等方面进行。

（五）健全机制，增强参与国家治理的热情

目前，新的社会阶层人士有两种"发声"平台值得重视：一是各级新的社会阶层人士联谊会组织，二是各类新的社会阶层人士统战工作实践创新基地。依托这两类载体，虽然在一定程度上将新的社会阶层人士凝聚在一起，但是活动品牌性不强、辨识度不高，同时覆盖面也稍显狭窄。为此，一是尝试建立"叶脉式"工作网络。在成立各级各类新的社会阶层人士联谊会，如商圈新联会、乡镇新联会、园区新联会等的基础上，完善各联谊组织专委会工作制度，确立一名副会长作为相关专委会工作牵头负责人，组织各专委会开展"法律咨询""文艺创作""新媒体运营"等考察调研和社会服务活动，打造特色化活动品牌，并通过制定实施会员履职绩效考核制度，充分激发新的社会阶层人士参与国家治理的积极性，如此从"主干"到"末梢"破解新的社会阶层人士组织难的问题，切实增强新的社会阶层人士参与国家治理的积极性和主动性。二是要建立健全回应机制。各级党委、政府要加强对于新的社会阶层人士统战工作的思想认识，培养一批能和新的

社会阶层人士说得上话、对得上路的干部，并通过座谈、交流、问询等方式，与新的社会阶层人士在思想观念上达成充分的交流理解，并在一定条件下推动相关意见、建议落地生效，提高他们参与国家治理的积极性。

（六）搭建新媒体交流平台，开辟参与国家治理新渠道

在电子信息技术高度发达的今天，特别是在新的社会阶层人士中本身就包含有相当数量的新媒体从业人员的情况下，统战工作更应在借力“互联网”上下功夫。要善用微博、微信、抖音等新媒体平台，及时、深入、真切地了解把握新的社会阶层人士的思想动态和利益要求，牢牢掌握新媒体思想舆论工作的主动权，增强统战工作的针对性、时效性。统战部门应积极引导他们发挥自身专业优势，通过新媒体交流平台，围绕中心工作、民生热点等开展讨论，收集意见建议，积极参与网络治理，传播正能量，助力经济社会快速发展。

第二篇

新的社会阶层与阶层结构变迁

第一节　新的社会阶层发展趋势及对中国社会阶层结构的影响

随着改革的进一步深化，社会治理多元化格局的形成，经济社会结构进一步调整，社会阶层结构也发生了新的变化。传统的阶级、阶层分化和重组，出现一些新的创业群体、就业群体和利益群体，他们不断产生和成长，成为新的社会阶层。新的社会阶层是传统阶级、阶层结构变化的结果，而新的社会阶层的出现、发展和壮大，又不可避免地会对整体社会阶层结构产生影响。阶层结构的新变化也给党的统一战线工作带来新的挑战和发展机遇。作为中国共产党治国理政的重要方式和群众工作的重要构成，党的统战工作需要适应当前阶层结构的新变化，通过加强自身改革，重新定位和布局，从而在推动国家治理体系和治理能力现代化的进程中，充分发挥凝聚人心、汇聚力量的作用，促进包括阶层关系在内的社会重大关系的和谐。为了更好地分析当前新的社会阶层和社会结构的变化，本课题采用文献研究、调查研究和典型研究的方法，以江苏两个典型区为例，采用“七普”人口数据①，对新的社会阶层和社会结构现状及变化情况进行分析。

一、新的社会阶层的历史演变及发展趋势

改革开放以后，在国家现代化整体转型的背景下，伴随着所有制结构的重大变革和社会主义市场经济体制的逐步建立和完善，非公有制经济成为社会主义市场经济的重要组成部分，“两个阶级一个阶层”（工人阶段、农民阶级和知识分

① 本章中的相关数据，未注明出处的均是本课题组以“七普”数据为基础分析得来。

子阶层)的社会结构被逐步打破,出现了新的社会阶层。新的社会阶层是改革开放的产物,他们为国家的现代化建设作出了显著贡献,是中国共产党扩大执政基础、巩固群众基础的重要对象。

(一)新的社会阶层产生的背景

1. 国家现代化整体转型

从20世纪70年代末开始,中国走上了改革开放的道路,实现了从封闭式的现代化路线向开放式的现代化路线转变。这一重大转变对中国经济和社会结构产生了重大影响,是当代中国新社会阶层产生的重要历史背景。[①] 1978年党的十一届三中全会决定把全党工作的重点转移到社会主义现代化建设上来,揭开了社会主义改革开放的序幕。自此,我们走上了一条适合中国国情的中国特色社会主义道路并取得了举世瞩目的成就,社会变得越来越多元、开放和活跃,阶级阶层结构也开始发生变化,原先"两个阶级一个阶层"的结构发生分化,出现了新的阶层。

2. 改革开放的持续深入

新的社会阶层的兴起与发展,既是中国改革开放和建立社会主义市场经济制度的必然结果,又是推进中国进一步改革开放和完善社会主义市场经济制度的一大主要动力来源。[②] 改革开放以来,我国社会进入快速转型期,社会结构发生深刻变化。改革开放的深入推进,市场经济的深入发展,为新的社会阶层的产生提供了现实契机。主要体现在:所有制结构的重大变革是新的社会阶层产生的制度基础,对外开放的不断扩大为新的社会阶层产生提供了重要动力,教育文化等社会事业的发展是新的社会阶层快速发展的社会条件。

3. 新兴行业的不断出现

产业结构的调整和变化为新的社会阶层的产生提供了现实的经济基础。改革开放以来,国家对产业结构进行了三次大的调整,在着力提高第一产业、继续发展第二产业的同时,鼓励、引导和支持第三产业发展。[③] 产业结构的调整和高

---

① 宋华忠:《新社会阶层的兴起与中国共产党领导权实现路径》,中国社会科学院研究生院博士学位论文,2013年。

② 陈永杰:《改革开放30年与新的社会阶层的兴起——关于新的社会阶层的若干分析》,《福建省社会主义学院学报》2008年第4期。

③ 宋华忠:《新社会阶层的兴起与中国共产党领导权实现路径》,中国社会科学院研究生院博士学位论文,2013年。

新技术产业的发展，衍生出许多新的行业、职业以及就业形式，为中国社会阶层结构的演变赋予了富有时代气息的特征，不但催生了一个庞大的直接从事高新技术产业的高素质的新社会阶层，而且也促使其他新社会阶层更多地采用现代科学技术来增强自身的竞争能力，以适应市场竞争的需要。[①]

4. 就业观念的根本转变

就业体制的重大变革、市场化就业机制的确立、社会保障体制的形成，促使人们的就业观念发生根本转变，计划经济时期的“重全民、轻集体、鄙视个体”的择业观念逐渐淡薄，人们开始把能否发挥个人才能、能否获得较高收入作为选择职业的基本标准。劳动者择业观念的根本变化，反映了“社会人”自主意识的正式确立。这些是改革开放以来非公有制领域人才数量逐年增加乃至超过国有单位的重要原因，也是新社会阶层持续发展壮大的一个重要社会条件[②]。

（二）新的社会阶层的历史演变

对于新的社会阶层的界定，经历了从七大群体到四大群体的转变：改革开放使我国社会结构发生了急剧而独特的变化，新的社会阶层开始崭露头角。江泽民在庆祝中国共产党成立八十周年大会上的讲话中指出：“改革开放以来，我国的社会阶层构成发生了新的变化，出现了民营科技企业的创业人员和技术人员、受聘于外资企业的管理技术人员、个体户、私营企业主、中介组织的从业人员、自由职业人员等社会阶层。”这些新社会阶层中的广大人员，通过诚实劳动和工作，通过合法经营，为发展社会主义社会的生产力和其他事业作出了贡献。[③] 这是首次提出关于新的社会阶层的七大群体。2020 年中共中央印发的《中国共产党统一战线工作条例》中对“新的社会阶层人士”作了新的概括，归纳出四大群体：一是民营企业和外商投资企业的管理技术人员；二是中介组织和社会组织从业人员；三是自由职业人员；四是新媒体从业人员。由此，对于新的社会阶层的界定完成了从七大群体到四大群体的转变。

1. 缓慢起步阶段(1978—1992 年)

随着改革开放大幕的徐徐拉开，中国的社会阶层结构逐步呈现出多元化的

---

① 武三中：《中国新社会阶层产生的社会根源》，《广州社会主义学院学报》2004 年第 4 期。

② 宋华忠：《新社会阶层的兴起与中国共产党领导权实现路径》，中国社会科学院研究生院博士学位论文，2013 年。

③ 桑晨奔：《论吸收新社会阶层对民主党派组织发展的影响》，复旦大学硕士学位论文，2013 年。

发展趋势，新的社会阶层作为中国特色社会主义事业的建设者，开始登上历史舞台。最先登上历史舞台的是个体经营者阶层。1978—1992 年是我国个体私营经济发展的初始阶段，也是个体工商户、私营企业主等新社会阶层的萌发与缓慢起步阶段。这个时期的个体工商户、私营企业主总体而言文化素质偏低，但思维敏捷，具有一定的决策判断能力，想干事、想创业的意愿强烈。在个体私营经济缓慢发展的同时，民营科技企业、三资企业也进入初步发育阶段。在对外开放过程中，外资企业开始慢慢进入中国。外商企业来华投资，不仅带来了一批先进实用的技术设备，提高了一些行业的生产水平和经济效益，而且给中国社会阶层结构带来重要影响，一批受聘于外商投资企业的管理和技术人员开始出现[①]。

2. 快速成长阶段（1992—2002 年）

1992 年 1—2 月，邓小平视察武昌、深圳、珠海、上海等地，发表了著名的南方谈话，鼓励人们大胆地试，大胆地闯，“没有一点闯的精神，没有一点‘冒’的精神，就干不出新的事业”。根据南方谈话精神，同年 10 月召开的中共十四大明确了建立社会主义市场经济体制的改革目标。邓小平南方谈话和中共十四大、十五大的理论创新以及以发展社会主义市场经济为取向的一系列改革，大大激发了全社会的创业创造热情，对我国社会结构分化调整，新社会阶层的形成、发展产生了重要影响。

3. 稳定发展阶段（2002—2012 年）

2002 年 11 月，中共十六大在北京召开，强调要毫不动摇地巩固和发展公有制经济，毫不动摇地鼓励、支持和引导非公有制经济发展。在提出“两个毫不动摇”方针的同时，十六大将在社会变革中出现的民营科技企业的创业人员和技术人员、私营企业主等新的社会阶层定位为中国特色社会主义事业的建设者，再次极大地激发了人们的创业热情，一大批文化素质较高的人员脱离原有的单位体制，或加入创业大军，或加盟非公有制领域，非公有制经济发展进入持续稳定发展阶段。所有这些，对中国社会结构的调整变化产生持续、深刻的影响。

4. 重要影响阶段（2012 年至今）

伴随着非公有制经济的平稳较快发展，新的社会阶层的队伍不断壮大，各群体的发展也日趋成熟稳定。这一阶段值得注意的是，网络新媒体的发展和“互联网＋”大数据时代的到来，深刻改变着人们的生活方式和工作方式，社会成员所

① 宋华忠：《新社会阶层的兴起与中国共产党领导权实现路径》，中国社会科学院研究生院博士学位论文，2013 年。

能选择的就业方式越来越丰富多样。而多样化的就业选择又必将孕育出更多的诸如自由职业人员、新媒体代表人士这样的新的社会群体，使得新的社会阶层所涵盖的范围更加广泛，成员构成更加复杂化。[①]

（三）新的社会阶层现状及特征

1. 新的社会阶层的发展现状

改革开放以来，我国新的社会阶层从无到有、从少到多，发展速度日益加快，在社会活动中也日趋活跃。据统计，我国每年有八十万左右本科以上学历的知识分子进入这一阶层。随着市场经济的不断发展和完善以及新经济组织的不断涌现，新的社会阶层呈现出经济实力不断增强、整体素质不断上升、社会影响不断扩大的发展现状，新的社会阶层的成员数量和覆盖面也呈现出进一步扩大的趋势，在社会主义经济建设中也必将担任更重要的角色。新的社会阶层的成员数量现在已具备了相当的规模，其增长速度也可见一斑，更应该注意的是，其未来的发展能力、经济实力同时也会随着其阶层成员数量的不断壮大而日益增强。[②] 这里以江苏省的两个典型区为例，对当前新的社会阶层发展状况作具体描述。

2. 江苏两个典型区的发展现状

根据中央统战部的调研数据，2016 年底中国新社会阶层人士的总体规模约为 7 200 万人，新社会阶层占城镇就业总人口近 18%，更有人估计他们掌握或管理着约 10 万亿元的资本。[③] 李春玲根据 2015 年度中国社会状况调查数据和国家统计局年度人口统计数据指出，18～69 岁体制外就业人员中，12.4%为白领职业从业者，实际人数为 7 275 万人，这些体制外白领职业从业者，即为她所定义的新社会阶层。[④] 我们根据江苏省最新的抽样调查数据，结合第七次人口普查公布数据，统计测算出江苏省 16～64 岁的非农就业人口中，有工作单位的占 75.7%，无工作单位的占 24.3%。有工作单位的人中，外资企业和私营企业就业的比例分别为 5.6%和 55.2%；外资企业和私营企业中，高层管理者和中层管

---

① 魏慧芳：《我国新的社会阶层思想引导工作的路径与方法研究》，江西农业大学硕士学位论文，2017 年。

② 桑晨奔：《论吸收新社会阶层对民主党派组织发展的影响》，复旦大学硕士学位论文，2013 年。

③ 李路路：《“新社会阶层”：谱系·变革·挑战》，《统一战线学研究》2017 年第 4 期。

④ 李春玲：《新社会阶层的规模和构成特征——基于体制内外新中产的比较》，《中央社会主义学院学报》2017 年第 4 期。

理者比例分别为 6.7%和 15.5%；有技术职称的占 17.8%；在全部非农就业人口中，外资私营企业的管理和技术人员的比重为 14.9%。无单位人员中，就业身份为自由职业者的比例为 15.6%，其中具备知识和技能专长的就业者约占总就业人口的 5.2%。社会组织从业人员占 0.7%。综上测算，江苏省新的社会阶层人士约占全部劳动年龄人口的 15.3%，占非农就业人口的 24.9%。

(1) 淮安市清江浦区新的社会阶层发展现状

目前，清江浦区共有常住人口 60 万人，其中民主党派、民营企业家、个体工商户、新的社会阶层从业人员、港澳台侨胞和宗教信众总数约 16.8 万人，占比 28%，其中，新的社会阶层人士有 6 万余人，约占所有统战成员的 35%，总体呈现出数量大、占比高、领域广的鲜明特点。从分布和结构特点来看，主要呈现出五个方面的特征：一是新阶层从业人员年龄结构低，主要以中青年为主；二是学历层次较高；三是收入水平分布较为平均，呈现正态分布；四是新的社会阶层人士分布相对集聚；五是党外人士占比较高。

(2) 南京市江宁区新的社会阶层发展现状

南京市江宁区新的社会阶层不断壮大。据 2020 年《江宁统计公报》，2019 年，江宁共计 10 个街道，3 个开发园区，国有经济和集体经济之外的其他经济类型单位从业人数超过 27 万人，民间非营利组织从业人数 8 205 人，2019 年培育自主创业 7 392 人。江宁区新的社会阶层随着本区非公有制经济的发展，各类社会组织、新媒体行业、知识技术类创新产业的发展而不断壮大。2019 年，私营企业、港澳台商投资和外商投资企业单位数共计 596 个。初步统计，江宁区新的社会阶层人士有 10 万余人。江宁区新的社会阶层人士具有以下几个特征：一是新的社会阶层人士大多受到良好的教育；二是月收入以中等收入为主；三是从职业身份来看，民营企业和外商投资企业管理技术人员占比最多。

3. 新的社会阶层的组织特征

(1) 构成多元化与内部弱组织化

与同质性较高的“两个阶级一个阶层”相比，产生于非公有制经济领域的新的社会阶层在来源和构成上广泛而复杂，具有明显的内部差异性。新的社会阶层人士的职业构成更加多元化。由于职业与工作场景的异质性增加，随之而来的是生活方式的多样化以及价值观念的多态化。由此，新的社会阶层人士的构成具有显著的多元化特征。新的社会阶层人士在体制外工作与生活，其内部的组织化程度相对较低。

(2) 外部联结松散但舆论影响巨大

新的社会阶层人士主要在体制外的社会组织中工作,或从事相对自由的职业,职业流动性高、工作场景多元化,并拥有个性化的生活方式,内部分散、组织化程度不高,尚未拥有明确的社会身份与展示平台,因而具有一定的封闭性。[①] 但由于新的社会阶层的特殊职业地位、职业位置,他们中的很多人往往在意识形态、媒体、信息、社会交往平台、社会舆论方面有巨大的影响力,我们可称之为"意见领袖",意见领袖的社会影响力不容忽视。[②]

(3) 职业流动性大但经济独立性强

传统管理制度的日益宽松,促使社会成员在不同地区、不同领域和不同阶层之间频繁流动,不仅包括由中西部地区向东南沿海地区的地域性流动,由底层社会向上层社会的垂直流动,而且还包括行业之间、阶层之间的水平流动等。受改革开放和市场经济的影响,新的社会阶层人士普遍具有较为发达的经济头脑、敏锐的市场洞察力和鲜明的功利性,凭借着较高的学识水平、专业技能和辛勤的劳动,在竞争中把握先机、占据主动的优势日益凸显,其经济地位、社会地位和政治地位也相应地得以提升。

(四) 新的社会阶层的发展趋势

新的社会阶层是社会主义市场经济体制改革和社会阶层结构分化、嬗变的产物,与非公有制经济的深入发展有着十分密切的联系。当前,随着我国经济社会的转型和知识经济时代的到来,非公有制经济在市场经济舞台上必将表现得更为活跃,大量新的经济组织和社会组织也将源源不断地涌现出来。依托于"两新组织"而孕育成长起来的新的社会阶层,也将获得更为广阔的发展空间,对我国经济社会产生更加深远的影响。[③] 关于新的社会阶层的未来发展趋势,总结如下。

1. 人员规模不断扩大

从发展趋势来看,随着市场化改革的持续深入,新的社会阶层的总体规模仍将不断扩大,自身实力将显著增强。目前我国正处在深化改革的发展阶段,制度环境越来越有利于新的社会阶层的生成和发展。新的社会阶层规模的不断扩

① 戴洁:《统一战线:团结与整合新的社会阶层人士》,《湖北省社会主义学院学报》2020年第5期。

② 李强:《社会学视角中的新社会阶层》,《中央社会主义学院学报》2017年第4期。

③ 魏慧芳:《我国新的社会阶层思想引导工作的路径与方法研究》,江西农业大学硕士学位论文,2017年。

大，将加快我国“橄榄型”社会结构的形成。与此同时，新的社会阶层自身的实力将在发展中显著增强。无论是对国家经济发展的贡献度，还是在社会发展领域的影响力，新的社会阶层的生力军作用将日益凸显。[①]

2. 综合素质逐步提高

新的社会阶层整体素质的不断提高，是其日渐得到社会公众认可与尊重的重要原因之一。尽管新的社会阶层各群体之间以及同一群体内部成员之间，在文化程度、道德修养和政治素质等方面可能存在一定程度的差异性，但从总体上看，新的社会阶层人士的综合素质确实普遍有所提高。在文化素质方面，新的社会阶层各群体中拥有本科及硕士、博士学历的人员所占的比重逐渐增加，许多人还有出国留学的经历。从道德品质方面来看，新的社会阶层人士逐渐摒弃昔日唯利是图、自私狭隘的形象，开始有意识地加强自身道德修养和品牌形象建设。在政治素质方面，新的社会阶层人士参与国家和地方管理事务的政治热情不断高涨，参政议政的自主意识明显增强。[②]

3. 组织化与松散性并存

一方面，新的社会阶层人士的组织化程度有日益提高的趋势，尤其是自组织化特征极为明显，当前自上而下推动的他组织化使新社会阶层组织化程度进一步提高，意味着原来“无所属”或“非组织化”状态的新社会阶层的一种自觉联合。[③] 另一方面，新的社会阶层人士存在内部弱组织化、外部联结稀疏的特征。新的社会阶层人士从事相对自由的职业，职业流动性大且拥有个性化的生活方式，内部分散、组织化程度不高，外部联结稀疏，存在一种组织化与松散性并存的发展趋势。

4. 社会影响力越来越大

庞大的规模、较强的实力和社会参与意愿等因素将促进新的社会阶层人士在越来越多的领域发挥自身的社会影响。新社会阶层大多属于体制外的中间阶层，此前很多研究揭示了该群体的社会政治态度具有双重性的特点：一方面，绝大多数人具有积极务实的正功能；另一方面，一些人也具有消极的社会政治态度。新的社会阶层人士除关注自身利益相关议题外，也较多地关注公共事务，易于对一些公共性社会议题集中表达观点，在一定程度上引导舆论，具有较大的社

① 张海东：《新社会阶层的结构化、组织化及发展趋势》，《江海学刊》2019 年第 5 期。

② 魏慧芳：《我国新的社会阶层思想引导工作的路径与方法研究》，江西农业大学硕士学位论文，2017 年。

③ 张海东：《新社会阶层的结构化、组织化及发展趋势》，《江海学刊》2019 年第 5 期。

会影响力。从发展趋势上看，这种情况将会持续下去，新的社会阶层人士的社会影响力也将持续扩大。①

5. 参与更多的社会治理

随着新的社会阶层人士物质财富的日益积累、经济实力的不断增强和经济地位的逐步提高，其现有的社会地位和政治参与状况与新的社会阶层人士自身的经济地位、社会贡献越来越不相匹配。所以，新的社会阶层人士要求提高自身社会地位、参与国家和地方各项事务管理的政治愿望和利益诉求日益强烈，政治参与的热情明显高涨。各级党委和政府对非公有制经济在地方经济中的贡献和作用越来越予以重视，对新的社会阶层代表人士的政治安排力度逐渐加大，新的社会阶层代表人士在地方人大、政协中所占的比例不断攀升。② 新的社会阶层人士有了更多政治参与的途径，未来将参与更多的社会治理。

二、中国社会阶层结构变化的特点和趋势

（一）当前中国社会阶层结构的新变化

社会阶层结构是占有一定资源、机会的社会成员的组成方式及其关系格局，综合反映社会要素的本质属性与地位作用③。社会阶层结构的变化是受多个方面因素综合影响的，其中，社会经济因素是非常重要的一个方面。改革开放使得我国经济基础和经济结构发生了重大变动，也使得社会阶层分化和地区差异日益明显，中国社会阶层结构出现了巨大变化。总体而言，我国基本的社会阶层结构以及各个阶层的内部正发生着以下几个新变化。

1. 工人阶层规模壮大，新型群体异军突起

随着工业化和城市化的推进，大量农村人口转移到城市，其身份也从农村农民转变为城市工人，我国工人阶层规模空前壮大。在这样的背景下，工人阶层内部结构也出现了几个重要变化：从城乡方面看，农民工成了工人队伍中庞大的新生力量；从产业结构方面看，服务业工人的人数超过了工业工人，成为工人队伍

---

① 张海东：《新社会阶层的结构化、组织化及发展趋势》，《江海学刊》2019 年第 5 期。

② 魏慧芳：《我国新的社会阶层思想引导工作的路径与方法研究》，江西农业大学硕士学位论文，2017 年。

③ 李超民、石杨：《社会结构变化对新时代统战工作功能的影响》，《湖南省社会主义学院学报》2021 年第 2 期。

中人数最多的部分；从单位属性方面看，国有企业职工比重大幅度减少，其他所有制形式的经济组织吸纳了更多的工人。[①] 尤其是在产业转型和对外开放进程中，民营科技企业、非公企业、中介组织以及新社会组织中的“智能型”新工人群体，在以信息科技为代表的高新技术行业、以金融及现代物流为代表的新型服务行业和以创意设计为代表的文化产业中不断成长，工人阶层的定义已突破体力劳动者的界线，形成了一批自主意识更强、接受更高水平教育的创新型工人。

2. 农民阶层数量减少，阶层内部日趋分化

随着工业化、城镇化进程加快，农民阶层的人口数量大规模减少，并且日趋分化和高龄化。相当一部分的农业劳动力特别是农村青年劳动力，转移到非农产业就业；留在农村从事农耕的农民，呈现高度高龄化；务农的农民中出现了大量从事规模经营的农业大户和兼业户，纯粹务农的小耕农的数量和比例都在大幅度减少。农村表现出农户兼业化、村庄空心化、人口老龄化的趋势。随着现代化农业进程的推进，新型农业经营主体逐步在农村涌现。区别于传统农民，有文化、懂技术、会经营的职业农民、种田大户和经纪人群体的出现，是当前农民阶层出现的显著变化。

3. 知识分子分化严重，阶层结构日益复杂

知识分子阶层一般以高学历和脑力劳动为特点。改革开放以来，中国知识分子的社会流动日益频繁，不同地区间的流动，不同产业、行业间的流动以及不同所有制单位间的流动，使得知识分子的社会阶层结构日益复杂。总体而言，知识分子阶层在很大程度上正成为中产阶层的主力军，并呈现出以下几个方面的变化：一是知识分子阶层作为创新的主体，社会地位日渐提高，崇尚科技创新蔚然成风；二是经济地位明显提高，改革开放初期经济收入“脑体倒挂”的现象得到根本扭转，在一定程度上，教育程度与经济收入呈正向关系；三是越来越多的知识分子阶层进入非公有制经济组织中。

4. 非公人士数量增多，社会影响越来越强

私营企业主阶层是改革开放之后产生的新型社会阶层，其最重要的特性就是占有生产资料，即拥有经济资源。[②] 总的来看，我国私营企业主阶层也在近几年出现了一些新的变化。一是阶层内部经济收入呈现高度分化。绝大多数小型私营企业个人收入并不高，但根据 2021 年胡润全球富豪榜，中国富豪上榜人数

① 李培林：《我国阶级阶层结构的深刻变化》，《北京日报》2018 年 1 月 29 日。

② 文池：《我国社会阶层结构：新变化・矛盾・策略》，《中共云南省委党校学报》2017 年第 2 期。

居世界第一，这些大型的私营企业主进一步将资本规模实现了迅速扩张，使得阶层内部差距拉大。二是文化程度相比之前明显提高。虽然其平均受教育程度仍然显著低于公务员群体和国有企业负责人群体，但随着私营企业在社会上越来越得到认可，越来越多受过高等教育的人进入私营企业领域。此外，激烈的市场竞争也亟需具有较高文化水平的企业主来推动企业的科技转型。这些方面综合作用使得私营企业主阶层的整体文化水平呈现上升趋势。

5. 新的社会阶层可能会持续不断出现

新的社会阶层通常是指那些在改革开放以来社会阶级阶层结构发生深刻变化的背景下，不太容易被归类为传统的阶级阶层概念中的新阶层、新群体。这些新的社会阶层主要具有以下特征：一是大多集中于非公有制领域；二是越来越多地成为具有较高文化水平的业界精英；三是具有较强的流动性和选择性；四是具有强烈的政治诉求。新的社会阶层人士大多是具有世界视野、创新精神、开放思想、鲜明个性的年轻一代，是社会创新的驱动力。①

（二）当前中国社会阶层结构变化的新特点

21 世纪以来，改革开放进一步推进，我国社会流动加快，社会阶层结构正从“金字塔型”社会结构向“橄榄型”的现代社会结构方向转变②，新的社会阶层也正成为当代中国社会结构的新生力量和重要构成。虽然我国社会仍处于剧烈的社会转型期，社会阶层结构尚未完全定型，但正是在这种阶层分化趋势不断加强、传统阶层急剧变化、新的社会阶层不断增多的情况下，中国的社会阶层结构变化呈现出了一些新特点。

1. 阶层结构的流变性

在我国迅速且复杂的社会阶层分化中，社会阶层结构呈现出流变性的特点。我国仍然处在一个快速发展和社会转型的阶段，阶层的分化并没有完全完成，因此阶层结构也尚未定型。此外，改革开放使得社会阶层的流动率和“群际交往”逐步扩大，也使得社会阶层的流动呈现开放性的趋势。无论是孙立平的“社会断裂说”、李培林的“碎片化说”，还是陆学艺的“中产化说”、李路路的“结构化说”，都认为中国当前的社会阶层结构仍然处于不断变化的过程中，阶层结构尚未定

---

① 张海东：《转型中国的新力量：新社会阶层何以推动社会变革创新》，《社会政策研究》2021 年第 1 期。

② 仇立平：《上海社会阶层结构转型及其对城市社会治理的启示》，《国家行政学院学报》2014 年第 4 期。

型。但从经济财富与各类社会资源在这个层级化结构中的分布来看,“断裂说”的社会预警意义不可忽视,它可能意味着上层的定型化及上下层之间的“结构化”。随着对收入差距和社会不公平问题的重视以及脱贫攻坚战的完成,“社会断裂”在一定程度上得到了缓解,“中产化”正成为社会阶层结构变迁的主流趋势。

2. 阶层分化的多元性

当前中国社会阶层分化正呈现出多元性的特点。首先是阶层内部的分化,由简单到复杂。从各个阶层内部的分化来看,其均呈现出从简单到复杂的变化趋势。改革开放之前,各个阶层内部都有高度的同质性,同一阶层内的群体分化简单;而随着产业升级和科技进步以及国家政策的推动,各个阶层内部开始出现高度的分化和裂变,阶层内的群体结构变得更加复杂。其次是阶层的分化,体现了利益与价值的多元化。社会转型过程中的阶层分化,实际上就是利益关系不断调整的过程。改革打破了原有的利益格局,使得社会利益主体结构呈多元化趋势,这一趋势又不可避免地导致了价值取向的多元化。由此在当前错综复杂的社会环境下,各种思想文化相互激荡,价值取向也朝着个性化、现实化的端点移动。这种思想结构的变化在一定程度上使主流意识形态受到影响,客观上使主流意识形态维持社会向心力的凝聚因素受到削弱,社会公众的价值观念日益多样化。

3. 阶层利益的显性化

中国改革开放的过程本身就是全社会利益格局调整的过程,在这一过程中,阶层分化形成了不同利益群体,每一个阶层都显现出各自的利益取向,阶层利益成为社会利益格局中一个重要的组成部分。随着市场机制逐渐在社会资源和生活机会分配中发挥决定性作用,人们的主体意识、自主意识不断增强,对社会资源的占有及表达利益诉求的要求更加直接、明显、公开。经过改革开放多年来的分化与重组,当代中国社会还是不可避免地出现了利益集团现象,其利益矛盾呈现出一定的对抗性特征。① 这种从集中再分配体制演化而来的社会分化在新的改革开放时期达到新的高度,曾经长期隐含在政治共同体中的不同阶层的利益,在资源和机会分配机制发生根本变革、社会关系大调整的过程中日益凸显和清晰,必然导致各阶层之间和阶层内部个体之间的利益关系此消彼长,因而也会使社会价值观多元化,利益诉求显性化和碎片化更加明显。

---

① 唐钧:《协调社会各阶层利益关系的基本途径》,《中国党政干部论坛》2005 年第 10 期。

4. 阶层之间的内卷化

随着我国经济社会发展进入新常态，各类资源的占有情况都呈现出了相对稳定的状态，跨阶层流动的壁垒增加。这就是阶层“内卷化”的概念。在“内卷化”的环境下，阶层地位的再生产成为社会结构的重要特征，上层阶层利用家庭先赋因素和教育获得性因素，可以较为稳定地占据优势的社会位置。这就导致了“精英再生产”和“弱势再生产”在强弱阶层内部复制，尤其是物质财富和教育机会的分配越来越凸显出代际传递的特点，并进一步加剧了阶层内卷的马太效应。阶层内卷化的倾向极大地阻碍了社会中下层成员的向上流动，造成了阶层发展定型化、两极化的问题，使社会结构在一定程度上呈现出刚性、僵硬、封闭的特质。

（三）当前中国社会阶层结构变化的新趋势

改革开放以来，我国社会主义建设取得的伟大成就举世瞩目，2010 年就已经超过了欧盟和日本，成为仅次于美国的世界第二大经济体，并且近十年来仍然保持着持续发展的态势。在经济建设取得巨大发展的同时，我国社会阶层结构也在经历着迅速的转型，并呈现出新的发展趋势。

1. 中国社会阶层结构变化的总体趋势

改革开放四十多年来，中国社会阶层结构可以大致分为四个阶段：社会结构初步分化阶段（1979—1991 年）、社会结构政策性分化阶段（1992—2000 年）、社会结构的再生阶段（2000—2013 年）、社会结构的新常态阶段（2013 年至今）。随着农村和城市的改革起步，中国计划经济时期的传统阶层结构开始松动，个体户和私营企业主及其雇工等在改革初期出现，社会群体之间的收入差距开始拉大。另外，工人阶级和农民阶级内部也出现了明显的分化。1992 年邓小平发表南方谈话之后，个体工商户群体规模激增，并形成了私营企业主群体。进入新世纪，工农阶层的社会经济地位下降，新出现的非公经济精英和自由择业的知识精英发展很快。相比于改革开放的前三十多年，伴随着我国经济发展的新常态化，我国社会阶层结构也将更趋向于相对稳定的发展，步入社会结构变化的“新常态”。以淮安市清江浦区为例，新的社会阶层人士已经占到了常住人口的 10%左右，根据抽样调查测算得出较为宽泛的江苏省新的社会阶层人士占全部劳动年龄人口的 23.8%，占非农就业人口的 34.1%，这也说明在社会结构的新常态下，新的社会阶层规模将进一步壮大。

2. 社会阶层结构在空间维度的发展趋势

改革开放之前，阶层结构的空间分异主要体现在工农业从业人口的城乡二元差别上，由于从事生产的部门不同，城乡人口在经济收入和公共服务水平上都存在着巨大差别。但随着改革开放以后人口大规模流动，这种城乡二元结构的空间分化逐步弱化，同时行政区划和东西差异形成了新的阶层空间分异。户籍、地域的差异与阶层差异交织在一起，形成了利益多元化、碎片化的特点。此外，社会阶层在城市内部的空间分布也开始逐渐产生分化。中心城区和郊区的社会阶层分布有较大的区别。中心城区集聚了大量中高收入人群，而底层群体则聚居在城市边缘，造成社会阶层结构空间布局的定型。①

3. 社会阶层结构在时间维度的发展趋势

从时间维度上看，社会阶层结构始终处于再生产的过程中。如果从时间维度来看，可以同时存在几个世代群体，主体为1949年以后出生的成年人群体：中华人民共和国成立后到20世纪60年代中期出生并接受教育的一代，可称为“解放世代”；20世纪60年代中后期出生到70年代中后期出生并接受教育的一代，可称为“‘文革’世代”；20世纪70年代末到90年代前期出生并接受教育的一代，可称为“80后世代”；20世纪90年代中期以后出生并接受教育的一代，可称为“跨世纪世代”。从时间维度上，社会阶层结构的发展实质上就是代际更替，有几个主要趋势需要注意：一是各个阶层之间的新老代际交替的格局已经十分明显；二是“80后世代”与“跨世纪世代”面临的经济社会条件与前面两个世代有明显区别，社会阶层结构再生产所依托的基本逻辑发生变化；三是随着“80后世代”和“跨世纪世代”的成长，社会阶层结构将呈现主干阶层、新生阶层和次生阶层并存的格局。

从上述几个阶段可以看出，我国社会阶层结构的变化趋势受国家政策影响大，根据我国目前的国家政策，在“两个一百年”奋斗目标的驱动下，中央对收入差距和社会不公平问题越来越关注，经过十几年的努力，贫困人口数量大幅减少，社会不平等现象得到扭转，社会“断裂化”得以避免。与此同时，过去十几年的经济高速增长也促成中产阶层人数大量增加，社会中间层日益发展壮大，毫无疑问，“中产化”成为社会阶层结构变化的主流趋势②，不过“中产化”的道路并不是一帆风顺的，在发展过程中“碎片化”“断裂化”甚至“原子化”的现象还是会时

① 李怀：《城市空间结构分化的社会学解析：经典与启示》，《甘肃行政学院学报》2010年第2期。

② 李春玲：《“中产化”：中国社会阶层结构变化新趋势》，《人民论坛》2017年第22期。

有发生。

三、新的社会阶层对社会阶层结构的影响

新的社会阶层活跃在社会主义市场经济的众多领域，是市场经济建设的新生力量，更是推动社会阶层结构转型的生力军。新的社会阶层的崛起推动了传统单位制社会的终结，塑造出了一个充满秩序和活力的现代社会形态，加快了社会流动的速度，为我国打造现代社会形态注入了新的活力。新的社会阶层对中国社会阶层结构变迁的影响主要体现在以下几个方面。

（一）新的社会阶层并不完全源于传统阶层

1. 从代内流动看，他们职业经历多元

从新的社会阶层的构成成分来看，新的社会阶层人士主要有三种来源：一是知识分子从党政机关、国有企事业等“体制内”单位“下海”；二是自主择业直接进入非公有制领域的人员；三是海外归国人员。[①] 从新的社会阶层首职的工作单位性质来看，他们中 17.8％的人曾经在国家机关、事业单位或国有企业工作过，即来源于体制内单位。绝大多数新的社会阶层人士是通过自主择业获得工作的，尤其是 35 岁以下的青年人，他们中仅有 8.7％的人有过体制内工作经历，绝大多数人对体制缺乏认同感，对体制内的工作方式缺少体验。因此，新的社会阶层人士主要是体制转型形成的“新”部门的劳动者，他们在阶层属性上属于工人阶级，但是与传统的工人阶级相比，这一社会群体具有相对独立性，他们是从传统的工人阶级内部分化形成的阶层，与传统的工人阶级既存在亲缘性，又有隔阂，尤其是青年人对体制的认同感较弱。但从收入和教育等层次上看，他们又是工人阶级的中上层，是工人阶级队伍中重要的组成部分。

2. 从代际流动看，他们主要来自工农阶层

从代际社会流动角度看，新的社会阶层人士来自工人和农民家庭以及商业服务业家庭的最多，占到了 84.4％（图 2-1）。以职业地位流动为例，相对于父亲的职业地位，他们中 58.6％实现了向上流动，22.8％职业地位没有变化，仅 18.6％向下流动，但这是与父亲的最后一个职业或退休前的职业地位相比较。

---

① 廉思、冯丹、芦垚：《当前我国新社会阶层的特征分析、杠杆作用以及工作思考——关于新社会阶层的调研报告》，《中国青年研究》2016 年第 11 期。

对于多数新的社会阶层人士来说，他们职业生涯中仍有较多的机会向上流动并超越父亲的职业地位。

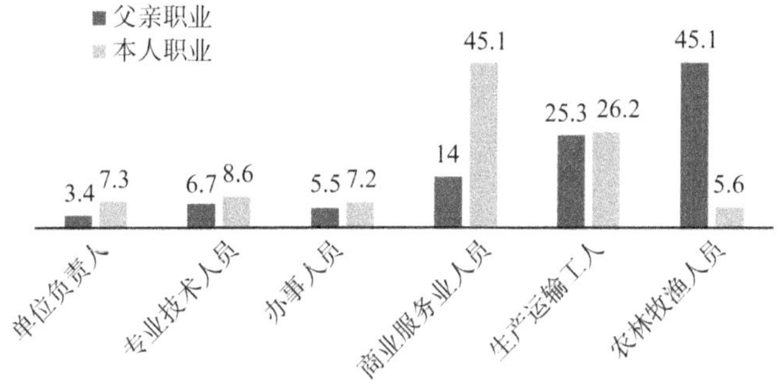

图 2-1　新的社会阶层代际职业比较(单位:%)

3. 从其上升流动看，社会结构弹性增大

新的社会阶层人士的职业形态呈现多元化、职业流动性强。多数新的社会阶层人士以知识和技能获得收入，因此他们对固定职业的归属感不强。在新的社会阶层人士中，13.7%的人拥有两份及以上职业，高于全部就业人口中 8.2% 的比例。他们中 3 年内换过工作的比例高达 63.2%，其中换过 2 次以上的就达到了36.8%(图 2-2)。从新的社会阶层人士从事的第一份职业性质来看，他们中绝大多数来自商业服务业人员和生产运输工人阶层，这两个阶层的比例占到了 76.2%。此外，来自专业技术人员的比例为 9.0%，来自农业劳动者阶层的比例为 7.6%(图 2-3)。尽管新的社会阶层人士的首职和现职比例变化不大，但是

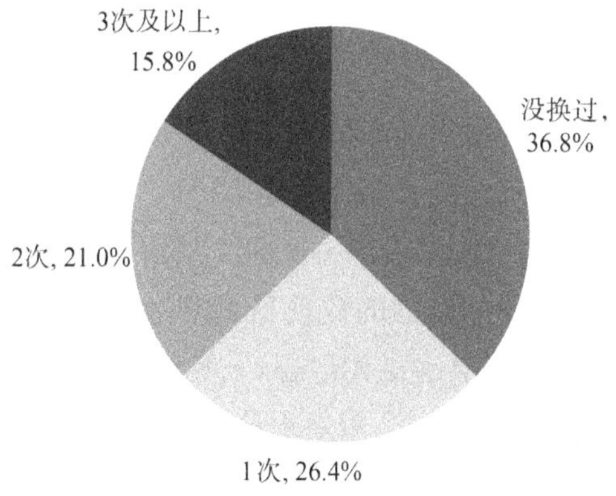

图 2-2　新的社会阶层换工作比例

从代内职业地位流动的方向上看，相对于第一份职业的职业地位，新的社会阶层人士中39%出现了向上流动，45%职业地位没有发生变化，16%出现了向下流动，其中10.5%仅下降了一个阶层。

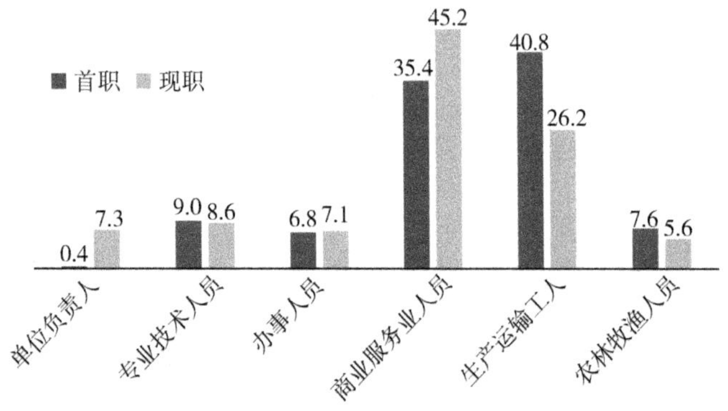

图 2-3　新的社会阶层代内职业流动(单位:%)

由此可见，尽管新的社会阶层分布于多元化的体制外职业群体中，但是他们的阶层来源仍然相对集中，他们的父辈大多数是传统的工农阶层，也就是说他们主要出身于社会中下层，与传统社会阶层有着天然的联系。从他们代内的职业地位流动来看，尽管首职和现职在整个结构比例中变化不大，但是仅有4成的新的社会阶层人士职业地位实现了上升流动，4成半职业地位维持稳定，职业上的稳定和上升预期构成了新的社会阶层人士认同经济社会发展和党的领导的心理基础。

（二）新的社会阶层正在成为中产阶层生长点

新的社会阶层构成我国新中间阶层的主体，是构成中间阶层占大多数的“橄榄型”社会结构的生发力量。

1. 新的社会阶层是新中间阶层的主要构成部分

“橄榄型”社会结构是中间阶层的数量和规模比较大、精英和底层的数量相对较少的“两头小，中间大”的社会结构形态，一般认为这样的社会结构有利于社会稳定。在我国，中间阶层存在两个重要部分，一是传统的体制内中间阶层，主要为就业于机关事业单位、国有集体企业的普通员工及中低层管理人员，他们被有些学者称为“体制内中产”。根据李春玲等学者的研究，改革开放以来，随着国有企业改制和外资私营企业的崛起，我国体制内中产的比例在就业人口中的比例持续下降，目前相对稳定的体制内中产为机关事业单位的办事人员，即普通公务员阶层和技术人员阶层。根据2015年度中国社会状况调查数据，体制内中产占中间阶层的31.6%[①]。二是就业于体制外新中间阶层，其中包括私营企业主和个体工商户等“老中产”，也包括新的社会阶层等体制外新中产。根据李春玲的测算，2015年我国私营企业主和个体工商户等“老中产”约占中间阶层的42%，体制外新中产约占中间阶层的26.4%，也就是说当前我国中产阶层中略超过四分之一是新的社会阶层人士。新社会阶层规模的不断扩大，将加快我国“橄榄型”社会结构的形成，随着体制内中间阶层数量增长空间的稳定甚至萎缩，我国中间阶层的数量和比例增长主要依赖于体制外中间阶层的增长，其中体制外新中产阶层，即新的社会阶层将构成中国“橄榄型”社会的主要生长点。

根据我们的调查数据，江苏省新的社会阶层中，处于社会阶层上层的比例为7.3%，明显高于上层在整个社会结构中3.6%的比例；中上层的比例为15.8%，高于整个社会结构中10.4%的比例；中间层的比例为45.2%，略低于整个社会结构中49.3%的比例(图2-4)。从新的社会阶层自身社会结构来看，其本身的结构形态是较为典型的“橄榄型”结构，即中间层次的比例最高，上层和下层比例相对较少。

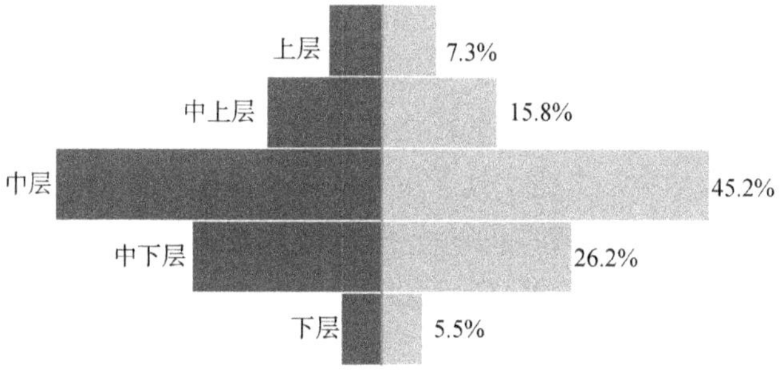

图2-4　新的社会阶层在社会阶层结构中的比例

2. 新的社会阶层是中等收入者的重要组成部分

从经济收入、受教育程度、阶层认同以及综合地位等不同的方面来看，新社会阶层的社会阶层位置大多属于社会中间阶层。我们从个人收入状况来看，新

① 李春玲：《新社会阶层的规模和构成特征——基于体制内外新中产的比较》，《中央社会主义学院学报》2017年第4期。

的社会阶层的收入水平普遍高于社会平均水平，在社会五等分收入分组中，新的社会阶层的收入水平处于中上收入组和高收入组的比例明显超过1/5，分别占25.0%和28.1%，而最低收入组中，新的社会阶层仅占8.1%(表2-1)。私企外企管理技术人员的收入水平更高，其中高收入者中，这一群体的比例就高达40.4%。

表2-1　新的社会阶层在收入五等分中的比例(2019年收入)

收入等分	收入标准	比例(%)
最高五分之一	80 000元以上	28.1
中高五分之一	50 001～80 000元	25.0
中间五分之一	30 001～50 000元	18.9
中下五分之一	10 000～30 000元	19.9
最低五分之一	10 000元以下	8.1

3. 新的社会阶层普遍自我认同为中间阶层

从阶层的自我认同来看，新社会阶层的主观阶层地位认同普遍较高。调查结果显示，新社会阶层自我认同的阶层地位认同高于社会平均水平。42.7%的新的社会阶层人士认为自己处于社会中间阶层，但是认为自己处于中下阶层的比例(32.5%)高于认为处于中上阶层的比例(5.5%)。从历史比较看，五年前新的社会阶层自我认同的中间阶层比例为28.8%，比认同当前为中间阶层的比例少13.9个百分点，认同社会下层的比例却多11个百分点(表2-2)，说明这五年间新的社会阶层流动中上升流动处于主导地位。由于主观阶层认同对个体的阶层行动影响更具决定性，主观认同的上升流动主流说明新的社会阶层人士认可经济社会发展给他们带来了更多阶层跃升的机会，对社会的满意度也会更高。同样，我们在新的社会阶层对未来五年社会地位的期望中可以看出，58.5%的新的社会阶层人士对未来五年的社会地位持积极态度，认为地位会上升；30.4%认为会持平，仅有7.5%的人对未来社会地位变化存在不确定性。调查还显示，73.3%的新的社会阶层人士对自己的工作感到满意，其中非常满意的比例达21.4%。67.3%的新的社会阶层人士认为未来半年不可能失业，超过三分之一认为当前工作稳定。新的社会阶层人士的积极心态有利于构建和谐稳定的社会环境，是社会心态良性秩序的基础。

表 2-2　新的社会阶层人士的阶层认同　　单位：%

地位层次	目前社会经济地位	五年前社会经济地位	未来五年社会经济地位
上	0.6	1.5	5.3
中上	5.5	7.5	24.5
中	42.7	28.8	36.3
中下	32.5	30.8	17.2
下	18.1	29.1	9.2
不好说	0.6	2.3	7.5

以上分析表明，新的社会阶层中大部分人实现了向上的阶层流动。新的社会阶层持续壮大，社会阶层位置从较低阶层向中间阶层过渡，推动着我国的社会结构逐渐从"金字塔型"向"橄榄型"转型。社会结构由"金字塔型"向"橄榄型"转变，既是社会发展进步的重要表现，也是传统社会结构变革的必然结果。新的社会阶层人士大多接受过良好的教育，拥有一定的专业技能或管理经验，同时具有较强的消费能力。他们不仅能拉动内需，促进经济增长，而且能在一定程度上引领社会风尚，推动社会进步。因此，以新的社会阶层为重要主题的"橄榄型"社会结构，使得原本对立的贫富两极之间有了过渡"踏板"，能够让更多的社会成员看到拾级而上的希望，是沟通精英与底层的桥梁和纽带，有助于缓解因贫富差距而导致的对立情绪，减少由此引发的各种社会问题。①

（三）新的社会阶层正在形成新的智识阶层

近年来，创新型经济的发展推动了产业结构的转型升级，国内产品的科技文化附加值增加，经济发展主要依靠资本要素的格局已经开始改变，以非公企业管理或技术人员、中介组织从业人员以及新社会组织的专职从业人员、新媒体从业人员为代表的知识型和技能型的"智识阶层"正在快速成长。他们作为专业技术人员，掌握着先进的科学技术知识和技能，在生产过程中占据越来越重要的地位，逐渐成为最先进生产力的最主要代表。

1. 新的社会阶层具备高学历、高技能的特征

新的社会阶层从事的职业多为与信息技术发展相一致的新行业、新业态，如高新技术制造业、网络电子商务、新型文化传媒、管理咨询等。这些行业吸纳了

① 张海东、杜平：《新社会阶层的生成机制及其再组织化问题》，《中央社会主义学院学报》2017 年第 4 期。

大量创业就业人口，教育、旅游、金融、医疗等服务行业中出现的虚拟中介组织改变了传统业态格局。这些群体的“智识”特点突出表现为高学历、高技能，根据我们的调查，这一群体中大学以上的比例为 36.5%，研究生的比例为 1.3%，远远超过社会平均水平 15.47%和 0.37%的比例；他们中 54.9%的人拥有国家承认的专业技术职称，其中拥有专业职称的新阶层人士中，高级职称比例为 12.1%；拥有技术职称的新阶层人士中，高级职称的比例为 22.6%（图 2-5）。可见，新的社会阶层是知识和专业技术人员较为集中的阶层。

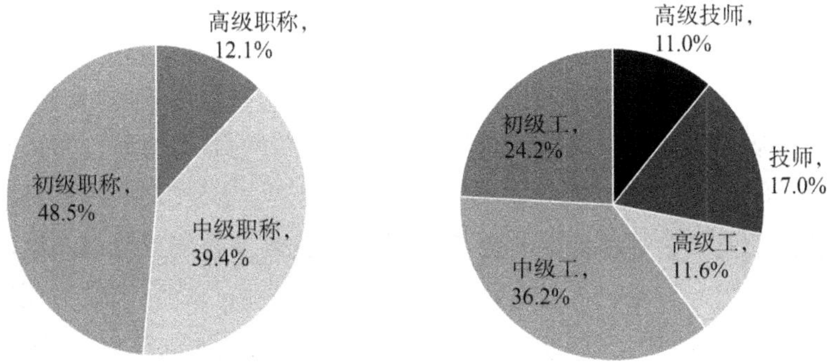

（a）拥有专业职称新阶层人士的职称结构　（b）拥有技术职称新阶层人士的职称结构

图 2-5　新的社会阶层专业技术职称状况

2. 新的社会阶层是“互联网＋”的弄潮儿

新的社会阶层是伴随着网络社会成长起来的阶层，网络信息技术的发展推动了知识扩散，新的社会阶层人士掌握网络知识技术的比例较高，他们不仅利用网络从事生产和服务，还通过网络拓展知识生产和创作的传播途径，甚至借助网络平台发挥舆论引导和监督的作用，其中“意见领袖”群体的作用更加突出。根据我们的调查，新的社会阶层人士普遍使用手机或电脑上网，他们使用网络最主要是了解新闻资讯，占 67.6%，其次是娱乐，占 37.7%，但仍有高达 24.4%的人上网是为了工作、经商，24.9%的人是为了学习（表 2-3）。可见新的社会阶层人士是善于利用网络来提升自身资本和获取经济利益的群体，他们大多数是“互联网＋”的受益者。

3. 新的社会阶层是现代企业制度的践行者

新的社会阶层人士无论是管理者、技术员，还是新媒体从业人员、自由职业者，都是占据了重要职业位置的社会群体，他们往往不是普通的体力劳动者，而大多是有管理权的人，当然也就影响力大。同样，专业技术人员的职业

表 2-3　新的社会阶层上网目的(多选项)

上网目的	比例(%)
了解新闻资讯	67.6
工作、经商	24.4
学习	24.9
消费	20.0
投资理财	5.0
聊天	19.1
娱乐	37.7
其他	1.2

地位也会高于社会上一般从业者，该职业群体的技术含量高、知识含量高，可以向其他职业群体传播技术、知识，有时候也处在教育和引导别人的位置上。[①] 调研发现，新的社会阶层人士中 74.3%的人在单位中处于管理层位置，平均管理 15.3 个人，其中管理人员中管理 10 人及以下的比例占到72.6%(图 2-6)。综上，新的社会阶层人士在企业管理结构中处于中间位置，既面对一线生产和服务，又接受高层的领导指挥，在单位中具有较高声望，占据了职业结构甚至产业结构中比较重要的位置。

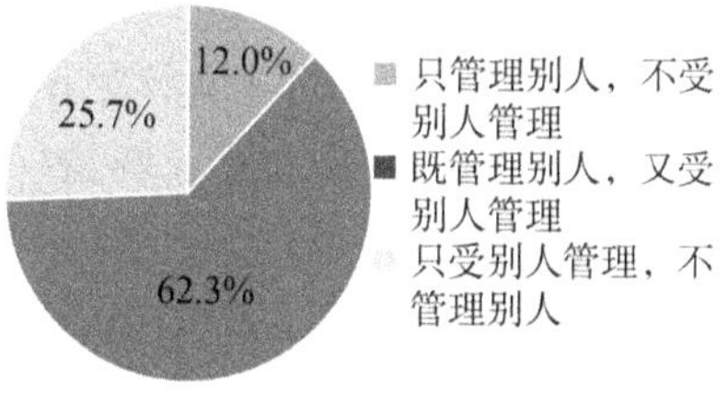

（a）新阶层人士管理活动情况

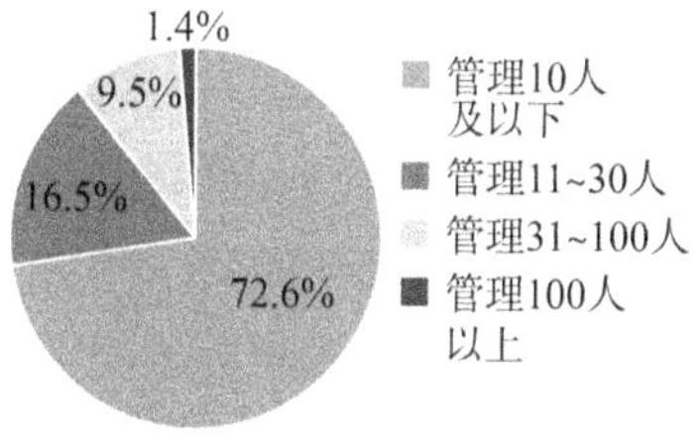

（b）管理人员管理人数

图 2-6　新的社会阶层管理活动情况

（四）新的社会阶层正在解构传统的阶层结构

新社会阶层的发展使得我国社会结构变得更为纷繁复杂，无论从阶层结构还是从体制结构来看，它都在解构着既有的社会结构形态，给社会治理带来了

① 李强：《社会学视角中的新社会阶层》，《中央社会主义学院学报》2017 年第 4 期。

挑战。

1. 新的社会阶层打破了工农阶级界限

从阶层结构看，新的社会阶层的出现打破了原来简单的“两个阶级一个阶层”的社会结构，使我国社会结构变得更加多元。改革开放以来的经济体制改革给工人阶层带来了深刻影响。在企业所有制改革和经营管理改革中，企业转制与非公企业的发展造成了工人阶层队伍因单位所有制性质不同而出现差别，大量下岗职工涌现；即使在同一公有制企业内部，工人阶层亦有体制内外人员之分；而由于所在单位行业性质的差异，垄断性行业职工、高新行业职工、低端产业职工等多个类别逐渐形成。此外，大量进城务工人员进入工人阶层队伍，并逐步成为当代工人的主体，工人阶层也从原来以公有制企业职工为主体逐渐转变为以非公经济职工为主体。

在产业转型和对外开放进程中，新工人群体在以信息科技为代表的高新技术行业、以金融及现代物流为代表的新型服务行业和以创意设计为代表的文化产业中不断成长，工人的定义已突破体力劳动者的界限，形成了一批自主意识更强、知识水平更高的创新型工人。这些新的工人群体，尤其是非公企业中的技术工人构成了新的社会阶层的重要组成部分。受新型城市化战略等因素的影响，农民阶层的规模进一步缩小，分化较以往更加彻底和多样。在农民阶层分化出来的群体中，有两类群体值得关注：一是原本具有农村户口的年轻人，大学毕业后在城市就业或创业，他们中多数就业于体制外，利用自身的知识和专业技能从事经济活动，是新的社会阶层的来源之一；二是以专业大户、家庭农场、农民合作社等为代表的新型农业经营主体，区别于传统农民，他们是有文化、懂技术、会经营的职业农民和经纪人群体。这部分群体是农村新的社会阶层的主要来源之一，也是容易受到忽略的统战对象。

改革开放以来，知识分子阶层的社会流动日益频繁，不同地区间的流动，不同产业、行业间的流动以及不同所有制单位之间的流动，使得知识分子的社会阶层结构日益复杂。陆学艺将中国知识分子阶层划分为专业型知识分子、公务员型知识分子、经理型知识分子、业主型知识分子、中介型知识分子、自由职业型知识分子和个体户型知识分子等七个群体。[①] 随着知识要素在市场中的作用日益凸显，知识分子到体制外工作的比例越来越高，这部分知识分子绝大多数属于新的社会阶层。

① 陆学艺：《当代中国社会阶层研究报告》，社会科学文献出版社2002年版，第10页，第15-18页。

从体制结构上看，新社会阶层大多分布在体制外各部门。在市场化进程中，一方面原有的单位制持续存在，另一方面体制外部门迅速生长，包括社会保障制度在内的一系列制度安排在相当长的时期内存在显著分割，逐渐形成明显的体制内外有别的二元结构。“体制内”与“体制外”的二元结构与我国的城乡、区域二元结构彼此交织演化，衍生出复杂的“多维二元结构”①。职业分类是社会分层的一个重要基础，而新社会阶层“新”的一个重要体现就是在职业上，工作在“体制外”部门是新社会阶层的典型特征。这与工作在党政机关、事业单位和公有制企业中的人员形成了工作部门上的界限与区别。党政机关、国有企业等体制内单位仍然保留着“单位制”体制下的惯性，从体制内向体制外流动并不存在明显的障碍，而从体制外向体制内流动、体制内的职业流动则面临着巨大的体制壁垒。这种“体制间”区隔，在一定程度上阻碍了社会流动的畅通及人力资源优势的发挥，使得我国社会结构变得更为复杂。②

2. 新的社会阶层内部异质性明显

新的社会阶层内部也存在着较大的差异，这种差异主要体现在收入水平、知识技能以及社会心态、动员能力等方面。由于利益分配造成的差异在各个群体内部有不同的表现，因此新的社会阶层内部的社会心态也存在着差异。

从收入五等分布来看，私企外企的管理技术人员收入明显高于自由职业者和社会组织从业人员，最高收入的五分之一人员分布中，私企外企管理技术人员占到了40.4%，而自由职业者为17.4%，社会组织从业人员仅为3.2%；私企外企管理技术人员收入主要集中在中高收入组，中间收入和中低、低收入组的比例都不高；自由职业者收入差距较大，最高收入和最低收入组中，其所占比例都超过了10%，而该群体中间收入仅占17.5%。相比较而言，社会组织从业人员收入分布较为集中，主要集中在中间收入和中低收入组，两者比例之和达到了86.2%（表2-4）。可见，不仅新的社会阶层中各个构成群体之间收入差距较大，而且新的社会阶层中的自由职业者群体内部收入差距也比较大。

从学历层次看，私企外企管理技术人员的学历层次明显高于自由职业者和社会组织从业人员；社会组织从业人员的学历分布相对较为分散，但初中教育程度比例高达4成；自由职业者的教育程度集中于高中层次（表2-5）。可见，不仅

① 张海东：《多维二元结构社会及其转型》，《江海学刊》2018年第4期。

② 张海东、杨城晨：《新社会阶层：理论溯源与中国经验》，《福建论坛（人文社会科学版）》2018年第11期。

新的社会阶层中各个构成群体的受教育程度差异性较大，而且其群体内部差异也较大。

表 2-4　新的社会阶层不同群体收入分布　　单位：%

收入等分	私企外企管理技术人员	自由职业者	社会组织从业人员
最高五分之一	40.4	17.4	3.2
中高五分之一	28.8	22.2	3.4
中间五分之一	19	17.5	52.9
中低五分之一	7.6	31.1	33.3
最低五分之一	4.2	11.8	7.2

表 2-5　新的社会阶层受教育程度　　单位：%

学历层次	私企外企管理技术人员	自由职业者	社会组织从业人员
小学	1.0	4.6	3.9
初中	28.1	13.2	40.8
高中	19.3	49.0	21.8
中专/中技/职高	10.2	18.6	6.5
大学专科	22.6	6.8	16.4
大学本科	17.4	4.5	7.4
研究生	1.4	3.3	3.2

由于新的社会阶层不同群体所处的利益结构不同，他们的收入水平、劳动保障、职业稳定性以及利益表达等方面的差异决定了他们的社会心态以及集体行为的动员能力。私营企业和外资企业管理技术人员是新社会阶层中行动能力最强的群体，该群体的工资收入已经高于社会平均收入水平，他们受过相对系统的教育，不太接受企业所有者和自己之间收入差距越来越大的发展趋势，对不公平现象更加敏感且更具组织性。自由职业人员是一个同质性较低、异质性较强的社会群体，尚不成熟，正处于“成长期”，呈现出有知识、有专业、无单位、无组织的特点。自由职业人员普遍感觉压力较大，社会心态呈现出一定的复杂性。不少自由职业人员处于社会的边缘，希望得到更多的社会认可和政策倾斜。同时，不稳定的生活和收入让自由职业人员存在不安全感。新媒体从业人员是新社会阶层中发声能力最强、思想观念最为活跃且掌握一定话语权的群体，但是在自身利益尤其是体制外自媒体从业人员的职业、收入和权益难以保障的情况下，他们很容易通过放大负面信息，制造社会焦点新闻和社会焦虑、社会矛盾等方式来表达

自身诉求。中介组织和社会组织直接面向群众，将工作触角延伸到了学校、企业、社区等基层，受到广大群众的欢迎。由于国家对社会组织实行“双重管理”体制，社会组织受到体制规范的约束也较为强烈，考虑到中介组织和社会组织从业人员是新社会阶层中动员能力较强的群体，他们在广大群众中拥有广泛的号召力和引领力，结合社会组织从业人员在收入、职业稳定性上面临着更多的不确定性，其利益保障和权益保障应受到重视。①

3. 新的社会阶层给社会治理带来了挑战

由于新的社会阶层内部的差异性，对新的社会阶层的引导和整合给当前中国社会治理带来了巨大的挑战。随着改革开放以来政企分开、政事分开等一系列改革，单位所承担的一些职能逐渐向社会剥离，单位的社会整合和社会动员能力不断下降，社会成员的“原子化”和“去组织化”问题开始显现。而这些现象在“体制外”和“党外”的新的社会阶层人士身上表现得尤为明显。他们不受体制内单位的约束，与所在的工作组织也大多没有联系和沟通。此外，原有单位制下社区的功能逐步弱化，社区空间的兴起以及空间“私有化”的进程，导致社区内部利益格局多元化的产生以及社区治理的复杂化。上述情况表明，新社会阶层的发展使原有的社会治理面临巨大挑战，急需传统社会治理体制发生重大变革。②

（五）新的社会阶层在现有社会结构中的两面性

新的社会阶层属于体制外中产阶层，他们的阶层属性决定了他们与体制内上层、体制内中产阶层、体制外上层和社会下层存在合作共赢的利益共同点，也存在着基于利益的冲突与矛盾。其在阶层关系中表现出两面性的特点。

1. 新的社会阶层与体制内的关系

新的社会阶层与体制内上层的关系：一方面，新的社会阶层是社会转型的产物，其诞生与成长有赖于市场经济的不断发展完善，因此新的社会阶层与经济改革休戚相关，他们依赖于体制内不断释放的经济社会空间，尤其是将原先属于体制内公有制的经济部门和经济活动开放给社会，才使他们在经济上有生存的空间。另一方面，新的社会阶层对体制有一种拒斥心理，对体制的束缚比较反感，但他们出现了自身难以克服的问题时，又期望得到来自体制内的帮助，相信只有

① 廉思、冯丹、芦垚：《当前我国新社会阶层的特征分析、杠杆作用以及工作思考——关于新社会阶层的调研报告》，《中国青年研究》2016 年第 11 期。

② 张海东、杨城晨：《新社会阶层：理论溯源与中国经验》，《福建论坛（人文社会科学版）》2018 年第 11 期。

通过体制力量才能从根本上解决问题，因此他们对体制内上层爱恨交加。他们对手中的财富有较强的不安全感，担心政府的某一个决策会压缩自己的生存空间、威胁自己的既得利益，期待更健全的法制来保障自己的权益。他们欢迎渐进式的改革，期待公平公正的发展环境，希望中国的发展始终在良性的轨道上稳健运行。①

由于体制内上层主要来自党政机关，新的社会阶层对政府工作的满意度和对社会问题的关注度等从侧面反映了他们对体制内上层的态度。根据李春玲的调查，新的社会阶层人士对地方政府工作的满意度要低于体制内中产，最明显地表现在"依法办事，执法公平""政府信息公开，提高政府工作的透明度""廉洁奉公，惩治腐败""有服务意识，能及时回应百姓的诉求"等方面。这几个方面都与政府部门的工作作风和工作方式有关，很显然，新的社会阶层人士对于政府部门工作作风的评价较低。我们的调查显示，新的社会阶层人士对中央政府的信任程度较高，对政府中公检法部门也有较高的信任度，但是他们对区县政府和乡镇政府的信任度要明显低于中央政府，不过仍然高于银行、保险公司等较为市场化的服务部门，也高于医院、慈善机构等社会部门（表 2-6）。

表 2-6　新的社会阶层对机构部门的信任度　　单位：%

机构部门	完全不信任	不太信任	比较信任	非常信任	不好说
中央政府	1.7	3.8	35.4	57.9	1.2
区县政府	4.1	21.2	49.4	21.8	3.5
乡镇政府	8.1	27.9	43.1	16.6	4.3
工青妇等群团组织	3.7	18.8	45.4	13.6	18.5
所在工作单位/公司	2.0	8.8	59.1	28.3	1.8
慈善机构	7.2	28.0	41.0	11.6	12.2
新闻媒体	3.4	22.6	54.2	14.4	5.4
银行	1.8	9.1	59.1	26.6	3.4
保险公司	6.8	30.8	44.9	12.2	5.3
医院	5.7	24.8	52.7	14.4	2.4
法院	3.2	12.5	53.7	22.5	8.1
公安部门	3.0	13.4	54.9	23.8	4.9

① 廉思、冯丹、芦垚：《当前我国新社会阶层的特征分析、杠杆作用以及工作思考——关于新社会阶层的调研报告》，《中国青年研究》2016 年第 11 期。

2. 新的社会阶层与体制外的关系

新的社会阶层与体制外上层的关系，主要体现在其与雇主或资方的关系。新的社会阶层中的私企外企管理人员在生产关系中处于中间层，他们既要受到资方的管理和剥削，又要代替资方对普通工人进行管理，因此他们既有维护资方利益的一面，又有受资方约束的一面，对资方存在着较为复杂的情感。由于他们有着较为丰富的管理经验，和普通工人有着天然的联系，因此当资方损害到他们的利益时，他们可能联合普通工人通过集体行动维护自身利益。经过市场经济的洗礼，管理技术人员的权利意识逐渐成熟，从表达权利诉求、维护既定权益到积极争取提高劳动权益的渐变中，他们对自身权利的认识愈来愈清晰，他们长期接受市场意识和法治意识的熏陶，更倡导“权益先行”“保障休息”“劳资平等”。这意味着，在对现代观念的接受上，管理技术人员走在了企业所有者的前面，劳资双方的观念差距正在显现[①]，劳资关系中的资方强势关系逐渐为和谐共赢的平等对话关系所取代，以私企外企管理技术人员为代表的新的社会阶层与体制外上层更多采取合作的态度。

新的社会阶层与社会下层的关系较为复杂。新的社会阶层人士大部分出身于社会中下层，与工农阶层有着天然的联系，一方面，他们通过参与社会事务，如公益活动等表达对社会中下层的关怀，另一方面，他们在根本利益上又与社会下层存在冲突，尤其是涉及公共利益在不同阶层的分配时，新的社会阶层人士维护自身利益的倾向和行动力比较强。

3. 新的社会阶层未来发展空间

新的社会阶层的未来发展空间主要依赖于两个因素，一是经济社会的持续稳定发展，这是新的社会阶层发展壮大的根本保证。新的社会阶层人士诞生于改革开放以来市场空间给予的发展机会之中，他们的健康发展有赖于成熟稳定的市场环境。二是体制内释放的空间。从新的社会阶层发展壮大的历史过程看，这一群体的每一次规模性增长都与我国深化改革的重要历史阶段有关。1992 年确立市场经济体制，2001 年加入世界贸易组织，2012 年完善社会主义市场经济的改革举措，改革开放以来每一次体制内的放权让利都影响着新的社会阶层的生存发展。从总的趋势来看，国家鼓励新的社会阶层发展壮大的政策越来越明晰、规范，新的社会阶层的成长环境正在变得越来越好。但是，促进新的

① 廉思、冯丹、芦垚：《当前我国新社会阶层的特征分析、杠杆作用以及工作思考——关于新社会阶层的调研报告》，《中国青年研究》2016 年第 11 期。

社会阶层健康发展仍需要打破利益结构固化的藩篱，促使社会上层和体制内释放更多的利益空间和社会空间，使新的社会阶层通过努力实现利益增长，并对自身成长有稳定的预期。同时，社会政策应当致力于培育更多的社会中下层成长为新的社会阶层，使他们成为中产阶层的中坚力量，以增强社会活力，弥合阶层矛盾，促进社会稳定和谐。

四、因应阶层结构变化的统战对策建议

新的社会阶层是中国社会现代化发展和制度化转型所带来的必然结果，它的产生伴随着中国改革开放以来的巨大变迁，其“新”在于他们是传统体制、传统阶级结构所不能涵括的人群，是传统的阶级阶层结构所难以包含的阶层，正在对现有的社会结构形成冲击。因此，统一战线工作需要调整对象和范围，在把新出现的社会群体吸纳到统一战线中来的同时，要对统战对象、统战格局进行一定的调整，以适应新的社会阶层的发展和整体社会阶层结构的变化。

（一）因应而变：整合各阶层力量的重大意义

爱国统一战线事业是党领导全国各族、各界人民群众为之建设的共同事业，需要从转型、分化、整合的社会阶层结构出发，坚持大团结、大联合的主题，为更有效地履行凝聚人心、汇集力量的基本职能，不断开创工作新境界。

1. 引领伟大事业战略布局的需要

2014 年 12 月，习近平总书记在江苏调研视察时强调指出：“主动把握和积极适应经济发展的新常态，协调推进全面建成小康社会，全面深化改革，全面推进依法治国，全面从严治党，推动改革开放和社会主义现代化建设迈上新台阶。”[①]“四个全面”战略布局作为统领中国发展的总纲，是党中央客观分析国内外形势发展的深刻变化，统筹把握改革发展稳定的重大关系，在治国理政方面作出的顶层设计。中国特色社会主义是造福中国人民的伟大事业。“四个全面”是党中央站在新的历史节点上，引领中国人民伟大事业和中华民族伟大复兴的重大战略思想和战略布局，是团结引领全国各族各界人民群众同心协力共筑中国梦的治国方略和行动指南。

① 习近平：《主动把握和积极适应经济发展新常态》，国务院新闻办公室网站，2014 年 12 月 15 日，http://www.scio.gov.cn/31773/31774/31783/Document/1396336/1396336.htm。

2. 疏导排解阶层困惑与焦虑的需要

总体来看，以外资民营企业技术人员和管理人员、社会组织从业人员、新媒体从业人员、自由职业人员为主的各类新的社会阶层人士，大多属于“创富人群”或“新富阶层”，他们大多在中国改革开放大潮中、在经济增长讲究效率和快速发展的周期中，完成了前期社会资本的积累，掌握了一些社会资源，完成了一定的财富积累。[①]很显然，社会财富正在向特定人群快速聚集，但这会在很大程度上加剧社会财富的分配不公，又会在很大程度上造成社会各阶层之间的利益冲突。这就导致一部分人在风险社会中面临着诸如“地位焦虑”“财富焦虑”，担忧能否延续已获得的社会地位并使积累的财富保值增值，担忧下一代能否继承家业并过上更体面的生活，种种担忧和焦虑滋生了“新富阶层”的不安全感。而更多创业人群，依靠个人的才智胆识与艰苦奋斗精神向更高的阶层挺进的同时，又处处感受到因传统的制度性障碍而造成“社会固化”“社会定型”的困惑、焦虑。这些在各阶层中广泛存在的困惑和焦虑，凸显出协调整合阶层关系的重要性。

3. 团结并应对社会结构变化的需要

我国正处于社会结构深刻变动、利益关系深刻调整和思想观念深刻变化的转型时期，必须通过全面深化改革和全面推进依法治国各项政策举措来积极回应社会各阶层的关切和期盼。要把握好党的十八大以来的改革之势、风气之变、民生之利、全民情怀，始终坚持“大团结、大联合”的主题和凝聚人心、汇集力量的主旨、任务。应深刻地感受到，在国内外不断发展变化的新形势下，伴随着社会结构以及社会阶层结构和社会组织结构的新变化，统一战线的外部环境和内部构成呈现出一些阶段性的新特点。在“筑我中国梦、风好正扬帆”的社会政治生态环境中，团结的面会更广泛，团结的对象会更多元，联合的形式会更多样，机制也会更灵活。争取人心是解决人心向背问题，汇聚力量是解决力量对比问题。新形势新任务面前，统一战线的内涵也要不断充实和深化。

4. 发挥统一战线凝聚共识作用的需要

习近平总书记早在 2013 年 3 月 17 日第十二届全国人大一次大会闭幕时的

---

① 据《2012 胡润长三角地区财富报告》称，长三角是全国高档消费者最多的地区，拥有千万富豪 34.6万人，比上年增加 6.1%。其中亿万富豪 20 800 人，约占全国的三分之一。其中《2012 胡润江苏地区财富报告》称，江苏省千万富豪为 73 000 多人，约占全国总数的 7.2%，其中有亿万富豪 4 800 人，约占全国总数的 7.6%。按照胡润榜单计算，江苏地区每 1 080 人中就有一个千万富豪，每 17 000 人中就有一个亿万富豪，其“稠密度”令人惊讶！该报告还分析了千万富豪的结构图，称其中 15%的千万富豪是靠炒房发家，50%左右是私营企业主，在职业股民中千万富豪仍不少于 20%，还包括一些大型垄断性国有企业高管(如石油、石化、银行、证券、烟草等行业)。

重要讲话中就指出:“实现中国梦必须凝聚中国力量,这就是中国各族人民大团结的力量。”爱国统一战线必须进一步发挥自身的优势和特点,在国家层面更好地体现促进各阶层之间团结合作、参政监督、协同参与的政治意义;在社会层面更有效地体现协调各阶层之间的关系,化解矛盾、反映诉求、维护权益的工具意义;在精神文化层面更有针对性地体现尊重包容、求同存异(趋同化异)、和而不同的价值意义。这就要求在统战工作实践层面,围绕共同的奋斗目标、共同的历史使命和共同的文化传承,更加富有成效地汇集各社会阶层的力量,从而更好地体现爱国统一战线自身的时代价值和历史责任。

(二)因势利导:对新的社会阶层的统战整合

新的社会阶层人士是参与国家治理的重要主体,是深化改革的建设力量,如何凝聚、整合和配置这些新生力量,使他们成为改革发展稳定的有力支持者,是统一战线面临的重要任务。

1. 有针对性地加强思想引导,促进价值认同

以中国特色社会主义的共同信念和社会主义核心价值观为导向,将包括新的社会阶层人士在内的各阶层的思想引导到中国特色社会主义事业中来。全球化浪潮席卷下,网络等信息技术的发展,微博、微信等自媒体的普及,正在深刻地改变着人们之间的社会关系。改革开放40多年来,经济体制深刻变革,社会结构深刻变动,利益格局深刻调整,包括新的社会阶层在内的各社会阶层的思想观念、生活方式等呈现出多样化的特征。新的社会阶层人士具有年纪轻、思想活、信息广的特点,崇尚平等、自由、竞争、法治等理念,眼界更加开阔,思想更加多元,观念更加开放。针对新的社会阶层人士的特点,要充分利用网络这一阵地开展“网络统战”活动,加强主流价值观引导,使新的社会阶层人士了解党的各项方针政策,拥护党的领导,拥护社会主义制度,发挥他们的聪明才智,成为社会主义现代化建设的积极力量。

2. 广泛性地汇聚人才,提供力量支撑

全面深化改革和全面依法治国是一项浩大的系统工程,涉及面广,任务艰巨,需要汇聚起各阶层人才及其智慧,为同心共筑中国梦提供广泛的力量支撑。新时期经济的发展催生了很多行业,使很多新兴产业得到发展,同时产生了大量相关的职业群体和从业人员,从而形成了新的社会阶层并使社会阶层结构出现变化。新的社会阶层人士主要分布在科技管理、法律服务、媒体、教育、写作、广告、互联网等行业和领域,他们中有的是海外留学归国人员,有的是高学历高科

技人才，有的是中高级经营管理人才，有的是互联网新型业态的领导人才，素质高、能力强，是所在行业的佼佼者、创造者，是改革发展重要的生力军。统一战线需要围绕共同的奋斗目标，通过多种渠道、多种方式将新社会阶层中的人才汇聚在一起，为改革发展提供智囊团和人才库。

3. 持续性地做好沟通和服务，增强向心力归属感

寓团结引导于做好服务保障工作之中，增强新的社会阶层人士等新一代成员对统一战线的向心力和归属感。当前，我国社会正处于转型期，社会建设和社会治理体制机制的不健全、不完善使新的社会阶层人士在创业、就业、迁移等工作生活方面遇到很多困难。如关于新的社会阶层人士的社会保障问题、创业发展问题、才能施展问题等，统战部门应积极协同相关职能部门帮助解决，使他们有更好的生活和工作环境。在适应经济发展新常态过程中，他们也会面临经营业态更多样，分工更复杂，结构更合理，产业组织呈现小型化、智能化、专业化方向发展的新机遇新挑战。统战部门要强化为民服务意识，通过沟通信息、提供商机、组织培训、法律咨询、融资维权、牵线搭桥等服务，加强同党委、政府部门的联系合作，积极反映他们的诉求，切实帮助企业解决一些实际困难和问题，提升广大成员对统一战线的向心力和归属感。

4. 拓展政治参与渠道，更好地发挥参政作用

构建程序合理、环节完整的协商民主制度，拓宽包括为新的社会阶层人士在内的各阶层人员有序政治参与渠道，是统一战线的重要任务。统战部门要积极探索新的社会阶层人士的政治参与方式，拓宽参与渠道，激发他们的政治参与热情，通过构建和拓宽各个层次参与政府协商、社团协商、基层协商的制度化渠道和途径，把他们的政治诉求纳入现行的政治框架和体制，使他们将对各种社会热点、难点问题的诉求和意见建议在统一战线制度平台上理性、客观地反映出来，通过利益协调机制来化解矛盾，从而找到全社会意愿和要求的最大公约数，促进社会的和谐稳定。

（三）同心同德：促进阶层关系的整体和谐

在全面深化改革的进程中，社会阶层结构的变化代表着社会各方面利益关系的进一步调整：一方面，利益的重新分配，必然产生利益冲突；另一方面，社会财富向特定人群聚集，阶层积怨在一定程度上有累积倾向。这就需要发挥统战功能，促进阶层关系和谐。

1. 维护阶层之间的“公平正义”

公平正义是人类社会永恒的价值追求，在当前我国改革的攻坚期、社会的转型期，它不仅能凝聚起支持改革的共识、参与改革的力量，而且是在意识形态上超越所谓“左”与“右”之间纷争所需要的价值基础。维护社会公平正义，是中国特色社会主义的内在要求。它意味着社会各阶层权利平等、分配合理、机会均等、司法有道。要充分发挥统一战线协调关系，化解矛盾，凝聚人心，汇集、配置乃至增添新力量等功能优势。要注意坚持权利公平的“平权思路”，需在创新中构建并完善维护社会公平的基本机制。要积极回应社会各阶层多样化的诉求和期盼，并在期盼中凝聚起广泛共识，提振起各界信心，在克服狭隘与偏见中显现真诚的爱国心，构建起利益共享、责任共担、风雨同舟、荣辱与共的“利益共同体”“命运共同体”。

2. 坚持“和而不同”的价值理念

中国共产党领导的多党合作和政治协商制度植根于中华民族多元一体的社会结构土壤中和中华民族共同体的文明环境中，要充分发挥统一战线以团结、合作、共享、和谐等为基本内涵的统战文化优势，服务于在统一战线广大成员中弘扬和践行社会主义核心价值观建设。在各项统战工作中注重发挥统一战线“和而不同”价值理念的引导力，发挥统一战线“和谐文化”的凝聚力以及在议政建言、民主协商中广泛凝聚起团结合作精神的推动力，在各社会阶层人士中与广大统一战线成员一起铸造做人处世、安身立命的“主心骨”，牢固地维系起交流沟通、团结合作、包容共赢的精神纽带和文化血脉，构建中华民族共有的精神家园。

3. 实施阶层之间的“协商民主”

充分发挥统一战线议政建言的政治优势和制度特点，服务于坚持好、完善好、发展好中国共产党领导的多党合作和政治协商制度，致力于完善社会主义协商民主制度。开通并拓展中共党组织、各级政府与各民主党派、统战团体乃至与各社会阶层之间常规化、制度化、程序化的协商沟通渠道，把广大成员多样化的利益诉求和意见建议纳入党组织和政府决策征询的程序。在有序开展的政治协商、立法协商、行政协商、民主协商、社会协商、基层协商中，把一些事关经济社会发展的重要问题和人民群众普遍关心的公共事务问题，形成能公正体现和包容社会各阶层共同意志、共同期盼的广泛共识。通过组织和动员统一战线各类组织及广大成员的自觉参与和有效实践，在推进协商民主广泛、多层、制度化发展中，发挥统一战线的重要作用。

4. 实践公平竞争中的“感恩行动”

在我国经济发展“新常态”的语境下，在注重研究、充分发挥市场在资源配置中的决定性作用，实现市场效益最大化与更好发挥政府作用的同时，要注意关注社会各阶层如何受到市场对其的深刻影响，以此作为促进阶层关系和谐、增添多方面正能量的基础。要坚持“致富思源、富而思进、义利兼顾、以义为先”的理念，在各阶层代表人士中开展“感恩行动”，关爱社会弱势人群；鼓励先富人群发扬爱心，投身公益慈善事业；在非公企业中构建诚信、守法、互助、向善、尽职的企业文化；通过“企业关爱员工、员工关心企业”双向凝心聚力活动，在非公企业中构建新型的劳资关系，逐步形成企业利益共同体等。

5. 充分利用各阶层的“要素特点”

充分发挥统一战线广大成员拥有丰富的民间资本、智力、管理等要素资源优势，服务于坚持与完善我国社会主义初级阶段的基本经济制度。非公有制经济人士和其他新的社会阶层人士一定要发扬创造精神和创业精神，以创业创新创造激情勇立改革、发展、稳定的时代潮头。要致力于动员和组织新的智识阶层以新型民间智库和课题组等组织形式参与专题调研、专题咨询、专题监督，把握政治方向，注重优势互补和成果转化运用，促进党和政府决策和决策实施的科学化、民主化、法治化。着力激发社会组织的活力，协同政府登记管理部门推进各类社会组织规范权责、政社分开、诚信担责，依法按章自治运行，承接相关的社会公共服务，促进社会治理制度改革，增强社会发展活力。

第二节 新的社会阶层对社会阶层结构变迁的影响

自江泽民在庆祝中国共产党成立80周年大会上的讲话中首次提出“新的社会阶层”始，迄今已过去二十余年。二十余年来，人们对“新的社会阶层”这一提法的认识不断深化：内涵上，从最初的与传统的工人、农民、知识分子等社会阶层不同的新的社会群体，到后来的“主要由非公有制经济人士和自由择业知识分子组成”，直至“以知识分子为主体，主要包括私营企业和外资企业的管理技术人员、中介组织和社会组织从业人员、自由职业人员以及新媒体从业人员四类群体”；作用上，“新的社会阶层”在促进经济发展、推动科技进步、创新社会治理、参与公益事业等方面具有独特优势，已成为建设中国特色社会主义、实现中华民族伟大复兴中国梦的重要力量。本节以盐城市亭湖区为例，就新的社会阶层对社会阶层结构变迁的影响作调查分析。

一、调查的开展

本节数据来源于课题组的问卷调查，需要说明的是，受新冠肺炎疫情影响，问卷调查未能全程在实地和现场进行，后期代之以网络调查，调查对象主要是驻盐城市亭湖区的大中专院校，民营企业，房产中介，鹤鸣亭，圆通、顺丰、韵达等快递公司以及美团外卖等。之所以将问卷调查的范围选定在亭湖区，主要因为：一是亭湖区常住人口位居盐城市五大区之首。截至2020年底，盐城市区常住人口为237.97万人，其中亭湖区为68.43万人。二是亭湖区非公有制经济较为繁荣。截至2021年上半年，亭湖区拥有民营科技企业530家，从业人员45 000

人，经济收入180亿元。此外，亭湖区还拥有外资企业255家，个体户75 623户，私营企业36 200家。

具体实施情况如下：2021年7月中旬完成调查问卷的设计，8月1—15日正式开展问卷调查，发放调查问卷320份，回收300份。所设计的《关于盐城市亭湖区新社会阶层的调查问卷》共45道题目，大致包含以下五个方面内容：一是被调查对象的基本情况，包括性别、年龄、学历、职业、婚姻状况、收入等；二是政治参与情况，内容涉及政治参与的频率、种类、方式等；三是社会交往情况，即参与目标与愿景；四是经济生活情况，主要包括职业能力、职业规划、发展预期、创业环境等；五是自我认知情况，涉及自身优势、与其他社会阶层的关系、存在不足、社会责任、作用发挥等。

二、现状分析

（一）以年富力强者为主体，具有良好的发展潜质

从收回的300份样本来看，性别上：男性184人，女性116人，分别约占61.3%和38.7%。年龄上：20岁及以下的24人，占8%；21～30岁的61人，约占20.3%；31～40岁的77人，约占25.7%；41～50岁的68人，约占22.7%；51～60岁的53人，约占17.7%；61岁及以上的17人，约占5.7%。婚姻上：已婚193人，未婚107人，分别约占64.3%和35.7%。职业分布上：民营企业管理人员212人，约占70.7%；社会组织和中介组织从业人员、自由职业者、新媒体从业人员分别为55人、25人和8人。值得注意的是，在适龄未婚的调查对象中，高达75.6%的受访者主观上不愿意谈婚论嫁。从样本数据可见，调查对象中，有近一半新的社会阶层人士的年龄在20～40岁之间，这说明盐城市新的社会阶层是一个年富力强、充满活力的群体，能为促进盐城市经济社会健康、可持续发展提供有力支撑。

（二）以高学历高收入人才为主力，具有较强的创新创业能力

根据我们调查的数据，月收入3 000元以下的有32人，约占10.7%，其中本科28人，专科4人。月收入3 000～6 000元的有167人，约占55.7%，其中硕士11人，本科111人，专科45人。月收入6 000～10 000元的有76人，约占25.3%，其中硕士15人，本科55人，专科6人。月收入1万～1.5万元的有21

人，占7.0%，其中博士4人，硕士12人，本科5人。月收入1.5万～2万元和月收入2万元以上的各有2人，均为博士。

据统计，2020年盐城市城镇常住居民人均可支配收入突破4万元大关，达40 403元。与这一数据相比，亭湖区新的社会阶层人士的可支配收入远超全市平均水平。之所以如此，我们认为与以下两方面因素密切相关：一是新的社会阶层人士有相当一部分在民营企业，尤其是民营企业的技术领域，而民营企业在盐城市发展态势良好，经济水平较高。二是新的社会阶层人士整体受教育水平相对较高。在300个有效调查对象中，拥有本科及以上学历的共245人，占比高达82.0%。这说明盐城市新的社会阶层人士的整体受教育水平较高，不仅是一个高收入群体，还是一个高学历群体。同时，如果把亭湖区新社会阶层人士的经济收入与他们的教育程度关联起来，不难发现这一阶层相对较高的收入是与他们整体较高的受教育程度密切关联的，且二者间存在正相关关系。

（三）以群众和民主党派成员为主，具有较强的政治参与意愿

在参与回答问卷的调研对象中，中共党员有51人，占17.0%；民主党派成员有65人，约占21.7%；无党派人士有8人，约占2.7%；群众有176人，约占58.7%。可见，群众和民主党派成员是新社会阶层中的主要群体。为了解这一阶层的政治面貌、政治参与的态度、意愿、动机，我们设计了如下四个问题："您认为当前社会阶层中，谁的社会地位最高？""您政治参与的意愿如何？""您政治参与的最主要目的是什么？""您不想政治参与的最主要原因是什么？"其中，选择有"强烈"政治参与意愿和"有意愿，但不是很强烈"的分别有157人和64人，分别约占52.3%和21.3%，说明有高达73.6%的新的社会阶层人士有意愿参与政治活动。

当然，较长时期以来，新的社会阶层人士参与人大代表、政府组织、村（居）委会民主选举的机会虽有，但仍显不足。新的社会阶层人士是人民群众的重要构成主体之一，随着经济条件的改善、民主意识的增强，他们努力做到与经济增长同步、与社会发展同行、与人民命运同心、与党的事业同德。[①] 如能进一步拓展政治参与渠道，增加晋升机会，为更多新的社会阶层人士而不仅仅是少部分新阶层中的"精英"人士提供发展平台，那么想政治参与的人会更多，他们政治参与的

① 王平、丁先存、吴广：《扩大新阶层人士有序政治参与的价值、梗阻与路径》，《安徽行政学院学报》2014年第4期。

意愿也会更强烈。

（四）以积极向上的价值追求为主流，具有较强的社会责任感

从问卷调查情况来看，新的社会阶层人士对于参与社交活动是积极的，如在回答“您参加社交活动的目的是什么”时，选择“与他人分享成功的喜悦”、“缓释压力，满足相互倾听的需要”和“为事业发展搭建平台”的人分别为 40 人、61 人和 43 人，其余 156 人认为社交活动同时具备这三项功能。对社交活动的正确认识，是积极参与社交活动的思想基础。在回答“您在日常生活中最关心的问题是什么”时，有 101 人选择了“人民群众关注的难点、热点、重点问题”，79 人选择了“国家政治生活和社会公共事业问题”，52 人选择了“本阶层的利益问题”，68 人选择了“个人的职业发展问题”。可见，亭湖区新的社会阶层人士的社会责任感比较强，他们对国家大事、群众之事给予较多关注，而对本阶层利益则关注较少。这说明他们胸怀祖国和人民，具有较强的社会责任意识。

三、盐城市新的社会阶层对社会阶层结构的影响分析

为了解盐城市亭湖区新社会阶层与其他社会阶层的关系，我们设计了“您认为您所在的社会阶层对我国其他社会阶层有哪些影响”的问题，并从积极和消极两方面设计了 5 个备选项。调查结果如下：有 202 人选择“促进其他社会阶层发展”，约占 67.3％；有 28 人选择“制约其他社会阶层发展”，约占 9.3％；有 37 人选择“改变其他社会阶层经济地位”，约占 12.3％；有 17 人选择“削弱其他社会阶层政治参与积极性”，约占 5.7％；有 16 人选择“其他”，约占 5.3％。可见，亭湖区新的社会阶层人士整体上认为自己的出现和崛起有利于其他社会阶层的发展，也就是说，他们是肯定自身的积极作用的。

（一）新的社会阶层对我国社会结构的积极影响

1. 有利于弱化刚性社会结构，创建和谐社会

从 1957 年到 1978 年，在经历了 21 年的持续发展后，不流动、封闭的刚性社会结构在我国基本形成，与之相伴的是单位制的出现。单位不仅能为其成员提供稳定的经济来源，而且也能为他们提供宝贵的组织资源。因此，每个不同的单位就发展为一个封闭的系统，身处其中的人们都愿意接受自身所处封闭系统的身份标签，造成系统间或者全社会不同阶层间的流动几乎停滞。

改革开放以后，随着新社会阶层的形成、发展和壮大，原有的刚性社会结构势必受到一定程度的冲击。这是因为，我国新的社会阶层人士主要分布在非公有制经济领域，而非公有制经济领域的开放性特征就决定了新社会阶层自身并非封闭的，而是开放的。这就意味着：新的社会阶层人士的流动渠道相对通畅，流动性加强，传统的身份约束也不复存在。他们拥有转换身份的自主权，这对于优化社会结构、配置优质资源、创建和谐社会、形成“橄榄型”社会结构无疑意义重大。因此，从这个意义上说，新社会阶层的出现在一定程度上弱化了我国的刚性社会结构，促进了整个社会结构走向开放，加速流动，从而优化了我国的社会结构。

此外，作为我国社会中间阶层的重要组成部分，新社会阶层的产生有助于缓解社会矛盾和冲突，这对于我国构建社会主义和谐社会是十分必要的。“中间大、两头小”的“橄榄型”社会阶层结构是最理想的，该结构中间阶层规模庞大，而十分富有和十分贫穷的“两极”阶层规模则相对较小。这种社会结构之所以有助于构建和谐社会，是因为庞大的中产阶层对社会贫富分化和利益冲突具有较强的调节功能和缓冲作用，他们愈加渴望社会和谐，更加从内心排斥社会动荡，是社会秩序的“稳压器”和“安全阀”。

2. 有利于促进经济发展，拓展就业渠道

与全国的整体情形相同，盐城市新社会阶层主要分布于科技和经济两大领域，既伴随着经济发展而产生和壮大，同时又大大促进了经济发展。亭湖区政府2021年7月发布的《2020年辖区经济社会发展报告》数据显示，2020年，亭湖区辖区实现生产总值1 096.29亿元，其中私营企业、民营科技企业和个体工商户的经济收入分别约为280亿元、180亿元和5亿元，三项总计465亿元，约占辖区生产总值的42.4%。

就业事关个人尊严、家庭生存和社会稳定，其重要性不言而喻。然而，我国人口基数大，人均资源占有率低，加之伴随着人口不断增长而出现的劳动力增多，伴随着高等教育普及化而出现的大中专院校毕业生逐年增加，伴随着城镇化而出现的农村转移劳动力不断增长以及行业结构调整带来的就业人数下降，势必给解决就业问题带来了严峻挑战和巨大障碍，给社会稳定带来了不利影响。因此，着力解决好就业问题就成为当前最为紧迫的问题之一。在这一社会背景下，非公有制经济领域在吸纳就业人口、缓解就业压力、拓宽就业渠道方面所发挥的作用和所具有的潜力就凸显出来。截至2021年上半年，亭湖区仅530家民营科技企业就吸纳从业人员45 000人。

3. 有利于推进法治建设，增强全社会法治观念

我国新的社会阶层是伴随着改革开放而出现的，可以说，这个阶层是由市场经济催生而来。因此，他们的思想观念深受我国社会主义市场经济而非计划经济的影响，特别是他们整体上年富力强、思维活跃、锐意进取。而社会主义市场经济从根本上说是法治经济，市场竞争讲求的是公平、公正、公开。新的社会阶层人士于此受益，也就必然希望社会制度与法制建设进一步完善，必然期望通过民主政治改革与社会制度建设营造公平、公开、公正的社会环境，以此为他们的合法利益保驾护航。

随着新社会阶层经济实力的不断提升，他们的法治观念不断增强，对法治建设不完善所带来的不利影响深有感触，这有助于推动我国民主法治建设，有助于推进我国的民主化和法制化进程。应该说，我国社会主义法治建设之所以能够在较短时期内取得较大、较快的发展和进步，与新社会阶层日渐增强的政治参与意识和法治观念是密不可分的。这一点在我们的调查中也有明显反映。如在回答"当您的权益受到侵害，您会如何处理"时，选择"诉诸法律"的占 46.7%，而选择"到党政机关上访"和"自己找人摆平"的仅 28 人。可见，新的社会阶层人士有着较强的法治观念。

（二）新的社会阶层对中国社会的消极影响

1. 收入差距扩大影响社会稳定

贫富问题或者说收入分配问题无论对于民生，还是对于社会公平正义以及国家长治久安都是极其重要的。改革开放以来，我国的收入分配制度经历了由平均主义和"大锅饭"到按劳分配再到以按劳分配为主体、多种分配方式并存的发展过程。新的社会阶层作为改革开放的"特殊获益群体"，一方面，他们的经济收入普遍较高，整体经济实力较雄厚，而这也是导致不同行业间收入差距扩大的主要影响因素。另一方面，在非公有制经济的新兴经济组织中，管理层收入畸高，这种行业内部收入的巨大落差进一步加剧了贫富分化。收入差距过大，贫富悬殊，容易激化社会矛盾，进而影响到整个社会的稳定与和谐发展。

2. 阶层意识和组织观念淡薄影响政治参与

新的社会阶层发展到一定阶段，尤其是伴随着其经济实力日渐雄厚，必然希望提升自己的政治地位。不过，新的社会阶层人士自身的某些局限又制约和阻碍了其政治参与愿望的实现。其主要表现为阶层意识和组织观念淡薄。

改革开放以来，经过 40 余年的发展，我国新的社会阶层经历了萌芽期、初始

期和成长壮大期，总规模、影响力和贡献度都发展到新阶段。然而，调查发现，亭湖区新的社会阶层的发展却相对滞后：在回答“您认为您所在的社会阶层的优势在于什么”时，32 人选择了“经济实力雄厚”，80 人选择了“技术水平高，竞争力强”，121 人选择了“年富力强，发展潜力大”，56 人选择了“涉及范围广，与外界交往多”，11 人选择了“政治地位高，成就感强”。这就意味着，在对自身发展优势的认识上，亭湖区新的社会阶层人士主要认为“年轻”和“懂技术”这两个个体层面是主要优势，而对制度优势和阶层整体优势缺乏认同感。这种阶层意识淡薄也反映在对本阶层影响力的认识上：在回答“您认为您所在的社会阶层在我国社会阶层结构中的作用”时，认为“作用一般”的占 65.6%，认为“作用很小”的占 20.6%，而认为“作用很大”的仅占 2.1%。也就是说，亭湖区新的社会阶层的发展还处于早期的自发状态，缺乏强有力的组织引导和代表人士的引领，缺乏对新的社会阶层作为新兴社会阶层的认同。这些都不利于他们政治参与的深入开展。

此外，新的社会阶层人士缺少对本阶层的认同感、归属感、依赖感和荣誉感，找不到组织依靠。尽管目前已经成立了一些社会组织，但根本无法满足新的社会阶层人士的发展需求。这一状况更容易导致新的社会阶层缺乏严密的组织性，进而缺乏凝聚力和向心力，而这些不利于扩大党的统一战线和畅通政治参与渠道。

四、几点建议

（一）加大统战力度，充分发挥新的社会阶层作用

统一战线是党在革命时期克敌制胜的“三大法宝”之一，在党和国家发展历史上的作用和地位十分突出。邓小平曾强调：“统一战线仍然是一个重要法宝，不是可以削弱，而是应该加强，不是可以缩小，而是应该扩大。”习近平总书记指出：“统战工作的本质要求是大团结大联合，解决的就是人心和力量问题。这是我们党治国理政必须花大心思、下大气力解决好的重大战略问题。”①

既然新的社会阶层人士是我国社会主义的建设者，不仅总规模和体量较大，并呈现出明显的继续扩大的趋势，而且对我国社会经济发展的作用愈加突出，那

① 习近平：《深刻认识做好新形势下统战工作的重大意义》，《十八大以来重要文献选编》（中），中央文献出版社 2016 年版，第 556 页。

么就理所当然地应该被纳入党的统一战线的范畴。因此，新的社会阶层代表人士的遴选标准可适当放宽、放松，比例可适当扩大，这样不仅能壮大新的社会阶层队伍，而且能充分发挥新的社会阶层代表人士的领军作用。

（二）完善政治参与机制，切实解决好新的社会阶层的组织依托

新的社会阶层人士虽然有着较为强烈的政治参与愿望，但这一强烈愿望客观上却受到意见反映渠道不通畅的制约。因此，要积极引导新的社会阶层人士借助主流渠道及时表达他们的意见与建议，进行有序的政治参与。这就要求：统战部门要把新的社会阶层纳入统战对象；政协部门要将新的社会阶层纳入政协界别。同时需要重视的是，将新的社会阶层纳入组织培养。党的组织部门既要加强对新的社会阶层的组织管理，帮助新的社会阶层人士根据实际情况创建单独的党组织或联合党组织，为充分发挥党组织在新的社会阶层中的战斗堡垒作用和政治引领作用提供保障；又要做好与统战、民政、人事、工商、司法等部门以及各类社团组织的协调与联动，制定科学的评价体系，完善对新的社会阶层人士的考核评价，举荐新社会阶层的精英人士出任人大代表、政协委员、社团负责人以及督导员、监督员、评议员等，畅通新的社会阶层人士的政治参与渠道。

此外，要依托党派、社团和社区，着力解决好新的社会阶层的组织依托问题，让新的社会阶层人士找到归属感，体验到荣誉感。中国共产党领导的多党合作和政治协商制度是我国的一项基本政治制度，中国共产党是执政党，民革、民盟、民建、民进、农工党、致公党、九三学社和台盟等八个民主党派是参政党，是爱国统一战线的重要成员。各民主党派应当努力发展各自所联系的新的社会阶层代表人士加入其组织，通过参政议政反映并代表新的社会阶层的利益，使之成为新的社会阶层人士参政议政的制度化渠道。

新的社会阶层的崛起打破了原有的刚性社会结构，顺应了现代社会流动性较强的特征。这种职业的高流动性并没有引发居址的频繁更换，而居址的相对稳定为社区发挥作用提供了契机，为社区管理者与新的社会阶层人士更好地沟通、联系提供了有利条件。同时，政府在规划时也要统筹安排，做到非公有制企业、民办机构和社会团体相对集中落户在街道社区，使社区成为新的社会阶层人士的集中地。因此，社区应充分重视和利用自身在新的社会阶层管理上的优势。

（三）加强数据库建设，完善新的社会阶层代表的培养机制

摸清底数、明了情况是统战部门做好新的社会阶层人士统战工作的重要前提和保障，也是更好推进民营经济健康可持续发展的重要一环。多措并举做好新的社会阶层人士的数据库建设是统战部门摸清底数、明了情况的重要途径。为此，要与民营企业、工商联、社会组织和社区密切沟通，成立相应的工作组，摸底调查辖区内的新的社会阶层人士，并分门别类地建立新的社会阶层人士数据库。一要制定科学的入库标准。根据“大库为基础库，中库为骨干库，小库为核心库”，制定和明确新的社会阶层人士的入库条件和入库标准，真正做到入库人士确有代表性，进而保障数据库信息的有效性，稳步推进数据库的规范化建设。二要完善数据库功能。充分运用数字统战技术化功能，提升建设新的社会阶层人士数据库的科学性，从技术层面完善数据库各项功能。三要及时更新信息。流动性强是新的社会阶层人士的突出特征之一，因此要统筹建立信息报送制度，定期报送新的社会阶层人士的信息，确保数据库信息更新及时，且真实有效。

建立新的社会阶层人士培训的长效机制是完善新的社会阶层代表培养机制的重要抓手。为此，相关部门，尤其是各级社会主义学院既要做到科学安排培训，又要创新培训方式。统战部门按照“归口管理、分级培训”的原则，在摸底数、明情况的基础上，规划好辖区内新的社会阶层人士尤其是代表人士的培训，严格、认真审核培训方案，做到培训的全覆盖、不重复、不遗漏，增强培训效果。同时，针对新冠疫情防控的特殊要求和现实情况，一方面，要大力拓展并充分利用QQ群课堂、直播间、腾讯会议、微信等线上教学资源，线上与线下相结合，集中培训和分散学习相融合，小班化、专题化、网络化相配合，确保培训的连续性和有效性；另一方面，要汇聚各方资源，着力开发网络课程和线上教学软件，确保培训形式的科学化。此外，还可以适时开设社会阶层网络人士培训班，以凝聚新的社会阶层网络人士的政治共识，在全社会营造清朗有序、安全可靠的网络舆论环境。

综之，盐城市新的社会阶层既有共性特征，又有自身特点；其对其他社会阶层的影响既有积极的一面，又有消极的一面。如何有效扩大新的社会阶层对整个社会阶层结构的积极影响面和影响度，逐步形成“橄榄型”社会结构，无疑是值得持续思考和研究的时代课题。

第三节　南京市江宁区新的社会阶层人士的发展与现状

一、新的社会阶层发展历史

（一）新的社会阶层概念的提出

改革开放前，中国的社会阶层结构主要是“两个阶级（工人阶级、无产阶级）、一个阶层（知识分子）”。改革开放以来，中国社会经历了从计划经济到市场经济、从封闭僵化到开放多元、从平均分配到按劳取酬的转变。市场为主导的资源配置建立起来的劳动分工的精细化与社会流动的加速化，使中国社会阶层结构变得多样化和繁复起来：一方面，在“两个阶级、一个阶层”内部，由于地区、行业、所有制、管理权限等影响因素的不同，分化出更多的群体，出现了诸多新的群体，如专业技术人员、私营企业主，社会阶层结构发生了重要的变化。① 新的社会阶层是伴随着社会主义市场经济发展而逐步成长起来的一些新的社会群体的统称，是我国社会转型和经济转型的必然产物。

“新的社会阶层”提法最早出现在 1991 年 7 月党中央批转中央统战部《关于工商联若干问题的请示》中，“对现在的私营企业主等新的社会阶层，不应和过去的工商业者简单类比和等同，更不要像 50 年代那样对他们进行社会主义改造”②。当时，“新的社会阶层”并没有产生很大影响及形成一定规模，因此，

① 戴洁：《统一战线：团结与整合新的社会阶层人士》，《湖北省社会主义学院学报》2020 年第 5 期。

② 海群：《引领新的社会阶层人士参与构建社会治理共同体》，《广州社会主义学院学报》2020 年第 4 期。

“新的社会阶层”的提法还不具有特定的内涵和外延，而仅仅是作为在改革开放过程中出现的新情况、新事物、新群体。“新的社会阶层”正式提出及政治属性的确立是在2001年7月1日庆祝中国共产党成立80周年大会上，江泽民正式提出了“新的社会阶层”这一概念，且对新的社会阶层进行了政治属性的论述。

2006年，党中央召开第20次全国统战工作会议，将新的社会阶层人士统战工作作为新的着力点进行重点部署。十八大以来，党中央着眼于新的社会阶层人士的发展变化，更加重视做好新的社会阶层人士统战工作。习近平总书记在2015年中央统战工作会议上的讲话中指出：“当前，我国发展的内外环境发生了深刻变化，所有制形式更加多样，社会阶层更加多样，社会思想观念更加多样，统战工作面临许多新情况新问题。”社会阶层结构的变化，使新的社会阶层成为统战工作的重点领域。

（二）新的社会阶层的发展

随着21世纪以来社会经济的转型发展，新的社会阶层人士的规模不断扩大，主要由四部分社会成员构成。其一，存在于各类非国有独资或控股的经济组织中的群体规模日益壮大。在新的经济形态中，各类型企业的管理和技术人员规模不断壮大，他们有一定的专业知识和技术背景。其二，越来越多的社会成员在新社会组织中工作。新社会组织是在新经济时代提供社会服务的组织，主要有两种：一是提供专业知识性、技术性服务的组织；二是提供公共与准公共产品、社会福利与服务的组织。其三，越来越多的社会成员成为自由职业人员。他们独立提供知识与技术服务而获取相应的报酬，一般而言，不依靠有形的政治、经济、社会组织而独立开展工作。其四，越来越多的社会成员在新媒体领域工作。随着新媒体的发展，以新媒体为工作平台和内容的专业人士，如从事新媒体运营、编辑、内容创作的社会群体不断出现。

近年来，随着产业革命和技术创新的不断升级，智能产业、智慧经济、“互联网＋”等新科技、新业态蕴藏着巨大发展空间，也产生了更丰富、更多元的职业门类。我国新的社会阶层人士已经超过8 000万人[①]，新的社会阶层队伍不断发展壮大。

---

① 2017年中央统战部公布数据：我国新的社会阶层人士的总体规模约为7 200万人。一般认为，目前新的社会阶层人士不少于8 000万人。

二、江宁区新的社会阶层发展状况

（一）江宁区经济发展情况

近几年，江宁区经济发展水平不断提升。据《江宁区 2020 年国民经济和社会发展统计公报》，2020 年全年实现地区生产总值 2 509.32 亿元。2016—2020 年江宁区生产总值见图 2-7，2016—2020 年第一、二、三产业增加值占江宁区生产总值比重见图 2-8。

图 2-7　2016—2020 年江宁区生产总值

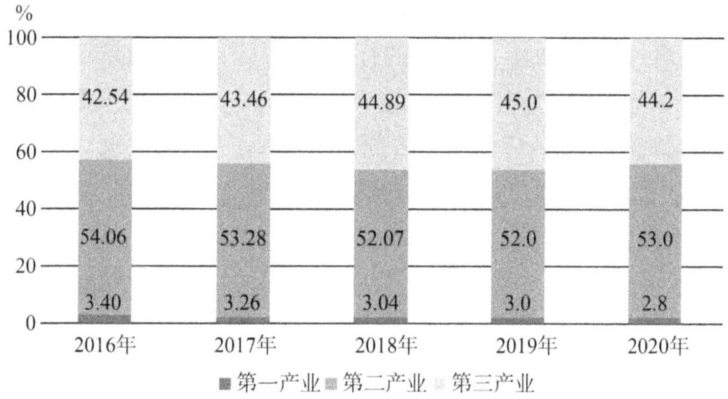

图 2-8　2016—2020 年第一、二、三产业增加值占江宁区生产总值比重

江宁区的经济发展主要体现在以下几个方面：一是持续优化营商环境。制定落实江宁区优化营商环境政策2.0版。深化“放管服”改革，突出审批服务提速、政务服务提优，打好“五办五促三服务”组合拳，推进营商环境指数稳步提升。二是推动高质量发展。转型升级，打造产业集群。围绕“3＋3＋3＋1”打造现代产业集群。突出文旅产业，文化实力快速提升。文化产业增值占GDP比重达5％，文化企业营收450亿元。三是加强科创载体建设。新型研发机构引进企业400家。新备案新型研发机构20家。借力“中德”“中以”离岸孵化器等平台，建设海外研发基地。培育创新主体，高新技术企业省市入库培育300家。增值高科技企业200家，深入实施“创业南京”英才计划、“创聚江宁”人才工程，人才创业企业初创成功达80％以上。

（二）江宁区新的社会阶层人士发展以及统战工作情况

江宁区新的社会阶层人士不断壮大。2019年，江宁10个街道3个开发园区，国有经济和集体经济之外的其他经济类型单位从业人数超过27万人，民间非营利组织从业人数8 205人，2019年培育自主创业7 392人。初步统计，江宁区新的社会阶层人士10万余人。[①] 区新联会成立于2017年，下设4个分会、13个支会，2021年代表人士从最初的115人增长到375人。

新的社会阶层统战工作不断创新。一是阵地平台实现全覆盖。同心圆广场、同心会客厅、网络文学产业园等24个阵地各具特色，充分发挥作用。其中“同心圆广场”被列为全国新的社会阶层人士统战工作实践创新基地重点项目，“江苏网络文学创意产业园”被列为首批江苏省新的社会阶层人士实践创新示范基地，“同心会客厅”被列为江苏省新的社会阶层人士实践创新示范点，“同心向日葵综合服务中心”被列为南京市新的社会阶层人士统战工作重点项目。二是新联会活力不断激发。2017年以来，周末“思享汇”活动开展70场，“卓越之路·创新学堂”推出24讲，“同心TALK”访谈节目播出13期，新媒体IP大会连续举办3届，“阳光追梦”同心公益行3年推出52个公益项目。设立“同心讲堂”，2019年以来组织“十九大及十九届三中、四中、五中全会精神辅导”“政情通报会”“青年文化论坛”等活动20余场，吸引500余名新的社会阶层人士参加。三是新的社会阶层人士作用充分发挥。发挥思想引领作用凝聚人，组织开展各

① 《江宁统计年鉴2020》，南京市江宁区人民政府网站，http://www.jiangning.gov.cn/sjfb/tjnj/202010/P020210928415296601904.pdf。

类论坛、宣讲会等，加强横向连接，助力网络舆论引导；发挥参政议政作用鼓舞人，新的社会阶层人士提交各类提案建议100多份；发挥创新示范作用激励人，“法商服务团”走进13个商会为民营企业提供法律服务，“卓越之路·创新学堂”为企业高管提供交流学习平台，江苏网络文学创意产业园加快文化产业集聚发展；发挥社会公益作用温暖人，“让爱不迷路”等公益性活动帮助社会弱势群体，弘扬正能量。四是领导小组成员单位密切配合。与组织、宣传、环保、文旅、工会、共青团、妇联等部门的合作日益紧密，以新的社会阶层人士为主体开展多项活动。

三、新的社会阶层人士生存现状分析

（一）新的社会阶层人士基本背景特征分析

1. 性别和年龄状况

本次调查共发放问卷350份，回收有效问卷301份。调查中，男性占比53.49%，女性占比46.51%，男女比例差异不明显(表2-7)。新的社会阶层人士集中在44岁以下的中青年群体中，且青年比重较高(表2-8)。

表2-7　调查样本性别比

性别	小计	比例
男	161	53.49%
女	140	46.51%

表2-8　调查样本年龄分布

年龄	小计	比例
25岁及以下	48	16.00%
26～34岁	84	28.00%
35～44岁	87	29.00%
45～55岁	72	24.00%
56岁及以上	9	3.00%

注：该指标总样本量为300，缺省值1。

2. 学历和专业背景状况

新的社会阶层人士大多受过良好教育。从表 2-9 中可以看出，新的社会阶层人士学历大多在本科及以上，其中本科学历约占 60.80%。

表 2-9　调查样本学历分布

学历	小计	比例
大专以下	15	4.98%
大专	71	23.59%
本科	183	60.80%
硕士研究生	29	9.63%
博士研究生及以上	3	1.00%

3. 月收入情况

本次调查在月收入指标上做区间分布设计。调查结果显示，新的社会阶层人士收入呈现出中间大、两端小的分布特点，主要集中在 6 001～10 000 元和 10 001～50 000 元，合计约占 66%，其次是 3 000～6 000 元，约占 26.91%（表 2-10），大部分群体属于中等收入阶层。

表 2-10　调查样本月收入情况

月收入	小计	比例①
3 000 元以下	12	3.99%
3 000～6 000 元	81	26.91%
6 001～10 000 元	102	33.89%
10 001～50 000 元	97	32.23%
50 000 元以上	9	2.99%

4. 职业身份

本次调查采用按配额抽样方法。从新的社会阶层人士的职业身份来看②，

① 图表中数据按照四舍五入取约数。后同。

② 参见 2017 年中共中央统战部调研数据：民营企业和外商投资企业管理技术人员约 4 800 万人，中介组织和社会组织从业人员约 1 400 万人，自由职业人员约 1 100 万人，新媒体从业人员约 1 000 万人。据中国互联网信息中心数据，近两年新媒体行业快速发展，新媒体从业者比重相应增加。本次调查职业比例据此有所调整。

民营企业和外商投资企业管理技术人员人数最多，占 46.60%，本次调查职业指标样本分布接近总体分布，抽样具有一定代表性。也有部分被调查者不太明确职业归属，选择“其他”。

表 2-11　调查样本职业分布情况

职业身份	小计	比例
民营企业和外商投资企业管理技术人员	137	46.60%
中介组织和社会组织从业人员	58	19.73%
新媒体从业人员	49	16.67%
自由职业人员	40	13.61%
其他	10	3.40%

注：该指标总样本量为 294，缺省值 7。

（二）新的社会阶层人士职业现状分析

1. 工作时间分布与收支情况呈现分化

从调查结果来看，工作 8～12 小时的人数最多，占 48.17%，其次是工作5～8 小时，占 33.55%，25.58%的被调查者享受双休和法定节假日，但“周末单休”和“经常加班”的人数合计占 27.57%（图 2-9）。分群体来看，超过 53%的民营企业和外资企业的管理技术人员工作时间为 8～12 小时，是四类群体中工作时间最长的群体。从收支情况来看，大部分群体处于中间状态，“收大于支，生活无忧”和“入不敷出，压力很大”分别占比 12.62%和 7.64%，54.49%的被调查者选择“基本平衡，略有剩余”（图 2-10）。

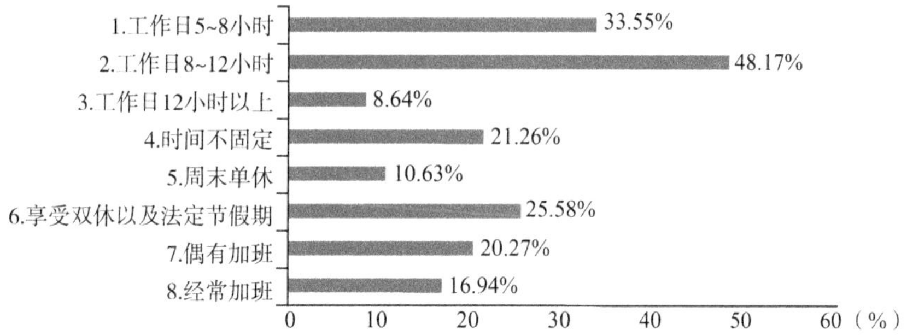

图 2-9　调查样本工作时间分布情况

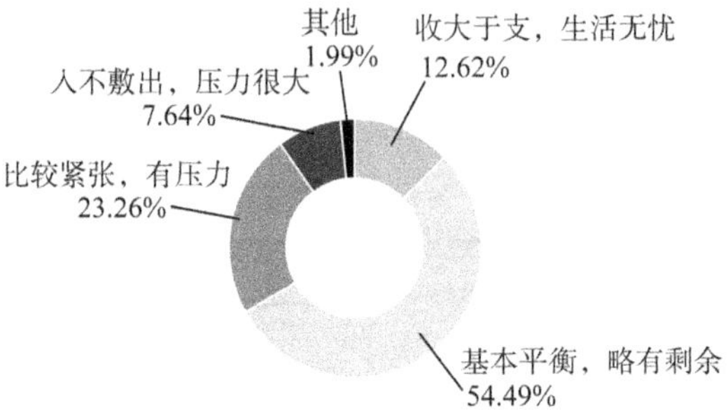

图 2-10　调查样本收支情况

2. 专业兴趣导向的职业选择动机

从职业动机选择来看，"发挥专业特长"占比最多，为 42.86%，其次是"薪酬"，占 36.88%，"兴趣爱好"占 34.88%，值得注意的是仅有 9.97%的被访者选择"声望较高"(图 2-11)。可见，新的社会阶层人士对其地位认同并不高。对职业比较满意的主要包括工作条件和工作环境，占比约 60%，其次是"工作稳定度"，占比约 56%。

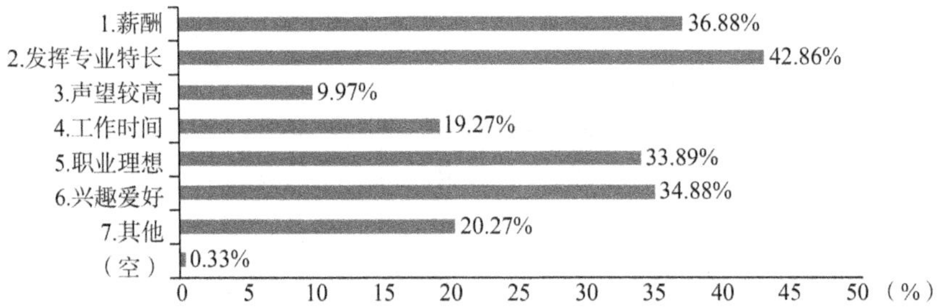

图 2-11　调查样本职业选择动机情况

3. 生活压力与工作权益保障情况分析

生活压力与工作权益保障情况是职业发展状态的重要指标。从生活压力来看，本项调查分解指标位列前三项的是：经济负担重、工作强度大和子女养育(图 2-12)。新的社会阶层的经济地位，包括收入和财富等指标是衡量其社会地位、生活水平以及满意度的重要维度。近年来，尤其是疫情期间，拥有较高的生活期望和可能陷入危机局面的矛盾，使得人们对经济财富的渴望更为迫切。

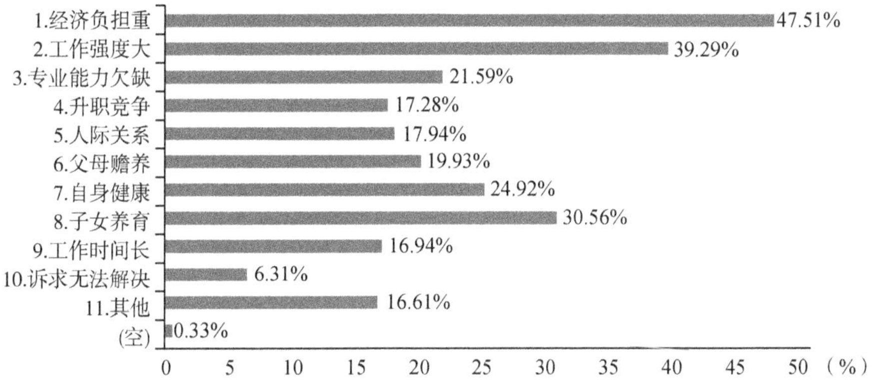

图 2-12　调查样本生活压力情况

从所享有的工作权益来看，多数新的社会阶层人士享有工资、奖金和社会保障，但不同群体的权益有较大的差异，民营企业和外商投资企业管理和技术人员在绩效考核、健康体检方面享有的权益优势更为明显。

4. 职业稳定性分析

从工作权益和福利保障情况来看，大部分被调查者都能够享受工资奖金和社会保障，接近一半的群体享受健康体检和休假待遇。65％的调查者过去三年没有换过工作岗位，行业间或者行业内换过工作的有 32％。从职业稳定性评价方面，有近 50％的被调查者认为“比较稳定”（图 2-13）。

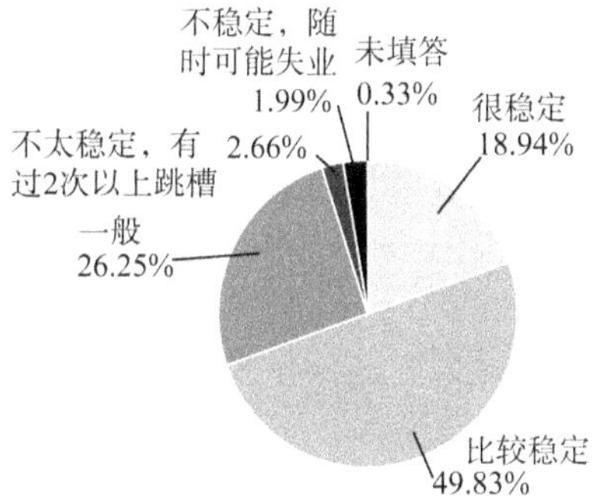

图 2-13　调查样本职业稳定性情况

（三）新的社会阶层人士身份认同情况分析

自我身份认同（self-identity），强调的是自我的心理和身体体验。木调查以个体满意度设计关联题目，从不满意原因和身体健康感受等指标分析新的社会阶层人士的认同情况。

1. 职业认同度较高

职业认同包括职业满意度、工作环境等 7 项满意度分解指标。调查发现，17.94%的受访者对目前的职业“非常满意”，“比较满意”的占 46.84%，“一般满意”的占 28.24%（图 2-14）。分群体来看，满意度较高的是民营企业和外商投资企业管理和技术人员，中介组织和社会组织从业人员以及自由职业者的满意度较低。近 65%的受访者对自身的健康持正面评价，可见虽然新的社会阶层部分群体职业压力比较大，但大部分受访者认为自己是比较健康或者健康的。

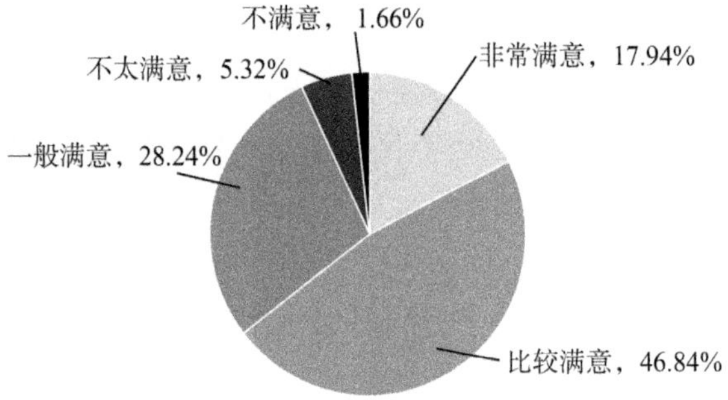

图 2-14　调查样本职业满意度情况

2. 社会地位认同度一般

新的社会阶层人士的社会地位感知体现了自我认知，关涉纳入社会治理的意愿和积极性。如图 2-15 所示，新的社会阶层人士的社会地位认同度一般，认为“地位一般”的占比最高，为 75.42%，认为“地位较高”的占 8.97%，认为“地位较低”的占 15.61%。

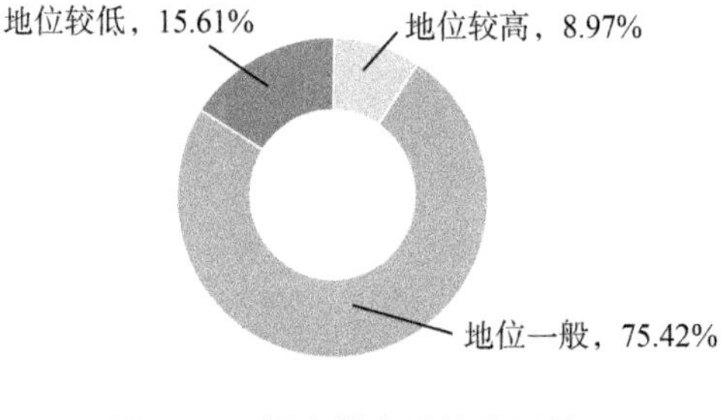

图 2-15　调查样本地位认同情况

（四）新的社会阶层组织化程度与社会态度分析

1. 组织化程度较低

新的社会阶层人士的组织化程度较低。组织化程度一般分为两个变量，即正式组织和非正式组织。工会、联合会、行业协会等有明确的组织规范章程，属于正式组织，受访者没有参加任何组织的约占 46%，加入人数较多的组织为行业协会、学会和联合会，其次是工会和妇联。非正式组织参与率也较低，为 10%，参加社区福利类和志愿者团体比例最少。

2. 意见表达渠道多元，媒介素养较高

在新的社会阶层人士表达意见渠道方面，网络等新媒体占比较高，占 51.83%，另外还通过行业协会、政府部门组织的座谈会、统战组织、工商联等多渠道、多元化路径发表意见（图 2-16）。在反映渠道畅通性选项中，有近 51% 的被调查者选择"基本畅通"，认为"完全畅通"的约占 21%。尤其是面对重大事件舆情信息时，新的社会阶层人士普遍具有较高的媒介素养，"积极参与转发官方信息""多方核实，谨慎评价"占比较高。

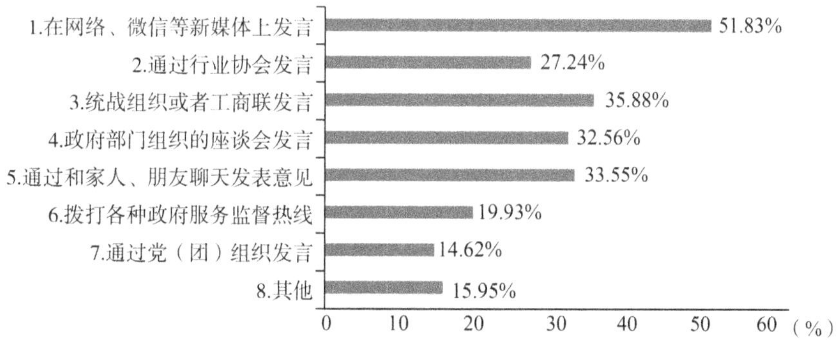

图 2-16 调查样本表达渠道情况

3. 有较高的民族文化认同和开放包容的公民意识，有较强的发展信心

（1）较高的民族文化认同和开放包容的公民意识

本次调查通过文化认同、社会交往态度、公民意识、发展信念、个人参与政治与公共事务能力认同等几个指标来反映新的社会阶层人士的思想状态和社会态度，采用李克特态度五级测量方法。调查结果如表 2-12 所示：民族文化认同占比最高，87.04% 的被调查者"为中国拥有悠久的历史和璀璨的文化而骄傲"。其次，坚持平等、深化改革和对外开放深入人心，对"中国必须继续深化改革和对外

开放”非常赞同和比较赞同的超过90%。从发展信心上，可以看出认同虽然“发展有不足”，但总体上“秩序井然，欣欣向荣”的比例较高。在社会交往态度上，15%以上的被调查者对“大多数人是可以信任的”持保守态度（主要指“一般”“不太赞同”“不赞同”）。对个人参与社会事务，包括参与政治和公共事务的能力方面，非常赞同者不足一半，持保守态度的占19.6%。可见，部分新的社会阶层人士愿意参与社会事务，但对个人能力持怀疑态度，不知道可以做什么，能够胜任什么。因此，有效地鼓励新的社会阶层人士将个人的社会参与意愿付诸实际行动，还需进一步完善组织化程序。

表2-12　调查样本文化认同、社会认同情况

题目	非常赞同	比较赞同	一般	不太赞同	不赞同
我为中国拥有悠久的历史和璀璨的文化而骄傲	262（87.04%）	28（9.30%）	9（2.99%）	2（0.66%）	0（0%）
在我们这个社会，大多数人是可以信任的	162（53.82%）	92（30.56%）	35（11.63%）	9（2.99%）	3（1.00%）
当个人利益与国家利益发生冲突时，个人利益必须无条件服从国家利益	201（66.78%）	68（22.59%）	23（7.64%）	5（1.66%）	4（1.33%）
我们要致力于建设一个人人平等的社会	214（71.10%）	57（18.94%）	21（6.98%）	6（1.99%）	3（1.00%）
中国必须继续深化改革和对外开放	210（69.77%）	72（23.92%）	12（3.99%）	6（1.99%）	1（0.33%）
目前我们的国家虽有不足但总体上还是秩序井然，欣欣向荣	211（70.10%）	70（23.26%）	12（3.99%）	6（1.99%）	2（0.66%）
我觉得我有能力参与政治或公共事务	149（49.50%）	93（30.90%）	46（15.28%）	9（2.99%）	4（1.33%）

（2）寻求安稳和保障的社会期望

在社会发展目标的期待方面，被调查者期待“安定的社会秩序”占比最高，达63.7%，其次是“稳定的就业医疗和保障”“清廉的社会风气”。可以看出，安定的社会秩序、稳定的就业医疗和社会保障是新的社会阶层人士最明确的期望。

（3）拥有积极乐观的社会发展趋势判断

近70%的被调查者认为社会发展的趋势是“正向良好”，表明他们有较强的社会健康发展的信念、积极乐观的趋势判断。不过，认为“没有变化”和部分消极的占比22%。分群体来看，民营企业和外资企业管理技术人员对今后的发展更为乐观，而自由职业者对社会发展趋势的判断较为消极。

（五）新的社会阶层人士的政治诉求与统战期望

1. 参与社会性组织意愿较强

70%的被调查者愿意加入行业协会、社会组织，68%的被调查者非常愿意参加社会性组织，参与社会公益活动、慈善活动、社会帮扶等。

2. 提升身份与社会地位，获得政策激励，更能鼓励新的社会阶层人士参与社会治理

在参与社会治理的期望举措方面，超过60%的被调查者选择"在各级政府部门及社区中安排实质性职务"，推选杰出代表参与国家大政方针的制定更能激发新的社会阶层人士参与社会治理的积极性。除此之外，适度放权，给予各类新的社会阶层经济组织以政策激励、财政支持，也是鼓励新的社会阶层人士有序参与社会治理、服务社会的有效手段。

四、新的社会阶层人士发展趋势分析

（一）新的社会阶层人士发展变化特征分析

1. 构成多元化

在现代社会中，职业是十分重要的分层指标之一。以新科学技术为依托，新经济、新业态中产生了比以往更多元、更丰富的职业类型。具体而言，由于移动互联网、物联网的兴起，"互联网＋产品（服务）"越来越普遍，新经济、新社会组织的从业者日益增多；新媒体成为职业选择的一个新类型；不受雇于任何组织的自由职业者，正在成为有影响力的社会群体。社会结构的分化产生了诸多新兴的社会群体。

2. 内部组织化程度较低

随着中国经济制度转型和所有制结构的发展，原有的单位制发生变化，公司制以及各种类型的股份制企业形式多样，新的组织形态日益增多。在各类经济组织中，工会、党群组织的发展程度差异较大。新的社会阶层人士所涵括的社会群体，以其工作单位而言，一般为非国有企事业单位，规模和类型多样，有的不以组织为依托，从事专业技术、知识与文化生产活动，其内部的组织化程度相对较低，外部联结较少。

3. 流动性、不确定性较大

新的社会阶层人士是随着我国经济结构的转型而逐步出现的，体现出更丰富、更多元的职业分层体系，其构成极具阶段性和时代性，它将随着知识经济、智能产业等新经济形态的发展需要不断调整，不断完善。新的社会阶层人士在不同所有制、不同行业、不同地域之间流动，他们的职业、身份变动还会继续。今后还将出现更多新的社会阶层人士的类型，新的社会阶层人士流动性和不确定性较大，对他们进行融合，使其成为建设性、团结性力量，是我国经济社会发展的必然要求。

（二）新的社会阶层人士发展趋势研判

1. 规模不断扩大，总体素质较高

新的社会阶层人士大部分是知识型、技术型精英，他们学历高、专业性强、思维敏捷，且接触和了解基层比较多，其反映诉求的意愿强，建言献策的水平也比较高。

2. 阶层内部分化明显

作为非公有制经济的形态，新职业、新岗位不断出现，新的社会阶层内部分化日益明显。目前，新的社会阶层人士四类群体中，占比较大的为民营企业和外商投资企业的管理技术人员，他们大部分有较高的收入，职业稳定性较高。中介组织和社会组织从业人员大多依托于行业协会，结构比较分散，自组织化程度较高。新媒体从业人员大多年龄结构偏低，但社会影响力较大，思想观念多元，组织化程度较低。自由职业人员人数很难统计，流动性和变化性都较大。体制外的背景、松散的社会结构，使得新阶层的社会整合难度增加。

3. 国家认同、文化自信不断增强

随着国家综合实力的增强，国家文化软实力的提升，尤其是疫情期间，国家以强大的社会治理能力、社会动员能力率先恢复国民经济生产，各个行业企业经济复苏强劲，新的社会阶层人士的国家认同、文化自信不断增强。随着民族崛起、国家强大，新的社会阶层人士将逐渐成为支持型发展力量。

（三）新的社会阶层人士统战期望分析

1. 在创造良好的社会环境基础上，提升个人的获得感

培育新的社会阶层人士成为社会建设的支持型力量，离不开良好的社会环境、稳定的社会秩序。新的社会阶层人士在保障基本经济条件和解决生存

压力的基础上，对自我实现、获得尊重提出了进一步的要求。提升个人的荣誉感、获得感是新的社会阶层人士参与社会治理的重要动力。

2. 制定政策，搭建桥梁，实现信息畅通、资源互通

新的社会阶层人士具有较强的社会参与意愿，从主观意愿到实际行动需要进一步给予支持。要给热心人士提供条件、搭建桥梁，畅通信息渠道，加强行业交流等，使其充分发挥个人价值。

3. 举荐杰出代表担任实质性职务，发挥引领作用

选拔政治立场坚定、业绩突出、群众认同的代表性人物和标志性人物担任实职。自下而上广泛接触新的社会阶层中的一般性人士，从中发现代表性人士，采取激励性措施，鼓励典型人士、意见领袖、突出代表发挥引领作用。

五、调查结论与政策建议

（一）调查结论

1. 新的社会阶层人士构成多元，分散性、自由度较高，总体属于中间群体

从调查样本来看，新的社会阶层人士大多为中青年，收入属中等偏上水平，从学历构成来看，他们属于知识型和技术型精英。群体内部差异明显，大多为“原子化”的存在状态，组织化程度不高，尤其是自由职业者群体，流动性、自主独立性强，思想价值多元，在纵向和横向分布上存在着扁平化和离散性的特点。

2. 对个人生活、社会保障有较高的期待，但安全感不高

新的社会阶层是伴随着非公有制经济的发展而产生的，体制外构成属性决定了这部分群体相对于“单位人”，更具备“社会人”的属性。其专业和技能优势明显，部分群体收入较高，但在收益获得性方面容易产生相对剥夺感，会担心未来的保障。

3. 有较强的社会责任感和公共精神，民族文化和社会公德认同较强，但政治归属感不明显

体制外属性决定了行政性组织，如工会、党团等覆盖率较低，尤其是对于自由职业者群体。政治归属感体现在政治参与意愿，党性觉悟、入党积极性等。目前，新的社会阶层人士加入政府主导的行政性组织意愿较低，政治参与感不强。

4. 有较强的社会发展信心，但阶层认同感较低

随着近几年国家产业升级，GDP 和人均可支配性收入的提高，良好的发展

局面使得新的社会阶层人士的诚信理念进一步提升，发展信心进一步增强。但与体制内从业者相比，新的社会阶层人士的社会保障水平差距较大，隐性福利差异带来的相对剥夺感和长期积累起来的社会落差，在一定程度上影响了新的社会阶层人士的政府认同、国家认同，从社会心理上来看，不利于凝聚政治共识，也不利于统战工作的开展。

5. 成为行动型支持力量，尚需进一步完善组织方式

新的社会阶层人士具有较强的社会公德意识和文化自信，社会参与意愿较为明确，但真正成为行动型支持力量尚有空间。从个人内部原因上看，主要表现为对个人参与社会治理能力的不确信。从外部环境上看，组织程序繁琐，没有明确的参与渠道，使新的社会阶层人士无法获知参与的意义和价值。对新的社会阶层人士不仅需要社会动员，而且需要在组织化程序和方式上进一步改善。

（二）政策建议

1. 尊重差异，增强认同性和共同体意识，进行浸润式思想引领

新的社会阶层人士总体上呈现出智力密集、专业性强，体制外就业、收入较高，相对分散、工作自由性大，思想活跃、影响力大等鲜明特征。统战工作应尊重差异，要认识到心理上的认同感是行动的动力，拥有稳固的思想根基是建设长效工作机制的基础，统战工作在注重结果的同时，应注重过程，注重长效。浸润式统战工作需要完善组织载体、活动载体和传媒载体，侧重交流和互动，建立示范，更深入地围绕个人与社会发展、国情资政等相关议题开展丰富的活动，把政治融入文化活动和日常生活中，在构建文化共识和社会生活中教育、提升、引领新的社会阶层人士，最终达到润物细无声的效果。

2. 根据新的社会阶层人士不同群体特点，将统战工作分层分类，细化组织管理程序

准确把握新的社会阶层人士的需求，既要懂得“给什么”，也要知道他们“要什么”。实行分类统战，提高工作的实效性。积极引导民营企业和外商投资企业管理技术人员爱国敬业，创新守法，诚信贡献。调动中介组织和社会组织从业人员参与积极性，增强社会责任感。积极引导新媒体从业人员及网络意见人士传播社会正能量，传播健康信息，打造清朗的网络空间。通过社会团体发挥自由职业人员中影响力大的人士的引领性作用。积极探索网络化的工作方法，在思维方式、组织形式、工作方法、话语体系等方面不断创新。

3. 创建工作载体，搭建社会化、多元化的组织平台

目前新的社会阶层内部结构复杂，组织管理方式较为单一。为了适应新的社会阶层人士的特点，有效地开展统战工作，要进一步创新工作方式，创建以需求互助为导向的工作机制。应实行社会化、市场化的多元组织治理模式，发挥群团组织的桥梁纽带作用，构建组织化的协同网络。用好现有组织、创建工作载体，着力打造以新的社会阶层人士联谊组织为牵引、社会组织为主体、自组织为补充的多元组织平台。不仅要充分发挥政协组织、群团组织、行业协会等平台的重要作用，还要有效利用社区、街道、办事处的基础性优势。

第三篇

新的社会阶层与组织化

第一节　新的社会阶层组织化：必然、应然与实然

1978 年改革开放带来我国经济社会发展不断加快，调节社会关系和社会活动体制机制日益健全，社会阶层发生分化，社会阶层结构发生变化，出现了诸如“私营企业主、个体工商户、外企管理技术人员、中介组织和社会组织从业人员、自由职业人员”等新阶层人士。他们或在经济社会快速变革中出现，或由“体制内”向“体制外”流动而产生，或在新兴行业中就业，与我国所有制形式、产业结构、就业方式、社会分工以及治理方式密不可分。中央统战部调研组研究报告显示，我国现有新的社会阶层人士约 7 200 万人，集中分布在新经济组织、新社会组织中，以中青年为主，其中党外人士占比为 95.5%，约 6 900 万人。根据调研统计测算，各群体规模分别为，民营企业和外商投资企业管理技术人员约 4 800 万人，中介组织和社会组织从业人员约 1 400 万人，自由职业人员约 1 100 万人，新媒体从业人员约 1 000 万人。由于各类群体间存在人员交叉现象，因而上述数据直接加总多于 7 200 万人。① 他们普遍具有较高的学历和较为丰富的专业知识技能，有的从事科技成果转化应用和技术创新工作，有的在精神文化产品的生产和传播领域担当使命，是创新基层社会治理、构建和谐社会的重要力量，在推进中国社会主义政治、经济、文化、社会和生态文明建设等方面发挥着重要作用，是促进共同富裕、缩小贫富差距、建设社会主义现代化强国的重要力量。

近年来，学界和理论界对新的社会阶层从政治学、社会学、新闻学视角进行

① 《中共中央统战部：中国新的社会阶层人士约 7 200 万人》，中国新闻网，2017 年 1 月 4 日，http://www.chinanews.com/gn/2017/01-04/8113847.shtml。王海磐：《全国新的社会阶层人士约 7 200 万人》，《光明日报》2017 年 1 月 6 日。

了较多研究探讨。一是梳理了新的社会阶层历史演变过程及其产生的意义。[①]二是研究新的社会阶层这一特定群体所具有的特征。[②] 三是探讨新的社会阶层的兴起对我国经济社会的影响及其发展趋势。[③] 四是对新的社会阶层从政治参与、社会责任等方面作了分众专题性研究。[④] 但综合来看，对新的社会阶层组织化的研究不多，有待进一步深化拓展。目前已有研究主要聚焦于以下几个方面：一是从新的社会阶层结构化入手来分析探寻其组织化的特征。[⑤] 二是从治理创新维度分析探讨我国新社会阶层的组织化。[⑥] 三是剖析新的社会阶层联谊组织如何发挥作用，提出要加强党建引领新的社会阶层组织化，探寻其生成渠道及形成机制。[⑦] 人类社会组织化是必然趋势，加强新的社会阶层组织化的工作体制机制研究以及如何实现他们的身份认同既具有理论性、现实性，更需要从学理性、逻辑性层面作深入探讨。

必须认识到，伴随着改革开放而出现的新的社会阶层最早是作为统战工作领域的一个概念提出来的，而这一概念本身在不断变化中。对这一新出现的阶层的研究不是纯学术意义上的，既要参考国内外阶级阶层的学术方法，更需要从时间维度进行调查研究和挖掘深化，不同时期概念内涵并不完全相同。进入 21

---

① 李强：《社会学视角中的新社会阶层》，《中央社会主义学院学报》2017 年第 4 期。李路路、王薇：《新社会阶层：当代中国社会治理新界面》，《河北学刊》2017 年第 1 期。

② 张海东、杨城晨：《新社会阶层：理论溯源与中国经验》，《福建论坛（人文社会科学版）》2018 年第 11 期。李春玲：《新社会阶层的规模和构成特征——基于体制内外新中产的比较》，《中央社会主义学院学报》2017 年第 4 期。

③ 张卫、王振卯：《我国新的社会阶层发展趋势及政策完善》，《江苏省社会主义学院学报》2012 年第 2 期。张林江：《新的社会阶层兴起及其对当代中国的影响》，《中央社会主义学院学报》2017 年第 4 期。廉思、芦垚、冯丹：《新社会阶层面临的挑战、发展的趋势以及对策思考》，《青年学报》2017 年第 1 期。

④ 中国统一战线理论研究会新的社会阶层人士统战工作理论江苏研究基地：《新社会阶层的政治参与》，华文出版社 2007 年版。中国统一战线理论研究会新的社会阶层人士统战工作理论江苏研究基地：《新社会阶层的社会责任》，江苏人民出版社 2009 年版。卢勇、吴雪燕：《新的社会阶层非制度化政治参与的现实审视及优化路径》，《新疆社会科学》2017 年第 5 期。

⑤ 张海东：《新社会阶层的结构化、组织化及发展趋势》，《江海学刊》2019 年第 5 期。杨卫敏：《新的社会阶层人士自组织统战工作：对“自组织”的“再组织”》，《统一战线学研究》2020 年第 4 期。

⑥ 郭红霞：《治理创新与新的社会阶层组织化建设》，《中央社会主义学院学报》2020 年第 2 期。张彩云：《把新的社会阶层人士“组织起来”的对策研究》，《中央社会主义学院学报》2020 年第 2 期。

⑦ 江苏省委统战部、江苏省社会主义学院、江苏省社会科学院、中国统一战线理论研究会新的社会阶层人士统战工作理论江苏研究基地联合课题组：《新的社会阶层人士组织化研究——基于江苏的实证分析》，《江苏省社会主义学院学报》2020 年第 1 期。吉秀华：《新的社会阶层人士联谊组织建设与发展问题研究：基于政治性—社会性的二维分析》，《中央社会主义学院学报》2020 年第 2 期。费凡：《市场化・原子化・组织化——新的社会阶层的生成渠道、存在状态和发展趋势》，《湖南省社会主义学院学报》2019 年第 6 期。

世纪，社会形势不断发生变化，对阶级阶层问题的认识也不断深入。2001 年，江泽民在庆祝中国共产党成立 80 周年大会上的讲话中正式提出“新的社会阶层”概念。2002 年，党的十六大报告明确提出，“在社会变革中出现的民营科技企业的创业人员和技术人员、受聘于外资企业的管理技术人员、个体户、私营企业主、中介组织的从业人员、自由职业人员等社会阶层，都是中国特色社会主义事业的建设者”，对新的社会阶层人士的类型以及地位作出阐述。2006 年，胡锦涛同志在第 20 次全国统战工作会议上进一步明确了新的社会阶层的具体构成，指出改革开放后出现的新的社会阶层，主要由非公有制经济人士和自由择业的知识分子组成，集中分布在新经济组织、新社会组织之中。2013 年初，习近平总书记在第十二届全国人大第一次会议上的讲话中指出，“一切非公有制经济人士和其他新的社会阶层人士，要发扬劳动创造精神和创业精神，回馈社会，造福人民，做合格的中国特色社会主义事业的建设者”，将非公有制经济人士与其他新的社会阶层人士并列提出。2020 年 12 月，中共中央发布的《中国共产党统一战线工作条例》中提出，新的社会阶层人士主要包括民营企业和外商投资企业管理技术人员、中介组织和社会组织从业人员、自由职业人员、新媒体从业人员等。相对于体制内的各阶层群体，新的社会阶层属于体制外的群体，多处于“无所属状态”。有学者研究认为，目前我国城乡居民在社会组织化方面，程度最高的为国有单位职工，而其他成员在社会领域则普遍处于低组织化和非组织化状态之中。① 那么，新的社会阶层真的处于低组织化或无组织状态吗？另有研究认为，就职业发展、经济层面而言，新的社会阶层人士多是“有组织”的，他们依靠相应组织存在。有的在各类新经济组织中创业，如民企、外企的管理技术人员，中介组织从业人员，新媒体从业人员；有的在新社会组织中发展，如社会组织从业人员。在新的社会阶层中，只有自由职业人员是比较纯粹的个体化的生存方式。相比经济层面的整合，新的社会阶层在政治层面、社会层面上的整合尚十分薄弱，有待加强。②

一、新的社会阶层组织化：必然之选择

当前为什么要将新的社会阶层这一特殊群体组织起来，推进新的社会阶层

① 徐永祥：《社会的再组织化：现阶段社会管理与社会服务的重要课题》，《教学与研究》2008 年第 1 期。

② 郭红霞：《治理创新与新的社会阶层组织化建设》，《中央社会主义学院学报》2020 年第 2 期。

组织化？2015年，习近平总书记在中央统战工作会议上强调："我们党历来有一个好办法，就是组织起来。新形势下，组织起来不仅要注重党政机关、企事业单位、人民团体等，而且要注重各类新经济组织、新社会组织。""组织起来"是我们党开展工作的有效手段，要注重通过各种组织来做好新的社会阶层人士工作。新的社会阶层人士从体制内的"单位人"向体制外的"社会人"转向，一方面处于传统组织之外，束缚少了，使他们感到更具"自由"；但另一方面，他们又希望有组织来关心他们，以实现身份认同、政治参与和社会参与，具有比较强的再组织化愿景。他们建立"社会群"的愿望十分强烈。新的社会阶层人士所具有的社会属性及其所具有的一些个性化特点是能够将其组织起来、实施组织化的重要基础。所谓新的社会阶层组织化，是指通过一定的组织形式将处在体制外、相对分散、流动性较强的阶层群体组织起来，以便更好地发挥他们在经济社会文化等领域中的重要作用。这是维护政治稳定的一种重要方式，是新的社会阶层人士的自愿联盟，其主体是新的社会阶层人士。按功能可分为经济组织、社会组织、文化组织等。需要说明的是，本书中关于"组织化"的界定与"组织起来"的界定是一致的，作为相同内涵概念提出并作为分析依据。

（一）新的社会阶层组织化是巩固共产党执政基础的必然要求

改革开放带来了社会阶层的分化，作为新兴知识分子群体的新的社会阶层，其主流是好的，普遍拥护党和国家的基本路线方针政策，但还要看到他们普遍比较年轻，思想活跃多元，可塑性强，易受西方社会文化思潮影响，将他们组织起来加强思想引领，增进政治认同显得十分紧迫和重要。就网络人士、部分网络"大V"（如李子柒等）而言，他们对社会尤其是年轻一代影响力较大。

随着我国改革不断向纵深发展，团结并协调新的社会阶层群体的利益关系，夯实国家治理的群众基础，具有十分重大的意义。马克斯·韦伯认为，合法性就是人们对享有权威人的地位的承认和对其命令的服从[①]。中国共产党执政地位的确立是历史的选择、人民的选择，而国家治理现代化是中国共产党多年智慧的结晶，坚持党的执政地位不动摇是其核心。当前，将新的社会阶层人士组织起来、实现组织化是尊重、协调不同阶层群体利益，缓解不同群体之间的矛盾，调动一切积极因素，为我国经济社会文化建设提供服务的重要手段及方法。对那些

---

① ［德］马克斯·韦伯著，约翰内斯·温克尔曼整理，《经济与社会》（上卷），林荣远译，商务印书馆1997年版，第333页。

个性化鲜明、流动性较强的新的社会阶层人士，充分了解其特征，采取交友、交心、交流以及合作的方式加以协调，达到引导他们加入组织的目的。通过体谅包容、求同存异、正确引导等手段及方法，对新的社会阶层中价值取向多元的不同群体进行思想引领，缓解不同群体之间的矛盾。而对利益要求不尽相同的新的社会阶层人士，要充分尊重他们对自身利益价值的追求，引导他们采取合理、合法的方式来实现。通过畅通有序参与的渠道，促使社会各阶层正确表达自己的合理诉求，增强新的社会阶层人士的政治认同，实现其参政议政的愿望，使其紧密团结在党的周围，保证政治系统健康稳定发展，巩固党的执政基础，维护社会和谐稳定，进而强化国家治理现代化的群众基础，保证党执政的合法性，不断增强推进国家治理现代化的社会合力。

（二）新的社会阶层人士组织化是提升国家治理效能的必然要求

党的十九届四中全会通过的《中共中央关于坚持和完善中国特色社会主义制度、推进国家治理体系和治理能力现代化若干重大问题的决定》提出，要“建设人人有责、人人尽责、人人享有的社会治理共同体”，这就要求在充分发挥各级党委政府作为国家治理核心组织和主导作用的基础上，凝聚包括新的社会阶层人士在内的各个阶层的精气神，将他们积极融入市场治理、政府治理以及社会治理（尤其是基层社会治理）。有学者提出，作为相对纯粹的“社会人”，新的社会阶层人士思维更加活跃、观念更加多元、人格更加独立、社会参与意识更加强烈，是构建社会治理共同体的重要主体。[①] 新的社会阶层人士主体是知识分子，普遍学历较高，拥有专业知识和技能，大量分布在“两新组织”中，分布面广、身份超脱，把他们组织起来、发挥其智力和技术优势，使其投身于大众创业、万众创新中，对于提升国家治理效能有着十分重要的意义。

中国社会科学院社会学研究所“中国社会状况综合调查”(CSS)结果显示，2008—2019年我国职业阶层结构的一个巨大变化是自由职业者快速发展，从0.1%猛增到5.6%。[②] 互联网的快速发展带来我国就业形式的多样化，产生了一批新兴工作形态，如网络直播、网上带货、网约车、短视频制作等工作岗位。他们与过去那些“自我雇佣的脑力和体力劳动者，无劳动雇佣单位，独立从业的作家、

① 潘岳：《新的社会阶层人士是建构社会治理共同体的重要力量》，中央社会主义学院网站，https://www.zysy.org.cn/article/3w4sJSQV0e4。

② 李培林、崔岩：《我国2008—2019年间社会阶层结构的变化及其经济社会影响》，《江苏社会科学》2020年第4期。

艺术家、画家、会计等”传统的“自由职业者”们一起成为参与市场治理、激发现代化经济体系活力的重要力量。互联网的蓬勃发展使得自由职业者以“新型零工”形式就业成为现实，与互联网耦合成为重要就业形态。他们中的大多数是新的社会阶层人士，他们对在新形势下扩大就业、增强市场活力具有积极的意义，是建设社会主义市场经济的一支重要生力军。新的社会阶层人士中的社会组织从业人员，他们的服务范围较广，既关注社会公平和社会福利问题，也涉及社区发展和个案救助问题，还投入各级公益创投项目和公益孵化平台，通过在各领域、各地区、各行业开展精准精细的专业服务，为提升社会治理整体效能提供专业性保障。

（三）新的社会阶层人士组织化是维护意识形态安全的必然要求

新的社会阶层人士多为“85 后”“90 后”“95 后”年轻人，具有社会交往的单一性，在社会交往过程中网络化特点突出，易成立各种“自组织”，形成众多“小圈子”及小众文化。现在社会上出现的各种微信群、粉丝群、“公知”、“大 V”等都有他们的痕迹，社会影响力较大。当前产生的各种社会思潮呈现多元复杂、观点交织等新特性，在此背景下，新的社会阶层人士的意识形态正在经历海量信息的淘洗和冲击，并在交流传播中产生重构。一旦他们对我国的政治制度和意识形态存在偏见、产生消极情绪，就难以把握正确的发展方向，政府也无法持续获得社会的正向反馈和支持。他们中的很多专业人才、年轻人才是新时代创新创业的“生力军”，其自身及所在企业或社会组织的发展前景很大程度上取决于其价值导向是否正确。因此，将他们组织起来，推动新的社会阶层人士组织化，通过有力的思想意识形态加以引导，主动性干预、习惯性引领，能够促进新的社会阶层人士创新创业步入正轨，帮助他们尽快在意识形态领域建立起全面、辩证、客观的思维习惯，促使他们在理性思考和系统分析中科学辨别制度的优劣，充分认识到自己所肩负的历史责任和使命。

二、新的社会阶层组织化：应然之路径

英国社会学家安东尼·吉登斯在其著作《社会学》中写道，“组织是以一种跨越时空的、稳定的方式把人类的活动或他们所生产的物品协调在一起的一种手段”[①]。我国学者提出，“大量体制外就业人员的出现，是一个从‘有组织’向‘非

① ［英］安东尼·吉登斯：《社会学》（第四版），赵旭东等译，北京大学出版社 2003 年版，第 439 页。

组织化'转变的过程，而'自组织'和随之而来的'再组织'也成为一种应运而生的需求势在必行"①。将新的社会阶层人士组织起来，推动实施新的社会阶层组织化的根本目的就是实现政治整合、社会整合两大基本功能，调动包括党的资源、政府资源以及社会资源等可用资源，建立起新的社会阶层对接体制的组织载体、体系和格局。通过相应的组织和载体，将分散的、处于"原子化"状态的新的社会阶层人士团结凝聚、有效吸纳到政治体系和社会体系中，充分发挥其积极作用，进一步巩固共产党的执政基础，不断推进中国特色社会主义事业发展。

我国发展现实表明，各地将新的社会阶层人士组织起来，推动实施新的社会阶层组织化多处于相同的制度环境，其建立主要有三条途径，即国家层面（党委政府）、社会层面和人际网络层面。通过这三条途径来搭建新的社会阶层人士参政议政平台，引领他们为国家政治民主化、经济社会文化发展、技术强国尽心尽力，履行社会责任，促进新的社会阶层人士健康成长。

（一）依靠党委、政府部门由上及下推动组织建立而实现组织化

20世纪八九十年代，政府各级行政主管部门推动了各级各类行业协会、商会的成立，这可以理解为"国家创建商会"，体现了一种"国家组织社会"的状态。2013年，党的十八届三中全会通过的《中共中央关于全面深化改革若干重大问题的决定》指出，"重点培育和优先发展行业协会商会类、科技类、公益慈善类、城乡社区服务类社会组织，成立时直接依法申请登记"，按照国家有关要求，行业协会、商会与政府行政主管部门脱钩日渐强化，但是对"区域性商会""青年商会"这两类经济性社团的推动仍然是一项重点内容。区域性商会主要在区、街道、乡镇一级存在，有的地方逐渐向基层延伸，出现了新的形式，如"楼宇商会""社区商会"。各地团委则推动成立"青年商会"，包括"青年企业家联谊会"的成立。以北京青年商会为例，它是2010年6月由北京团市委发起成立的服务在京青年企业家的非营利性社团组织，是由青年企业家、经营管理者以及工商界中具有代表性的青年人士等自愿组成的非营利性社会组织，经北京市民政局核准注册，具有独立法人资格。该会现有会员千余名，学历层次较高，本科以上学历达89%，硕士以上占56%；科技含量高，12%的企业拥有专利技术；企业经济总量达9 783.53万元，经济实力雄厚，每年为国家创造税收

① 张海东：《新社会阶层的结构化、组织化及发展趋势》，《江海学刊》2019年第5期。

11.74亿元。成立以来，商会以凝聚青年人才、服务首都经济建设、服务青年发展为导向，积极践行“成长与责任”理念，努力从打造精神家园、搭建事业发展平台和承担社会责任三个方面，通过“政府直通车”“营销联盟”“产学联盟”“公益联盟”“人文关怀”等公益项目，加强政府与企业、企业与社会、企业与个人的沟通和联系，带领广大会员为“人文北京、科技北京、绿色北京”和世界城市建设积极贡献力量。① 调研可知，江苏省委统战部联合多部门、多个设区市成立“江苏省新的社会阶层人士长江生态文明保护志愿服务联盟”，发起“共抓大保护，我是行动者”倡议，形成较大的社会影响力。

（二）依靠社会力量由下及上推动组织建立而实现组织化

研究表明，根据社会阶层分布情况，新的社会阶层大多位于社会中间阶层，受当前“体制壁垒”因素的制约，虽然体制内向体制外流动的渠道相对开放和畅通，约占15.5%，但从体制外流向体制内的渠道却是十分有限的，仅占6.2%②。随着改革开放的深入以及经济社会的发展，原有单位体制下所具有的集体意识、组织功能日渐式微，新的社会阶层人士“游离于社会组织、社会支持和社会福利体系之外”，组织化程度不高。他们自主独立性较强、思想观念多元，单向流动性较强，尽管在纵向和横向分布上存在扁平化和离散性的特点，但建立“社会群”的愿望十分强烈，这为数量庞大的新阶层人士依靠社会力量由下及上推动组织建立而实现组织化提供了厚实的根基和土壤。

我国各地区相继成立“新的社会阶层人士联谊（合）会”“自由作家联盟”“新媒体从业人员联谊会”等，实现了省、市、县（市、区）三级新的社会阶层人士联谊组织全覆盖，并采取“1+N”的组织形式，逐级分层次建立了以不同阶层群体为主要对象的联谊会分会组织。同时积极推进各类园区、楼宇、商务区的社区联谊组织建设，组织内成员之间的联系主要有日常的联谊活动、节日聚会、慈善活动、团体旅游、培训等。除了这些通常的联系外，一些联谊性组织逐渐发挥新的社会阶层人士所具有的专业性作用。比如，无锡江阴市新的社会阶层人士以“书”为媒介，通过组织开展一系列公益活动及培训交流等形式，成立“香山书屋”这一社会组织平台，将全市新的社会阶层人士组织起来，为建设和谐江阴作出贡献。目

① 北京青年商会，客商网，http://www.comcoc.com.cn/credit/bigDATA/2018-07-19/147.html。

② 张海东、杜平：《新社会阶层的生成机制及其再组织化问题》，《中央社会主义学院学报》2017年第4期。

前，该平台志愿者人数已超过 1.2 万人，开展志愿活动达 1.4 万余次，服务时长超过 18 万小时，成为城市文明的传播者、推动者。① 苏州市新媒体从业人员自发成立了“苏州市新媒体联合会”，这是江苏省首家新媒体全要素领域的联合型枢纽社会组织。它涵盖了 60 多家新媒体单位，通过加强新媒体运营者之间的沟通、交流，推动新媒体与传统行业融合发展，成为打造全苏州新媒体宣传的主阵地。创建于 2003 年的杭州市下城区“公羊会”是经民政部门登记注册的公益性社会组织，目前有正式注册登记会员 5 000 多人，仅杭州地区就有会员近 2 000 人，超 80%为新的社会阶层人士。2017 年 2 月，“公羊会”被确定为全国第一批实践创新基地重点项目，全国第一个枢纽型社会组织民主党派基层组织——公羊会民盟支部得以成立。② 南京市建邺区在 2017 年 8 月发起成立“新的社会阶层人士联合会”。以区级联合会为核心，建立了民营和外资企业管理技术人员分会、中介组织分会、社会组织分会、新媒体分会、自由职业人员分会等 5 个区级分会和社邺盟、艺邺盟、媒邺盟、融邺盟等 8 个盟协同发展。在此基础上，将组织架构向基层街道社区延伸，在兴隆街道成立了“社会组织联合体”，探索区域性社会组织管理与服务经验。由嘉定、温州、昆山、太仓四地新的社会阶层人士联谊会于 2019 年 10 月发起建立的“长三角新友汇”这一跨区域的联谊组织，直接推动四地统战部门签署新阶层统战工作区域合作备忘录，是由下及上推动组织建立而实现组织化的典型案例。

（三）依靠人际网络实现组织化，多表现为“自组织”

从整体来看，在众多新的社会阶层人士中，参与非正式的自组织和没有参与任何组织的新的社会阶层人士占整个群体的绝大多数。其中依靠人际网络资源中的乡缘来达到团结、组织新的社会阶层人士目的的占多数；一些自组织是依靠人际网络资源中的业缘网络、兴趣爱好结成的趣缘等；也有的是为了获取政治行政资源和市场经济资源；还有的则是碍于“熟人”面子而加入一些自组织。他们“抱团”发展的目的主要在于一旦碰到诸如创业贷款、医疗、矛盾纠纷、慈善等问题时能够顺利解决。例如，2018 年南京市建邺区 500 多名新的社会阶层人士中

① 江苏省委统战部、江苏省社会主义学院、江苏省社会科学院、中国统一战线理论研究会新的社会阶层人士统战工作理论江苏研究基地联合课题组：《新的社会阶层人士组织化研究——基于江苏的实证分析》，《江苏省社会主义学院学报》2020 年第 1 期。

② 中共杭州市委统战部：《新的社会阶层人士统战工作“杭州现象”研究会议交流材料》，2018 年，第 12-14、15 页。

的跑步爱好者，依托“趣缘”自发成立了“江豚湾湾酷跑俱乐部”这一公益性自组织，坚持“投身公益，为爱奔跑”，提升了成员的归属感和存在感。建邺区委统战部将自组织作为新的关注点和发力点，坚持“不求所有，但求所用”的原则，借力发力，将其打造成为新的社会阶层人士组织化的新平台。杭州市玉皇山南基金小镇拥有国内外专业金融人才 4 000 多人，他们依据业缘网络，成立了职业经理人联谊会、驴友等自组织，建立起总规模达 10 亿元的“众创基金”来为小微民营企业发展服务，激发他们创业创新热情，为企业引智引资提供帮助，以解决小微民营企业普遍存在的融资难和融资贵问题。① 近几年，各地相继成立的“车友会”，原本是某品牌车辆爱好者们因兴趣爱好相同而自发成立的自组织，功能相对单一，但调研发现，不单是“车友会”，“同好会”一类的组织往往在基于兴趣和爱好组织相关活动之外，还开始关注社会，参与到公共事务之中，组织开展环保、助老、帮幼等活动，有的同好组织在重要时点集中为考生提供免费接送等服务，活动的频次呈现出不断增加的趋势。②

依靠人际网络成立各类网络自组织，实现组织化已成为当下新的社会阶层人士群体中新媒体从业人员、部分自由择业人员的主要组织形式，多表现为网站论坛、贴吧、微信群、QQ 群、微博粉丝团、钉钉群等。网络自组织主要包括线下自组织、线上自组织和线上线下交互的自组织，而网络论坛、吧群、粉丝团一类的自组织成员对参与线下活动的热情超过线上活动。郑州“中原网络达人联谊会”是一个具有联谊性、民间性、公益性的网络社会组织，系由微博、微信、论坛、资讯网站等网络媒体中的代表人士自愿发起成立，有会员 1 000 多人，骨干会员 295 人，其中优秀网络人士 60 多人。该联谊会成立的目的在于凝聚全社会共识，建立起网络达人矩阵，营造富有正能量的网络氛围。线下与线上共同发力，积极挖掘网络人士等统战对象的潜力，与网络人士相对集中的单位、行业协会、社团等联合开展培训，帮助他们了解相关政策，通过现场教学、情景感受等方式，促进过去的“单向灌输”向“双向互动”转变。目前，已开通线上“众益青年”官方微信公众号，为网络人士搭建了一个学习交流平台，全年浏览量超过 10 多万人次；创建“同心乐苑”微信群、QQ 群等，强化互联互动，帮助网络人士提升政治素养，引导他们关注社会、履行社会责任、有序

① 杨卫敏：《新的社会阶层人士自组织统战工作：对“自组织”的“再组织”》，《统一战线学研究》2020 年第 4 期。

② 参见张海东：《新社会阶层的结构化、组织化及发展趋势》，《江海学刊》2019 年第 5 期。

政治参与;积极主动研发"中原 e+"数据档案管理系统,为网络人士在线学习交流提供便利。[①] 有调查表明,浙江省台州市 65.3%的网友选择"会积极参与网友组织的各种线下交流和联谊活动";一些网络自组织的领军人物对出面组织线下活动的热情更高,占 74.7%。不可否认,就对新的社会阶层人士思想和价值取向的沟通交流、相互影响方面而言,网络自组织比实体的自组织更直接、即时和有效。[②]

三、新的社会阶层组织化的实然结果:面临的困境和现实挑战

随着越来越多社会成员成为"自己决定自己命运"的社会人,社会结构中阶层结构的复杂性和异质性日益明显,当前新的社会阶层人士组织化进程中也面临多重挑战及制度性障碍。

(一)新的社会阶层人士群体特征日渐复杂,不同组织之间水平存在的差异性亟须推进组织化的系统集成

无论是"自组织"还是"他组织",发展的差异性都是十分明显的。有的活跃,凝聚力强;有的则松散,处于瘫痪或"僵尸"状态。新的社会阶层人士具有的独特的群体特征、其组织化过程中所形成的圈层区隔与其组织化之间形成了互相牵连、影响的结构张力。不同类型组织之间发展不平衡,党派组织和群团组织在政治地位、社会影响、活动经费等方面明显优于其他社会组织和自组织,这种不平衡状况导致组织平台之间缺乏合作的主观意愿与客观基础。如何形成"纵横交织、互联互动、和谐共生"的组织化网络,提升组织化的系统性,如何把握不同组织之间水平存在的差异性并加以科学统筹整合,是新的社会阶层人士组织化面临的重要挑战。

2019 年中央统战部新的社会阶层江苏研究基地开展了"新的社会阶层人士组织化的内在逻辑与实现路径研究"[③],对新的社会阶层人士联谊组织发展面临

---

① 张卫、后梦婷、张春龙:《新的社会阶层人士网络行为特征及统战工作方式研究》,《江海学刊》2019 年第 2 期。

② 参见杨卫敏:《新的社会阶层人士自组织统战工作:对"自组织"的"再组织"》,《统一战线学研究》2020 年第 4 期。

③ 2019 年中央统战部新的社会阶层江苏研究基地开展"新的社会阶层人士组织化的内在逻辑与实现路径研究",课题组在江苏发放调查问卷 1 000 份,回收有效问卷 897 份,有效回收率为 89.7%。

的问题等作了问卷调查，排在第一位的是“活动经费不足”，占 20.2％。现实发展中，各类联谊性组织活动经费的来源渠道较为单一，多依靠组织负责人捐助或会员众筹，而政府部门支持或企业赞助的比例不高，导致成员积极性不高，组织活动难以开展。排在第二位的是“缺少固定活动场所”，占 15.9％。联谊组织的活动场所多为“临时借用”或者“租用”。排在第三位的是“组织成员数量有限，人员不固定”，占 13.9％。其他存在的问题有“活动数量比较少，形式单一”(12.9％)、“主管部门支持力度不够”(8.6％)、“注册登记难，缺少合法身份”(7.8％)、“缺乏信息交流与培训机会”(7.2％)、“领导者能力有限”(6.9％)、“功能定位不清晰”(6.6％)。

（二）新的社会阶层人士组织化处于成长期且存在国家资源依赖，需要加强组织化的科学引导

2019 年“组织化研究”课题组对“新联会是否有必要接受统战部门的管理引导”的调查结论表明，目前，新的社会阶层人士成立的各类联谊组织在成员发展、经费保障、开展活动等方面过度依靠统战部门的强力推动与辅助，形成国家资源依附，导致他们对党委（尤其是统战）部门产生较强的依赖倾向，存在“服从”的心态，而自主开展活动、发挥自身作用的主观能动性、活跃度欠缺。21.6％的被调查者认为新联会“完全有必要”接受统战部门的管理引导，45.8％的被调查者认为“有必要”接受统战部门的指导和帮助，两者相加达到67.4％，但他们同时希望“不要管得太多”。认为“不太必要”的占11.3％，认为“没有必要”接受管理引导的占 7.8％。在课题组成员与访谈对象交流时，有的访谈对象存在戒备心理，担心“与统战部门走得太近，会被收编”，现实中他们与党委、统战部门有意识地保持着距离。新时代如何处理好统战部门主导性与推动新的社会阶层人士组织化过程中各种组织独立性的关系，是当下加强组织化科学引导所面临的挑战。

（三）在已建立的组织平台基础上，亟须强化组织化的核心凝聚力

作为建设人人有责、人人尽责、人人享有的社会治理共同体过程中重要的治理主体之一，新的社会阶层人士全方位的参与意识以及批判意识不断增强，通过已有的组织平台进行公共利益诉求的愿望强烈，对党的执政效能及各类社会公共事务体现出较多的公共关怀，社会责任意识强烈。当然，他们中也有部分人过于强调个人利益，热衷于在各种自组织、他组织或网络平台上表达诉求，参与公

共事务评论，而参与公共服务、承担社会责任的主动性显得不足。可以说，建立新的社会阶层人士参与的组织和平台相对是容易的，而以组织化增强吸引力和内聚力较难。这给新的社会阶层人士组织化过程中强化思想引领和凝聚共识带来了一定的压力。

2019 年新社会阶层研究基地调研数据表明，大多数新的社会阶层人士对加入各类组织具有较明确的动机，选择“助推经济社会发展”的排在第一位，占 18.9%；排在第二位的是“提升自己的能力”，占 17.9%；其他依次是“参与慈善公益”(17.1%)、“维护社会公平正义”(11.8%)、“获取更大利益”(10.3%)、“提升参政议政能力”(8.1%)、“扩大社会交往空间”(7.9%)、“得到政治安排”(5.8%)等。他们更多聚焦在个人发展和社会参与上，有着明显的亲社会倾向，参与各类“自组织”“他组织”的动机和诉求表达日益多元。

（四）“盘活存量”与“扩大增量”的矛盾仍然存在，需要推进组织化的量质同步提升

在推进新的社会阶层人士组织化的进程中，如何通过统一战线的方式促进各类社会组织健康发展、活力提升和价值体现，是当前重要课题之一。一般来说，社会组织数量的多寡影响到整个社会的活力，也会进一步影响到个体的参与行为和参与能力，因此，建立更多高质量的社会组织，能够激活整个社会的活力，提高社会参与的效能。以江苏社会组织为例，截至 2019 年底，江苏全省共有社会组织 9.7 万个，每万人拥有社会组织数量约为 12.02 个，低于发达国家每万人拥有社会组织数量超过 50 个的平均水平。

对 2019 年问卷调查中“加入社会组织的类型”作了分析，主要结论是，第一，所加入的组织类型单一化。主要以兴趣爱好类(26.5%)和公益慈善类(23.8%)居多，志愿服务类、联谊交友类、生活互助类分别占 19.7%、13.3%、9.3%，而权益维护类仅占 7.4%，比例较低。第二，所加入的组织自身功能单一化。新的社会阶层人士加入社会组织主要是为了满足个人爱好或参与志愿服务，开展活动的形式多有雷同，主要有健康讲座、捐款捐物、帮老扶幼等，而涉及社会调查、心理疏导、精准脱贫、产业发展和维权方面的活动较少，影响力不强，辐射面不广，质量增长不明显，反映新的社会阶层组织化实然结果的规模、活跃度以及凝聚力这三个衡量指标有待强化。

四、结论与讨论

党的十八大以来，将新的社会阶层人士组织起来，推动实施新的社会阶层组织化从依赖行业协会、商会等社会团体的1.0阶段进入营造制度环境，自下而上、覆盖全面地成立具有群体特色、分类型的新的社会阶层人士联谊组织以及众多"自组织""他组织"，打造符合新的社会阶层群体特征的创新实践基地的2.0阶段，再进入建立友好组织团体关系，促进跨区域性联谊组织，推动不同区域统战部门加强区域合作的3.0阶段。未来，应将工作重点从怎样引导转移到怎样更有效地引导，实现新的社会阶层人士从"组织起来"到"组织化"参与国家治理的飞跃，应对已有工作载体、平台、手段进行重新整合和不断升级，采用更有效的方法来提高新的社会阶层人士组织化效率，促进他们更好地在国家治理现代化进程中发挥作用。推动打造新时代新的社会阶层人士组织化的升级版，是关系国家治理体系和治理能力现代化的时代课题，更是重大实践课题，统一战线必须动员全社会力量和资源，在现行工作基础上对平台、载体及方式等进行重新整合和不断升级，最大限度地提高组织化的效能，从根本上实现社会阶层关系和谐，为实现中华民族伟大复兴发挥出更大的作用。

2020年8月，习近平总书记在主持召开的经济社会领域专家座谈会上指出："我国社会结构正在发生深刻变化，互联网深刻改变人类交往方式，社会观念、社会心理、社会行为发生深刻变化。"我国进入新发展阶段，推进新的社会阶层人士组织化，必须充分考虑到诸如利益诉求、生活保障、事业发展等方面的内在要求，发挥多元组织平台的作用，给予新的社会阶层人士更多的服务引导及支持，增强他们加入组织的归属感、荣誉感、成就感；必须构建网络化、扁平化、充满活力、功能齐全的社会组织网络，打造密度高、覆盖面广的体现新的社会阶层人士群体特点的组织化平台；必须强化新的社会阶层人士融入社会治理的主体意识，建立线上线下协同、横向纵向交错的组织化网络，同心奋进，为推进国家治理现代化打下坚实的社会根基。

值得进一步讨论思考的问题如下：一是制度因素往往是影响组织化的关键因素，推进新的社会阶层人士组织化发展亦如此。如何加强其组织化的定量研究，以制度环境（包括宏观制度环境、微观制度环境及制度执行环境）为自变量，以新的社会阶层人士组织化发展程度为因变量，探析组织化发展过程中存在的制度困境及解困之策。二是推进新的社会阶层人士组织化过程中如何进一步巩固党组织的核心地位，凸显组织化的政治引领作用。三是推进新的社会阶层人士组织化过程中如何做到政策协调、资源整合，发挥群团组织的桥梁纽带作用，构建组织化协同网络。四是推进新的社会阶层人士组织化过程中如何建立健全各类平台载体，依托统战大数据云平台，打造组织化网络空间，实现新的社会阶层人士能力提升。

第二节　江苏新的社会阶层人士统战工作组织化研究

习近平总书记指出，我们党历来有一个好办法，就是组织起来。新的社会阶层人士主要在党外、体制外，组织化程度比较低，普遍具有“社会人”特征。做好新的社会阶层人士统战工作，首先要解决好组织化问题，即“用什么方式把新的社会阶层人士更有效地团结在党的周围，为民族复兴共同奋斗”。这既是新时代统一战线扩大覆盖面，增强包容性，画出最大同心圆的应有之意，也是“做好新的社会阶层人士工作，发挥他们在中国特色社会主义事业中的重要作用”的必然要求。

从工作实践层面来看，新的社会阶层人士统战工作组织化还处于起步阶段，面临的最大问题是缺乏有效的平台载体，加之现有统战性组织的吸纳力、影响力和活动力有限，难以充分发挥统一战线的团结联合功能，致使大量新的社会阶层人士仍然处于低组织化状态。课题组紧紧围绕“要想办法把新的社会阶层人士‘组织起来’”的新任务，从概念界定入手，对江苏新的社会阶层人士统战工作组织化的发展现状、面临问题等进行实证研究，探索将新的社会阶层人士有序、有效组织起来的可行性路径。

为了能够全面掌握江苏省新的社会阶层人士统战工作组织化的真实状况，课题组主要采用调查问卷与实地访谈相结合的方式进行研究。一方面，结合江苏省“一地一类人员”创新试点工作，通过定额随机抽样的方式，分别对六类群体发放调查问卷，通过类群差异比较，分析新的社会阶层人士对统战性组织的群体偏好、参与动机与行为选择等特征。共计发放问卷 1 100 份，回收 926 份(其中，有效问卷 897 份，无效问卷 29 份)，有效回收率为 81.5%。另一方面，依托实践创新基地，分别在南京、无锡和徐州三市各选择1～2个典型的统战性组织进行实地调研，对主要负责人进行一对一半结构式访谈，通过“解剖麻雀”的方式，深入了解其组织架构、运行机制、发展目标以及活动开展等情况，获取第一手资料。

一、基本内涵

通过组织化的视角来认识和理解新的社会阶层人士统战工作，不仅可以获得改革开放以来中国社会阶层结构分化的真实社会图景，而且可以极大地帮助我们解释参与者的行为，加强对做好这项工作重要性的认知。

从统一战线的角度来看，新的社会阶层人士统战工作组织化是指充分发挥各种统战性组织的功能和优势，将处于体制外、以“原子化”状态存在的新的社会阶层人士重新组织、整合起来，使其从组织无序、效率低下到组织有序、作用充分发挥的过程。这一过程与互动、秩序、制度等概念相联系，契合了当下中国社会阶层结构分层分化分散的现实，有助于在尊重新的利益群体多样性的前提下，实现统一共识、凝聚力量的统战目的。具体来讲，新的社会阶层人士统战工作组织化具有四重内涵。

（一）新的社会阶层人士统战工作组织化是多元利益整合过程

与改革开放之前高度组织化的“单位人”不同，新的社会阶层人士大都游离于组织之外，如同“口袋内一个个马铃薯”般存在，利益诉求多元而且琐碎，难以形成利益共同体。新的社会阶层人士统战工作组织化就是通过发挥统战性组织平台“凝聚力量，团结弱势”的优势，将分散的、碎片化的个体利益整合成集体利益，从而产生“1+1>2”的聚合效应。同时，通过制度化渠道，将社情民意输入政策制定过程，为政府决策提供参考和依据，以实施更有效的公共行动和在更大范围内实现公共利益的最大化。

（二）新的社会阶层人士统战工作组织化是社会秩序生成过程

改革开放以后，由党委和政府包揽一切、高度行政化的社会管理模式已经无法应对多元主体间的价值冲突和公共服务需求多样化问题，社会治理面临失能、失序的风险。新的社会阶层人士统战工作组织化就是通过寻找一些政府和行政之外的组织化形式和途径，将大量体制外的社会成员重新纳入社会治理体系，构建一种与现代社会相适应的、多元主体共建共治共享的社会治理新格局。这样既可弥补政府在公共产品和公共服务供给中的不足，更好地满足新的社会阶层人士日趋多样化、差别化和个性化的公共需求，又可以在政府与社会的良性互动中，预防化解社会矛盾，缓解政府与民众之间的张力，最终实现良政善治。

（三）新的社会阶层人士统战工作组织化是扩大政治参与过程

政治参与不仅是公民各自表达政治态度的需要，也是政治体系得以有效运作的重要支撑条件。新的社会阶层人士组织化程度比较低，政治参与渠道较少，导致他们在政治参与过程中面临“乌合之众”的情绪化问题和“集体行动”的困境。新的社会阶层人士统战工作组织化就是通过各类统战性组织，为他们参与政治生活提供制度化渠道，引导他们以组织的形式有序参与到民主政治建设之中，推动协商民主广泛、多层、制度化发展，真正实现最广大人民当家作主的政治目标。

（四）新的社会阶层人士统战工作组织化是增强党的执政合法性过程

中国社会发展正处于关键转型期，利益群体趋于多元化、复杂化，中国共产党面临的执政难度和风险加大，能否巩固阶级基础，扩大群众基础，将直接关系到党的前途命运。新的社会阶层人士作为新兴知识分子群体，在根本利益上与工人、农民、体制内的知识分子是一致的，是党的阶级基础和群众基础的重要组成部分，是党长期执政必须团结和依靠的重要力量。新的社会阶层人士统战工作组织化就是要充分发挥统一战线大团结大联合的功能优势，凝心聚力，最大限度地把包括新的社会阶层人士在内的社会各阶级、各阶层和各方面的人士团结在党的周围，巩固共同思想政治基础，解决人心向背、力量对比这一“最大的政治”。

二、江苏实践

为切实把新的社会阶层人士“组织起来”，江苏省坚持高点布局，高位推进，高效落实，创造性地提出一些组织化新模式，打造了一批各具特色的组织化新平台，基本形成了“密织网、广覆盖、活动多、作用强”的组织化新格局。全省新的社会阶层人士统战工作由探索创新阶段进入整体推进阶段。

（一）定位高，把“组织起来”作为新的社会阶层人士统战工作的主要任务

针对全省新的社会阶层人士数量众多、成长性强，呈现聚团式发展的实际情况，提高政治站位，把新的社会阶层人士统战工作组织化放在首要位置。一是以落实主体责任为抓手，加强党的领导。新的社会阶层人士统战工作政治性、敏感性强，也是社会普遍关注的热点问题，只有加强党的领导，才能确保“组织起来”的方向和效能。实践证明，江苏新的社会阶层人士统战工作能够在短时间内自上而下、由点到面迅速推进，关键在于把这项工作纳入“大党建”范畴，发挥党组织主体作用和政治核心作用，实现把新的社会阶层人士有序有效组织起来的目的。二是以联席会议制度为纽带，加强统筹协调。新的社会阶层人士量大面广、结构复杂，单纯依靠统战部门既做不到，也做不好。2017 年 5 月，江苏省委正式建立由党委领导，统战部牵头，21 个党政有关部门和社会有关团体参与的联席会议制度，明确“工作有分工，统战不分家”，实现力量整合和资源优化，形成工作合力。三是以机构改革为契机，加强工作力量。按照中央会议精神和文件要求，江苏省成立“新的社会阶层人士工作处”（六处），具体负责全省新的社会阶层人士统战工作。各地市利用统战机关进行体制调整的时机，打破人员编制的局限，加大工作力量配备，明确了从事新的社会阶层人士统战工作的专（兼）职人员。

（二）渠道多，形成统战性组织平台多轨并行发展态势

按照中央“用好现有组织、创建工作载体”的要求，着力打造“纵横为网，联合联动”的多元组织平台体系。一是党派组织对新的社会阶层中“政治素质好、有一定代表性”的中高级知识分子的政治吸纳，经历了由“个别发展”到“少量发展”的“有序、适度发展”过程，新的社会阶层代表人士在各民主党派中的占比稳步提升。2017 年，仅江苏九三学社就从新的社会阶层人士中发展新社员 75 人。二是通过群团组织改革，加大对新的社会阶层人士的政治安排力度，新的社会阶层人士在各级人大代表、政协委员中的比例以及担任各类群团组织领导职务的数量都在不断增长。目前，江苏省新的社会阶层人士中，有全国人大代表 2 名，全国政协委员 1 名；省级人大代表 31 名，省级政协委员 35 名。三是以新的社会阶层人士为主体的联谊性组织纷纷成立。截至 2018 年底，江苏省从省到市再到县（区、市）三级地方机构全部成立了新的社会阶层人士联谊会。有的县区还继续向下延伸，在街道、园区、社区等基层单位成立联谊组织。四是社会组织数量持

续快速增长。社会组织来自民间、植根于社会，具有广泛的代表性、包容性和灵活性，是新的社会阶层人士的天然“集聚地”。江苏省现有各类社会组织 8.5 万多个，无论总数还是人均数量都居全国前列，这是新的社会阶层人士统战工作组织化的独特优势。五是自组织成为新的关注点和发力点。2018 年，南京市建邺区新的社会阶层人士中的跑步爱好者自发成立“江豚湾湾酷跑俱乐部”，坚持“投身公益，为爱奔跑”，成为统战工作新名片。

（三）覆盖广，基本实现重点区域重点对象全覆盖

在江苏省委与地方政府联合发力、共同推动下，各地根据自身的资源禀赋和统战优势，坚持区域性与行业性相结合、代表性与广泛性相结合，构建多层次、立体化、广覆盖的统战组织网络。一是实践创新基地全覆盖。实践证明，实践创新基地是推进新的社会阶层人士统战工作的“主阵地”，也是将他们吸引过来、组织起来的强大“磁力场”。江苏省委明确将“建设新的社会阶层人士统战工作实践创新基地工作”列为全面深化改革的重要内容。截至 2019 年 6 月底，全省已建立 13 个国家级实践创新基地，28 个省级实践创新基地，103 个市级实践创新基地，366 个县(市、区)级实践创新基地。二是重点区域全覆盖。从空间分布来看，新的社会阶层人士主要集聚在产业园区、商务/商业区等城市核心地带。江苏各地根据这一特征，集中推进园区、街道、“两新组织”以及楼宇等区域统战工作。比如，南京市依托中山路国际名品街区，打造统战品牌“新领空间”，把商圈内约 7 万名新的社会阶层人士联系起来。三是重点对象全覆盖。拓宽选人用人视野，有针对性地向新的社会阶层人士集中的城市和重要领域聚焦，向职业经理人、律师、社会组织负责人、自由撰稿人、新媒体企业出资人、网络“大 V”等重点群体聚焦，向有品行、有能力的青年人才聚焦，利用大数据优势，对重点对象建档立卡、动态跟踪。目前，江苏省委统战部已经初步建立了 860 人的省级新的社会阶层代表人士人物库。

（四）作用强，新的社会阶层人士“组织起来”作用力彰显

“能用众力，则无敌于天下；能用众智，则无畏于圣人。”发挥作用、担当责任是新的社会阶层人士统战工作组织化的出发点和落脚点。一是发挥优势，助推经济发展。新的社会阶层大多是知识分子，具有专业特长和较高的管理技能，既是一个人才“大矿”，也是一个智力“富矿”。江苏各地坚持聚人为先、用人为本，把新的社会阶层人士统战工作组织化与地区经济发展相结合、与行业企业发展

相结合、与个人创业创新相结合，根据不同群体特长优势，搭建发挥作用的平台，有针对性地组织他们围绕市场竞争力的核心关键、经济发展面临的问题、创新驱动发展等重大问题进行调研，建言献策。比如，徐州市挑选知名律师、税务师等中介组织从业人员成立“徐州民营企业科学发展专家顾问团”，为本地企业融资上市提供一站式服务。无锡市打造“桃缘新联盟”，组织民营企业技术人员为乡村振兴助力。二是参与公益，服务社会民生。引导新的社会阶层人士富而思源，富而思进，通过组织参与志愿服务、慈善救助等社会公益活动，激发他们在助老爱幼、扶贫帮困、救危化急等方面的巨大能量。比如，无锡江阴市依托“香山书屋”这一社会组织，以“书”为媒介，成立 60 多支新的社会阶层人士志愿者团队，开展志愿活动 1.4 万余次，成为城市文明的传播者。三是化解矛盾，维护和谐稳定。作为社会治理主体，新的社会阶层人士对于调节利益冲突、化解社会矛盾、维护社会和谐稳定具有不可替代的作用。特别是以律师为代表的社会组织从业人员，以其独立性、专业化、低成本等优势成为调解社会矛盾的“金钥匙”。比如，镇江把律师群体引入信访工作，组建成立“同心基地·党外律师信访工作室”，接待信访群众，进行法律援助，将大量矛盾纠纷化解在萌芽状态。四是正向发声，维护网络安全。习近平总书记多次强调，过不了互联网这一关，就过不了长期执政这一关。新的社会阶层人士，特别是新媒体从业人员、网络作家、网络“大 V”等群体与互联网关联性强、网络话语权和影响力大，理应成为统战工作重点关注的对象和维护网络安全的重要力量。2018 年 1 月，苏州市将全市 60 家新媒体单位组织起来，成立江苏首家新媒体全要素领域的联合型枢纽社会组织——苏州市新媒体联合会，积极宣传相关政策法规，做强网上正面宣传，在净化网络空间、弘扬主旋律等方面展现正能量。

三、面临问题

在体制松绑、市场经济发展以及新技术应用等多种因素叠加作用下，社会阶层结构的复杂性和异质性日趋明显，新的社会阶层人士统战工作组织化面临多重压力。

（一）新的社会阶层群体结构趋于离散，组织起来难度大

1. 流动性增强，群体结构不稳定

新的社会阶层人士“体制外”身份意味着他们更倾向于选择一种自我做主、

自我经营、自我发展的“候鸟式”生活，职业流动速度明显高于社会平均水平。调查数据显示，65.9%的受访者曾经更换过工作，11.3%的人甚至更换超过3次（图3-1）。流动性强是新的社会阶层人士受市场经济利益导向和竞争机制影响而产生的一种自然现象。然而，这种强流动性，特别是盲目、无序的流动对于新的社会阶层人士统战工作具有一定的负面影响，不仅打破了以血缘关系、邻里关系为基础的传统“熟人社会”结构，难以建立稳定的、可持续的情感纽带，而且导致统战对象和统战资源流失。

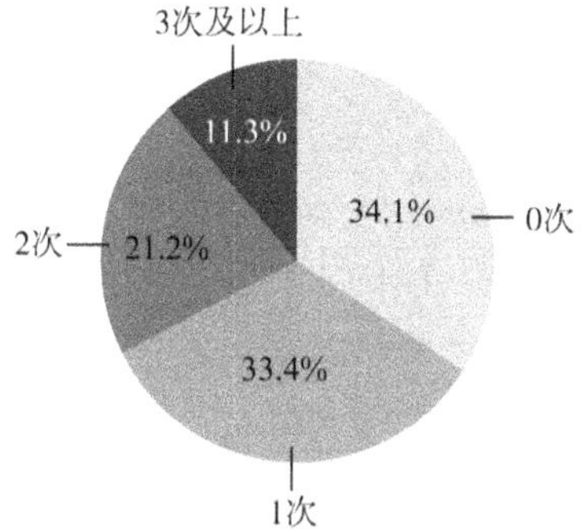

图3-1　更换工作的次数

2. 成员交往呈现“圈层化”趋势

随着社会分工日趋专业化、精细化、职业化，新的社会阶层人士因“术业有专攻”而形成一个个相对独立的“小圈子”，成员交往呈现“人以群分”的特征。通过访谈发现，大多数人参与组织首先考虑的因素是业缘、趣缘和地缘，希望组织成员是能够“对上话、聊得来”的同行、同事或者玩伴。这些“小圈子”虽然在一定程度上有其存在的合理性，能够使成员内部之间的关系更加密切，容易达成共识和集体行动，但也会在圈里与圈外之间形成一道看不见但又客观存在的“玻璃幕墙”，不同类群之间相互区隔，缺少群体整合的主观意愿和动力，导致统战性组织表面上有组织和整齐划一，但实际上处于无组织和分散混乱的状态。

3. 参与组织的动机复杂化

基于行为—动机理论，某种行为背后总是隐含着特定的动机，而特定的动机又影响着人们的行为选择，因此，通过分析新的社会阶层人士参与动机，可以预判其未来的行为取向，增强统战工作的针对性。调查显示，绝大多数的调查对象对加入组织持有明确的动机，并且以利他导向为主（55.9%），兼有利己导向（41.9%）。进一步分析可以看出，该群体的动机更多聚焦在个人发展和社会参与层面，亲社会倾向明显，而在政治参与层面的动机相对较弱，只有少数调查对象参加组织是为了“提升参政议政能力”（8.1%）或者“得到政治安排”（5.8%）（表 3-1）。通过访谈还发现，有少部分人存在政治回避心态，对政治事务倾向于扮演只围观、不表达、不参与的“吃瓜群众”角色。对统战工作而言，这些复杂动机可能导致两种错误倾向——要么“无所事事”，要么“无所顾忌”，从而影响到统战性组织的集体行动效果以及可持续发展。

表 3-1　加入组织的动机

动机		N	响应百分比	个案百分比
利他	提升参政议政能力，推动民主政治建设	269	8.1%	30.9%
	发挥个人才能，助推经济社会发展	627	18.9%	71.4%
	参与慈善公益，为他人和社会奉献爱心	567	17.1%	63.2%
	提供公共服务，维护社会公平正义	395	11.8%	44.1%
利己	得到政治安排，寻找提拔捷径	192	5.8%	21.4%
	拓宽人脉资源，获取更大利益	342	10.3%	38.1%
	认识更多朋友，扩大交往空间	262	7.9%	29.2%
	丰富人生历练，提升自己的能力	594	17.9%	66.2%
无动机	随机参与，没有目的	73	2.2%	8.1%

（二）组织平台发育不充分，吸纳力和整合力比较低

组织平台发育程度在一定程度上反映了社会组织化程度的高低和社会组织系统在结构上的优劣。新的社会阶层人士统战工作组织化可以利用的组织平台大多诞生于 20 世纪 80 年代中期，仍然处于发育过程之中，无论数量种类、结构功能，还是运转机制等都具有明显的“过渡性”特征。

1. 人均加入组织数量较少，呈现“内卷化”增长态势

阿尔蒙德（Gabriel A. Almond）指出，个人所属的团体数目，也可能影响到他的政治能力。调查显示，新的社会阶层人士加入组织的数量普遍偏少。以社会组织为例，新的社会阶层人士平均每万人加入社会组织的数量只有 11.5 个，稍高于江苏省每万人拥有社会组织数量的平均水平，但远低于发达国家每万人拥有社会组织数量超过 50 个的平均水平，并且不同类群之间存在差异，自由职业人员每万人加入组织的数量平均只有 9.4 个（图 3-2）。由于加入组织的数量有限，一些新的社会阶层人士仍然面临“身无所依、心无所属、才无所用”的境地。

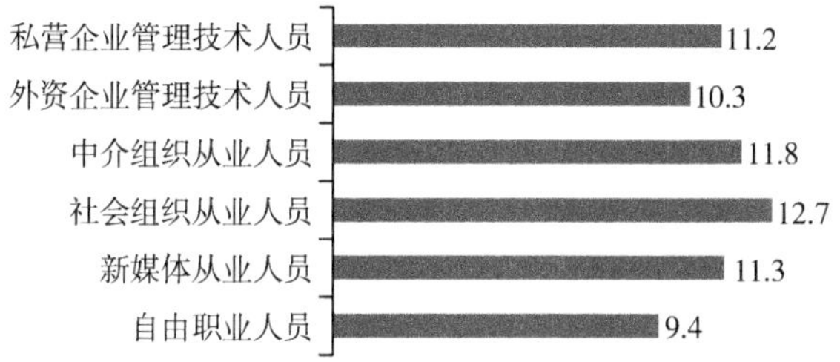

图 3-2 每万人加入社会组织的数量(单位:个)

从发展趋势来看,组织数量增长呈现“内卷化”态势,即“没有质量的增长”。这种趋势主要表现在:一是组织类型单一,叠床架屋、类型高度相似。其中,以兴趣爱好类和公益慈善类居多,而生活互助类和权益维护类相对不足(图 3-3)。二是组织功能简单,主要是为了满足个人爱好或者参与志愿服务,而很少发挥政治参与功能。三是活动方式雷同,大都是相对容易组织的文艺娱乐、捐款捐物、帮老扶幼等活动,而涉及社会调查、产业发展、精准脱贫等方面的活动很少,影响力和辐射面有限。

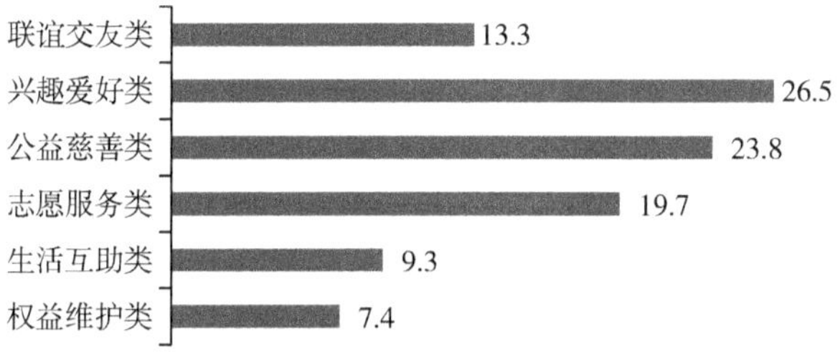

图 3-3 加入社会组织的类型比例(单位:%)

2. 具有行政化倾向,独立性不足

大多数组织平台对党政部门存在一定的行政隶属关系和依赖性,具有“官民二重性”特征。以新的社会阶层人士联谊组织为例,虽然它是由新的社会阶层人士基于共同目标而自愿组成的非营利性、非政府性社会组织,具有较强的自发性、自主性和自治性等特征,但本质上仍然是一种“准政府组织”——从成员发展、组织架构、经费保障、议题设置、活动实施等各个环节基本上主要由统战部门负责,而组织成员更多地扮演“执行者”的角色。同时,受制于双重管理体制,多数新的社会阶层人士联谊组织没有在民政部门注册登记,难以获得合法身份。这种行政化倾向导致新的社会阶层人士对联谊组织存在“两难”心理:一方面,对统战部门存在“服从”心理，习惯于被动地、机械地根据行政指令来开展工作，对统一组织的活动“踊跃参与”，平时则处于“隐身”状态；另一方面，与统战部门刻意保持距离。调查显示，45.8%的受访者认为“有必要”接受统战部门的指导和帮助，但又希望“不要管得太多”。还有近 1/5 的受访者认为“不太必要”甚至“没有必要”接受管理引导（图 3-4），原因在于他们担心与统战部门走得太近会被收编，失去独立性。

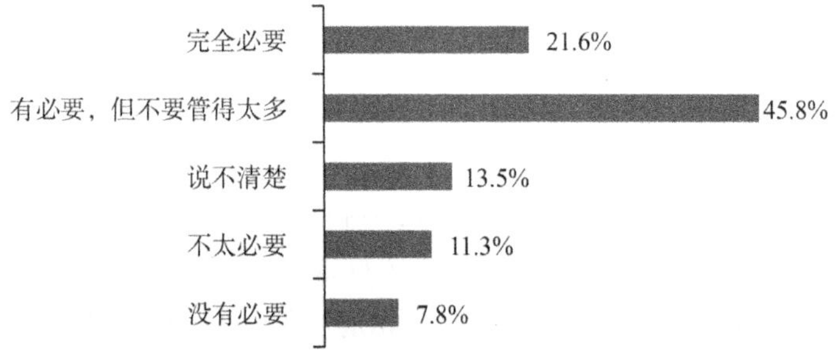

图 3-4　新联会是否有必要接受统战部门的管理引导

3. 物质资源有限，发展不平衡

从对新的社会阶层人士联谊组织的调查来看，物质资源不足是一个普遍性问题。其中，最突出的问题是“缺钱”，占 20.2%。这些联谊组织的活动经费来源渠道单一，主要依靠组织负责人自觉捐助或者会员众筹，而政府支持或企业赞助的比例很少，导致成员积极性不高，组织活动难以开展。其次是“缺物”，缺少固定的活动场地，占 15.9%。大多数联谊组织的活动场所属于临时“借用”或者“租用”，组织活动只能“打一枪换一个地方”，难以形成相对稳定、规范的组织架构。最后是“缺人”，组织成员数量有限，并且不固定，难以组织大型活动（表 3-2）。

表 3-2　联谊组织发展面临的问题

问题	N	响应百分比	个案百分比
注册登记难，缺少合法身份	256	7.8%	29.1%
功能定位不清晰	215	6.6%	23.9%
成员数量有限，人员不固定	453	13.9%	61.8%
活动经费不足	655	20.2%	73.1%
缺乏固定活动场所	520	15.9%	57.9%
领导者能力有限	226	6.9%	25.2%

续表

问题	N	响应百分比	个案百分比
活动数量比较少，形式单一	423	12.9%	47.2%
主管部门支持力度不够	282	8.6%	31.4%
缺乏信息交流与培训机会	234	7.2%	26.1%

4. 运转管理不规范，影响范围有限

具有一定约束力的、强制力的规章制度是各种组织平台提升自身凝聚力、动员力的必要条件，也是其有序化、规范化、正规化发展的基本要求。然而，大多数组织平台成长发育期比较短，还没有完备的组织形态，也没有固定的组织架构，只是松散地、自发地、临时性地“结伙”。一是规章制度不健全，缺乏约束力。虽然一些规模较大的组织平台制定了详细的规章制度，但“制度上墙不上心”，执行过程中存在有令不行、有规不循、有章不依等现象，制度的约束力大打折扣，对组织缺乏基本的约束和规范。二是核心领导层能力不足，存在人治现象。新的社会阶层人士大都是各行业领域的专家或精英，但这并不意味着他们必然具有较高的组织能力和领导水平。特别是由于缺少专门的政治培训和实践锻炼，他们在参政议政方面基本上是一个“政治素人”，因能力不匹配而难以发挥作用。三是存在“搭便车”现象，缺乏凝聚力。从调查情况来看，少数组织成员出于私心，把参与组织活动当成谋求个人利益或者出名的“捷径”，意图少付出甚至不付出而坐享集体行动的成果，分散了组织的核心凝聚力。

（三）新的社会阶层人士统战工作有待继续“破题”

新的社会阶层人士统战工作是一项课题，缺少可以借鉴的经验和先例，还没有形成相对成熟的、可以普遍推广的工作模式。一些新的社会阶层人士，特别是其中的代表性人士仍然游离于组织之外。

1. 对“组织起来”的重要性认识不足

受传统行政思维的束缚，一些基层统战干部对于新的社会阶层人士统战工作存在偏见：一是“无用论”，认为新的社会阶层代表人士主要集中在县区级以上，上面确实重要，下面可要可不要。二是“麻烦论”，认为新的社会阶层结构松散、发展不平衡，难以找到工作抓手，担心“一脚踢到铁板烧”，出力不讨好，自找麻烦。三是“担忧论”，担心过度组织化可能会导致不可控风险，因而有意识地选择“少组织”甚至“不组织”的鸵鸟策略。

2. 面临统战资源有限性与统战需求无限性之间的矛盾

一方面，物质资源趋于短缺。新的社会阶层人士统战工作组织化需要以活动为抓手，通过开展符合他们兴趣爱好、满足他们成长需求的各种活动将他们组织起来。而基层统战部门受活动经费不足、活动场所有限、设施设备陈旧等物质条件的限制，难以有效组织活动。另一方面，社会资本供给不足。主要体现在新的社会阶层人士对党的统战政策方针缺乏充分了解，对党政部门的认可度、信任度不高，对统战工作存在疏离感和回避心理，致使新的社会阶层人士统战工作组织化仍然面临“进不了门，找不到人，对不上话，办不成事”的问题。

3. 统战力量不足，工作方式方法简单

从调研情况来看，缺兵少将仍然是统战工作面临的共性问题，特别是基层统战部门人员配备不足、人事安排不合理、人少事多的矛盾比较突出。另外，新的社会阶层人士统战工作组织化是一项复杂的系统性工程，没有很强的业务水平和工作能力是做不好的。而部分统战干部存在创新意识不强、业务水平不高、工作方式单一等问题，导致统战工作只能维系在相对较低的水平。以上问题显然已经无法涵盖全部新的统战对象，无法触及统战工作的新领域。

四、对策建议

新时代统一战线工作要服务于党的中心任务，探索将新的社会阶层人士组织起来的有效路径，真正把“思想统起来、人才聚起来、力量用起来、红旗竖起来”，壮大共同奋斗的力量。

（一）加强教育引导，巩固共同思想政治基础

凝聚思想政治共识是新的社会阶层人士统战工作组织化的最高目标和根本任务。

1. 创新形式，提升思想教育的渗透力

注重共识教育与个性化培养相结合，把政治理论学习融入新的社会阶层人士职业教育、道德教育、法治教育，实现思想教育长效化。注重课堂学习与社会实践相结合，通过社情考察、实地调研、社会服务等方式，在实践中学习，在学习中引导，增进对理论政策的体会与感悟，进而上升为政治认同。注重传统学习方法与现代网络化学习相结合，打造“指尖上的课堂”，打破理论学习的时空局限，实现全天候学习。

2. 服务帮助，以实际行动赢得认同

统战工作不能单纯依靠“嘴上说”，更要依靠“手上做”，关键在于强化服务意识，突出“两个结合”，即把解决思想问题与解决实际问题结合起来，把思想引导与推动个人发展结合起来，通过办实事、做好事、解难事，以实际行动把新的社会阶层人士的“心”聚起来。

3. 联谊交友，加强与代表人士的经常性联系

从某种意义上说，统一战线工作做得好不好，要看交到的朋友多不多、合格不合格、够不够“铁”。既要主动“请进来”“请上位”，发挥他们的功力智力能力优势，为政府决策资政建言；又要自觉“走出去”“上门访”，真正落实列名联系制度，与代表人士一对一结对联系，在交流中获得理解与信任，使他们由“被统战”转变为“要统战”。

4. 表彰激励，发挥榜样示范作用

对新的社会阶层人士的先进典型进行表彰，既是对他们工作成绩和社会贡献的认可，也是激励他们奋勇争先、共同进步的重要举措。通过增加表彰名额、扩大表彰范围、加大宣传力度等方式，对一些先进典型人物进行公开表彰激励，激发他们的使命感和荣誉感，强化他们的身份认同，从而达到宣传一个、影响一群，表彰一批、带动一片的示范效应。

（二）搭建组织平台，构建多元平台共生体系

在党委统一领导下，坚持统战工作一盘棋的思路，构建以新的社会阶层人士联谊组织为龙头，以社会组织为主体，以党派组织和群团组织为两翼，以自组织托底的多元组织平台相互共生、彼此促进的组织网络，扩大对新的社会阶层人士的吸纳和覆盖面。

1. 加强新的社会阶层人士联谊组织建设

事实证明，新的社会阶层人士联谊组织是将新的社会阶层人士“聚起来、动起来、用起来”的有效选择。一是明确职能定位，把新的社会阶层人士联谊组织打造成具有沟通联系、政策宣传、建言献策、服务社会、展现风采、创新创业、联谊交友等功能的综合性平台。二是坚持开门办会，发挥新的社会阶层人士联谊组织成员的辐射作用，以人带人、以人招人，扩大联系面。三是提供服务支持，帮助新的社会阶层人士联谊组织解决“注册难、经费少、待遇差”等现实问题。四是规范管理运转，以制度形式对新的社会阶层人士联谊组织的成立条件、组织架构、运行机制、活动开展和社会影响等方面进行规范和考核，提高制度化、规范化、正

规化水平。

2. 依托社会组织开展工作

与官方组织相比，新的社会阶层人士更愿意加入各种协会、学会、商会等行业性、专业性社会组织。一是盘活存量。有目的性地选择一批规模大、影响范围广、活动力强的社会组织，通过合作共建、项目对接等方式赋予其一定的统战功能，将统战工作主动“嫁接”“粘连”上去。二是扩大增量。根据新的社会阶层人士的发展需求和成长规律，通过组织孵化，主动创建一批具有统战性质的社会组织。三是优化整合。把类型、功能、活动方式等相同或相似的中小型社会组织整合成枢纽型社会组织，扩大社会组织辐射面。

3. 发挥党派组织和群团组织的政治吸纳功能

民主党派与新的社会阶层人士具有先天联系，发展吸纳新的社会阶层代表人士，有利于提升我国新型政党制度的开放性和包容性，也有利于增强民主党派的政治功能和可持续发展。各民主党派要根据自身特点，自觉发展吸纳层次较高、符合界别特色的新的社会阶层代表人士，为他们参政议政畅通渠道。以群团改革为契机，有意识地加强组织吸纳，推荐更多新的社会阶层代表人士进入群团组织担任兼职领导，进入行业协会商会领导班子，向上打通政治参与渠道，向下密切联系群众。

4. 关注新的社会阶层人士自组织发展

自组织的功能优势与新的社会阶层人士的群体特征相契合，彼此之间存在互构同变关系。对于这些自组织，要坚持“不求所有，但求所用”的原则，建立自组织实体清单制度，分别采取不同策略，“抓”积极正向的可靠自组织，“拉”社会作用不明显但能满足个人合法需求的中间自组织，“防”具有一定风险性或危害性的不可靠自组织。

（三）创新方式方法，释放组织平台活力

针对体制外的“社会人”，统战工作面临“传统联系渠道不好用、一般工作方式不管用”的问题，需要对原有统战方式进行创造性转化的同时，探索创新工作方式，释放组织平台活力，最大限度地将新的社会阶层人士组织起来。

1. 坚持社会化运作，整合社会力量资源

新的社会阶层人士统战工作组织化要“立足社会人，依托社会群，深化社会力”，通过对话协商、相互合作、共同参与等方式将社会力量和社会资源整合起来，实现统战工作与社会发展良性互动。一是统战领域社会化，由政治领域向社

会多领域延伸，从政治层面向经济、文化、社会等多层面扩散。二是统战力量社会化，所有具有统战功能、承担统战工作的新经济组织和新社会组织，甚至个人都可以成为统战力量。三是统战功能社会化，把一般社会职能从统战部门职能中剥离出来，授权、委托或下放给社会组织或个人，由他们承担对社会性事务进行组织、管理、服务的职能，更好地满足新的社会阶层人士日趋多样化、差别化和个性化的公共需求。四是统战手段社会化，综合运用政治、经济、文化、网络、法律等多种手段开展工作。

2. 坚持项目化推进，构建合作共赢关系

项目化是指以统战对象的需求为导向，将统战目标转化为具体的工作项目，通过授权委托、直接资助、政府购买、政策扶持等方式交由专业社会组织承担，依托社会力量和社会资源为统战对象提供个性化、人性化的全方位服务。一是购买服务。把一些社会服务项目通过市场化方式交由社会组织承担，或者直接购买一些已经相对比较成熟且社会效益明显的服务项目。二是公益创投。基于合作伙伴关系，针对特定对象共同制定发起参与公益项目，责任共担，成果共享。三是项目扶持。利用既有的统战资源，给予社会组织以政策优惠、物质支持或人才培训等方面的帮助，并以此换取社会组织的公共服务。无论何种方式，项目化的目的在于通过“政社互动、社社联动”，使得统战部门与新的社会阶层人士之间由“联系”变成“朋友”，进而由“朋友”变成“伙伴”。

3. 坚持网络化沟通，打造智慧统战系统

互联网时代，统战工作不仅要向网络空间延伸，而且要运用网络来做好这项工作。一是利用海量的信息储存功能，打造代表人士管理数据库。利用大数据优势，对重点领域、重点对象进行长期跟踪和分析研判，实现对重点人士培养的数据化、动态化、可视化。二是利用灵活的社交属性，做大朋友圈。既要把线下联系延伸到线上，探索创建网上论坛或社区，扩大新的社会阶层人士的关注度，又要把线上组织动员转化为线下丰富多彩的活动，提升新的社会阶层人士的参与度。三是利用便捷的信息交换功能，打造网络服务站。利用网络不受时空限制的优势，为新的社会阶层人士提供全方位、宽领域、零距离的一站式综合服务，增强服务的精准性、时效性。四是利用网络强大的信息传播力，打造统战舆论场。一方面，要创建和用好新媒体矩阵，实现政策宣传、信息交流、议政建言、服务帮助等网上互动；另一方面，要有意识地发现培养一批健康正向的“网红”，引导他们正面发声，发挥他们在净化网络空间、弘扬主旋律等方面的正能量。

（四）注重基层党建引领，确保正确政治方向

“欲筑室者，先治其基。”基层党组织是党直接联系群众的重要桥梁纽带，更是实现党对统一战线领导的基本依靠力量。没有基层党组织的领导和支持，新的社会阶层人士统战工作既做不了，也做不好。各级党委要有高度的政治自觉，以“便于组织起来、便于开展活动、便于发挥作用”为目的，打造一个以基层党组织为圆心，以新的社会阶层人士为半径，“目标上相互统一、结构上相互吻合、功能上相互支撑”的同心圆结构，以党建带统战、以统战促党建，在党建高速公路上跑好统战快车。

1. 强化基层党组织的主体地位

把党组织上下联动与区域左右互动有机统一起来，发挥基层党组织的主体作用，确保党的意图和蓝图转化为全社会的普遍共识和集体行动。一方面，构建纵向到底的领导体系。在上级党委的统一领导下，通过任务分解、压力传递，“一根钢钎插到底”，把新的社会阶层人士统战工作纳入基层党委重要议事日程和党政领导班子工作考核内容，确保各项工作部署落地落实。同时在一定层面上统筹资源力量、协调解决基层党组织难以解决的问题。另一方面，构建横向到边的区域化统战体系。按照属地管理要求，把统战工作纳入区域大工委、大党建范畴，打破条块限制，提高基层党组织整合辖区力量资源的能力。针对超出辖区资源和能力范畴的需求，实行跨区域联合，统筹协调、合作共赢。

2. 扩大基层党组织的覆盖面

针对新的社会阶层人士主要分布在新经济组织和新社会组织中这一实际情况，不断优化党组织的设置模式，提高“两新组织”领域党组织的组建率，真正做到党的事业发展到哪里、党的工作就延伸到哪里。同时，根据新的社会阶层人士流动性强、结构分散等特征，培育区域化党建思维，依照地域相邻、行业相近、规模适当、便于管理的原则，推动楼宇、商圈、园区等领域成立联合党支部，使党组织实现由“外在植入”到“内生嵌入”的有机转变，切实发挥党在基层的组织力和领导力。

3. 提升基层党组织的组织力

党的十九大报告提出，基层党组织要以提升组织力为重点，突出政治功能。新的社会阶层人士量大面广、成员复杂，能否把他们有效组织起来，关键要依靠基层党组织的组织力，即“组织群众、宣传群众、凝聚群众、服务群众”的能力。一是组织共建。以基层党组织为核心，有机联合街道、社区、园区、商圈、楼宇以及

“两新组织”的党组织，成立基层统战工作联席会议制度，构建分工明确、机制衔接、功能优化的大党建体系。二是事务共商。把新的社会阶层人士作为社会治理主体，坚持“有事多商量、遇事多商量、做事多商量”，通过开展广泛多层的社会协商，增进彼此了解，达成政治共识，形成集体行动。三是资源共享。把新的社会阶层人士的人才优势与基层党组织的资源优势结合起来，在实现服务个人发展和服务社会发展“双向服务”过程中，实现党群资源社会效益最大化。

第三节　新的社会阶层再组织化的逻辑和实践路径

中华人民共和国成立初期，总体性社会通过“国家—单位—个体”的序列建构了一个组织化的社会形式，单位成为国家实施资源分配和个体管理的重要中介。而改革开放之后，随着单位制的消解与市场经济的发展，大量“单位人”转变为“社会人”，国家也逐渐卸下全能型政府的包袱，不断调整同市场与社会的关系，在这种情形下，社会分工日益精细化，个体逐渐从户籍、单位、身份等一系列制度限制中脱离出来，成为独立流动的“原子化”个人，新的社会阶层群体应运而生。他们以个体身份在社会交往过程中自主择业、自由流动、自愿结社、自发参与，加速了整体社会“去组织化”趋势。如何避免新的社会阶层群体的“原子化”困局是党的统一战线所面临的新挑战。

正如习近平总书记所说：“新经济组织、新社会组织中的知识分子，如律师、会计师、评估师、税务师等专业人士，是改革开放以来快速成长起来的社会群体。目前看，这些人主要在党外、体制外，流动性很大，思想比较活跃，做他们的工作，一般化的方式不太管用……我们党历来有一个好办法，就是组织起来。”[①]即如何将新的社会阶层人士有效地团结在党的周围，成为国家治理现代化的重要主体和重要力量。这是新时代“做好新的社会阶层人士工作，发挥他们在中国特色社会主义事业中的重要作用”的首要选择。所谓组织起来，就是在转型时期所经历的新的社会阶层的“再组织化”过程，是指“通过各种形式将处于非组织化状态中的新社会阶层重新组织、整合起来，以更好地发挥这一群体在经济社会发展中

① 《习近平论爱国统一战线（2015 年）》，学习强国，2018 年 11 月 16 日，https://www.xuexi.cn/lgpage/detail/index.html? id=2049512058787491336。

的生力军的作用"①。这种"再组织化"是执政党主动调动自身资源去组织新的社会阶层，是以引导者和参与者身份为他们的组织化提供发展的平台和方向，使得新的社会阶层的治理能力、参政能力与国家治理能力相互衔接，成为社会的有效"整合器"和"启动器"②。

一、再组织化的逻辑起点：新的社会阶层的新特征

新的社会阶层的"再组织化"实际上是改革开放以来中国经济转型、社会变迁的一个剖面，是中国社会阶层结构分化一幅清晰而又合乎现实的社会图景，是党的统一战线将其"从组织无序、效率低下到组织有序、功能充分发挥的过程"③。通过"再组织化"的视角重新认识新的社会阶层人士统战工作，有利于重构作为行动者的新的社会阶层群体的参与行为和组织过程，探索新时代统战工作新的着力点和增长点。

近几年的调查研究表明，新的社会阶层是一个年轻化、专业化的群体，他们独立自主，重视学习创新和公平竞争，倾向自由选择和自主流动。这样的群体特征，是新的社会阶层人士统战工作的现实基础和将他们组织起来的逻辑起点。但进入新时代，这些特征随着统战工作对新的社会阶层人士再组织化的拓展和深入开始发生新的变化，在原子化与组织化之间表现出新的结构张力。重新剖析和理解这种新特征和新变化，是进一步推进新的社会阶层"再组织化"工作的重要起点。

（一）被组织与自组织过程同步演进，圈层区隔愈加明显

一般来说，随着单位制的减弱，越来越多的新的社会阶层人士在市场体制下已经趋向于以个体化状态存在，组织性在逐渐减弱，总体呈现出一种"去组织化"的趋势。但是实际上，随着"大统战"格局的确立以及各级党委和统战部门对新的社会阶层人士统战工作的重视，新的社会阶层的组织化工作正在稳步推进，传统统战力量、群团组织、新联会等统战团体构建了立体化的组织网络，将新的社

① 张海东、杜平：《新社会阶层的生成机制及其再组织化问题》，《中央社会主义学院学报》2017年第4期。

② 德鲁克提出，在"组织的社会"中，组织将不但是一种"社会整合器"，而且是一种"新的、跟以前都不同的"社会"启动器"。参见[美]彼得·F.德鲁克：《后资本主义社会》，傅振焜译，东方出版社2009年版。

③ 胡仙芝、罗林：《社会组织化与社区治理研究》，《中共福建省委党校学报》2007年第11期。

会阶层人士吸纳到党的组织化系统中，建立了一支特征鲜明的代表人士队伍。这种“再组织化”是党和政府主导的思想引导与群体整合。与政治吸纳的“被组织”相伴而生的是新的社会阶层内部的自组织化，并且随着时间推移，这种自发组织起来的形式和数量都在不断增加，呈现出多样化的特征。组织化过程不再局限于相似的职业、专业或是兴趣爱好，而是更多地来源于小众文化认同或是特殊意愿表达。这种自发组织起来的组织化过程与党和政府引导下的组织化过程之间形成了一种相互拉扯、相互影响的结构张力，也对统战工作提出了新的挑战，即新的社会阶层不仅仅表现为碎片化的个人，也可能表现为碎片化的“小圈子”，新的社会阶层内部的圈层区隔会更加明显。小群体内部的联系相对紧密，具有相同话语和一定的交往密度，而不同的圈层之间可能连话也说不上。如何在“被组织”与“自组织”的张力间，将不同圈层、不同组织间的新的社会阶层人士整合起来，是新时代统战工作面临的新挑战。

（二）社会参与与个人功利追求共生，诉求表达意愿高涨

在改革逐渐深化的背景下，社会的发展和政府职能的转变逐渐产生一种新的平衡关系，社会再组织化所形成的各种组织开始共同参与到社会治理的过程中，形成社会治理的多元主体结构。在这一过程中，新的社会阶层作为一个重要的治理主体，整体的参与意识和批判意识都在不断增强。他们对党的执政成效和各类公共事务表现出公共关怀，敢于在日常生活中直面执政过程中政策的不足，积极表达自己的利益诉求和承担社会责任，加上统战部门的行政吸纳和党的政治协商制度，新的社会阶层开始从“社会人”逐步成长为“政治人”，成为提升公共服务水平、发展公共福利、推动社会稳定有序的重要力量。但是，在这种高涨的表达意愿和参与行为的另一面，是新的社会阶层人士对自身特殊性和个性化的强调，是他们在市场化“理性人”追求中对个体权利、个人利益的强调，这使得他们诉求表达和社会参与的出发点常常是将个人欲望合理化。他们更强调自身利益的获得，在日常工作、社会交往、政治参与中计算效益回报，表现出明显的功利化倾向。诉求表达中所表现出的这种两面性和矛盾性使新的社会阶层中的一部分人成为“言语上的巨人，行动上的矮子”，他们的参与更多地停留在表达的层面，热衷在各类组织和网络平台上参与公共事务评论，但主动参与公共服务、承担社会责任的行动力却略显不足。如何在承担社会责任和实现个人价值的张力间，为新的社会阶层的再组织化过程注入核心价值和思想共识，是新时代统战工作的重要内核。

（三）网络赋权与多重身份的相互叠加，群体边界的模糊性增加

新的社会阶层是在经济体制改革和社会结构变迁过程中产生的新的群体，他们的来源复杂多样，因此在统战工作中也可能具有多重统战身份，例如，一个新的社会阶层人士可能同时是民主党派成员或宗教界人士，这就造成了统战工作，尤其是基层统战工作对群体分析和分类组织的实际难度。而进入新时代，这种多重身份的相互叠加会随着互联网尤其是新媒体技术的发展，呈现出更为复杂的特征。其不仅仅表现为不同统战对象的相互叠加，更是新的社会阶层群体内部身份的逐渐模糊。一方面，高涨的表达意愿和网络的匿名性、便捷性一拍即合，新的社会阶层人士以其专业化身份在网络上发声能够迅速在网络舆论中引发共鸣，“线上线下”社交网络的相互叠加，更会触发不同人群的“共振”效应，促成网络舆论的快速生成。新的社会阶层人士成为网络舆情的重要节点。另一方面，互联网平台让新的社会阶层的内部组织化过程表现出线上线下的交互特性，他们既在线上发声也在线下行动，既在线上吸纳也在线下整合，线上线下相互叠加，通过网络赋权，强化了新的社会阶层在社会中的动员能力。在这样的过程中，一个民营企业的管理技术人员可能同时具有某个自媒体的“大 V”身份，而一个新媒体从业人员也很可能是某个网络社会组织的意见领袖。“四类人”不仅与其他统战对象存在着身份叠加，而且在“四类人”之中，他们的群体边界也处在不断的变化中。这在客观上对传统统战工作分类引导、分类组织的工作思路提出了挑战，给再组织化进程的推进设置了新的课题。

二、再组织化的路径选择：不同组织渠道的实践方式

进入新时代，国家治理理念正处在从全面控制到外部协调的转变进程中，新的社会阶层的“去组织化”是与“再组织化”并存的，组织化不再单纯沿着自上而下的“纵向组织化”路径，而是逐步在横向维度上展开，形成了依托社会力量推动新的社会阶层组织化的态势。为此，各级统战部门把“组织起来”作为开展新的社会阶层人士统战工作的首要任务，通过新平台、新载体、新方式的创新实践，形成了多轨并行、多法并用的组织化格局，将新的社会阶层人士重新整合起来深度嵌入现有的社会结构，凝聚成为建设中国特色社会主义事业的重要力量。

（一）纵向组织化路径

所谓纵向组织化，是在党委领导、统战部门牵头的“大统战”格局下，以党的各级组织为核心，辅以工会、共青团、妇联等群团组织，发挥各级政协和民主党派的独特优势来开展“再组织化”工作，是以自上而下的思想引导和政治吸纳为主要方式，是党的群众路线对新的社会阶层组织归属需求的积极回应。

1. 各级党组织

新的社会阶层人士统战工作是全党的工作，是在党委统一领导下，对新的社会阶层的重新组织和思想引导，因此，将新的社会阶层组织起来，需要党的各级组织的主动发力。目前，在新的社会阶层的组织化过程中，党的各级组织作用主要体现在以下两个方面：一方面，以党的基层组织的广覆盖增强新的社会阶层群体的组织黏度和核心价值。在“以党建带统战”的工作局面下，各级党组织在统战工作中具有政治核心作用。各级党委和组织部门积极找准党的基层工作与新的社会阶层群体业务的结合点，在新的社会阶层群体中建立党组织，积极推进党的基层组织、工作、作用在群体内部的全覆盖，为新的社会阶层人士的组织化提供了基本的组织依托和领导核心。另一方面，发挥广大党员在新的社会阶层群体中的先锋模范作用，通过加大对党员的教育培养力度，使其更好地引导、团结和带动整个新的社会阶层群体，帮助他们了解党的先进思想理论、新的方针政策，保持与党的密切联系。主动吸纳新的社会阶层群体中的优秀人才加入党组织，积极回应他们的组织归属需求，使其成为新的社会阶层各群体中的利益代表和价值表率。

2. 群团组织

群团组织作为中国共产党直接领导的群众性团体组织，是党和政府密切联系群众的桥梁纽带。2015 年全国新的社会阶层人士统战工作会议强调，“工会、共青团、妇联、科协、文联、作协等群团组织要通过创新组织方式、运行方式、活动方式等增强对新的社会阶层人士的吸引力和影响力”①，充分肯定了群团组织在新的社会阶层组织化中的政治吸纳和教育引导属性。这种组织化路径首先体现群团组织能够主动联系和团结部分新的社会阶层，并将他们中的代表人士吸纳进群团组织，实现现有组织对新兴群体的组织化过程。其次，群团组织具有一般

① 《全国新的社会阶层人士统战工作会议定调，回答您最关心的两个问题！》，南京统一战线网站，2017 年 2 月 26 日，https://tzb.nanjing.gov.cn/jt/201702/t20170226_1984680.html。

社会组织所没有的政治属性，能够成为新经济组织、新社会组织的联系枢纽，将小而分散的相关组织联系起来，形成组织间的网状联系渠道。更为重要的是，群团组织为新的社会阶层人士提供了合理化、制度化的政治参与渠道，通过协商民主的政治参与渠道帮助新的社会阶层人士在制度框架内理性认识和表达自身诉求，从而实现对这一群体的有效整合。

3. 民主党派

近年来，民主党派对新的社会阶层的组织化作用大致分为两个层次。第一个层次，也是较为基本的层次，就是从民主党派的自身建设入手，主动加强对新的社会阶层的认知和联系，更加注重发挥党派内新的社会阶层人士的联系团结引导功能，并在此基础上主动吸纳知识层级高、社会影响大的新的社会阶层人士加入民主党派，将民主党派本身作为组织化的基本形式之一，组织党派内部的新的社会阶层发挥参政议政的作用。第二个层次，是以统战部门为主导，以民主党派为平台，发挥其组织带动和参政议政的作用。具体来说，是将民主党派同统战部门建立的新的社会阶层的联谊性组织结合起来，支持和鼓励党派成员在各级统战部门牵头成立的新联会中发挥骨干作用。同时，将民主党派的基层组织作为新的社会阶层组织化的重要平台，为新的社会阶层的组织化构建活动平台、功能发挥平台、治理参与平台等。本质上，这是统战工作以民主党派为中介组织和平台，发挥党外知识分子集中的政党对新的社会阶层人士的联系、团结和带动作用。

（二）横向组织化路径

与纵向组织化不同，新的社会阶层的横向组织化路径弱化了组织过程的政治职能，以新的社会阶层本身为统战工作的核心出发点，将他们的主体性看作是开展统战工作的核心，将新的社会阶层人士本身的主动性、积极性和创造性作为衡量新的社会阶层人士统战工作实际成效的重要尺度。通过横向组织化路径，新的社会阶层不再仅仅是统战工作的工作对象，而是与统一战线在一起的主体行动者，他们的组织归属需求同统战工作的组织化目标结合在一起，形成了双向共同的渠道。

1. 新的社会阶层人士的联谊性组织

党的十八大以来，各级统战部门在充分调查研究的基础上，大胆探索创新，通过建立地区性新的社会阶层人士联谊会这一兼具统战性、联谊性、服务性的非营利性社会组织，积极联系、团结新的社会阶层代表人士。从 2017 年初开始，江苏就率先提出“一地一类人员”的实践创新模式，将新的社会阶层人士细化为六类群体，分别由南京、苏州、无锡、常州、南通、扬州、徐州等7个城市承担试点工作，探索创新对不同的新的社会阶层人士的统战工作。截至2018年底，江苏已经从省到设区市再到县区市三级地方机构，构建了多层级、全覆盖的新的社会阶层人士联谊会网络，并且在地区性新联会的基础上，结合各地新的社会阶层群体的实际分布和结构特征，建立了由不同群体为主要对象更贴合类别特征的分会组织。这种“1＋N”的组织方式，改变了原来缺乏体系化组织和组织覆盖率低的情况，增强了组织内部的相似性和灵活性，大大提升了组织成员的实际归属感。这种以“新联会”为主导的组织化路径，秉持“寓统战于服务”的理念，一方面通过已经掌握的代表人士队伍，打造以会长、副会长单位为核心的带动辐射网络，以新的社会阶层群体内部的社会交往和人际关系为传递线路，延伸统战触角，另一方面，以“1＋N”新联会网络为平台，创建新的社会阶层的活动品牌，与纵向组织化网络相互协同，发挥亲善、灵活、强大的统战联结机能，使新联会成为生机勃勃、有发展活力的统战组织。

2. 社会组织

广义上，社会组织包括分布在各个领域、各个行业、各个层次的新型社会团体、民办非企业单位、基金会和部分中介组织，乃至分布在城乡社区的社会组织以及各类“草根式”的市民活动群体和各种互动式的协同组合，它们均是以组织参与社会公共活动，以提供社会公共产品和服务为基本职能。在这一意义上，社会组织与新的社会阶层群体的产生壮大具有相似的触发因素和结构背景，两者在统战工作中具有同一性和重合性。因此，社会组织本身就是新的社会阶层再组织化的一种表现形式，更是在横向网络上依靠社会内生属性自发推动组织化进程的重要力量。从目前的情况来看，社会组织在再组织化中的作用主要体现在以下三个方面：一是对新的社会阶层的主动吸纳。一方面中介组织和社会组织从业人员天然是进入组织化程序的主体，另一方面是在市场和政府之外的公共领域动员社会参与，吸纳其他新的社会阶层人士服务社会。二是以项目化和品牌化运作为核心，以多样化活动形式发挥新的社会阶层群体专业化特征，弥补政府在公共服务领域的空白，组织新的社会阶层群体实现多元治理的社会化参与。三是规模大、发展好、影响明显的枢纽型社会组织在组织化过程中具有核心节点的联系传递功能，通过基层党建引领，统战工作植入或民主党派、群团组织的主动嫁接，成为横向组织化与纵向组织化的连接点。

3．自组织

新的社会阶层自组织被认为是由新的社会阶层自发成立、自主发展、自我运作的组织形态。它们大多游离于国家规范制度框架之外，组织成员之间的联系较为松散，多以扁平化、网络化结构呈现。因此，实现新的社会阶层自组织的有序化是他们从自发组织化到最终“组织起来”的一个重要环节。新的社会阶层自组织自身的组织特性、发展过程和核心动力都必然成为推进新的社会阶层人士组织化进程的重要力量。首先，新的社会阶层群体中更容易产生自组织，更愿意用自组织的形式来表达自身的利益诉求，自组织为组织化过程提供了人脉基础，找到了自组织、抓住了自组织，就可以找到更多的新的社会阶层人上，从而和他们建立联系。其次，自组织为新的社会阶层组织化提供了自发自主的内生动力，它可以为组织化过程提供基本的组织结构雏形，激活了统战功能之后可以转化为统战自组织，它的价值理念和凝聚力能够更好地将新的社会阶层群体“黏合”在一起，避免组织化“有形无神”的问题。最后，自组织中的核心人物为新的社会阶层组织化发挥辐射力和影响力，通过弱化政治性的方式，将个人魅力和社会威望作为影响带动一批新的社会阶层人士的方式。

（三）新的社会阶层再组织化的实践网络

新的社会阶层的再组织化，是“大统战”格局下统战部门牵头，各部门、多组织参与的重点工作。目前，以党建带动、群团组织参与、民主党派协同的纵向组织化网络，以及多层级新联会吸纳、社会组织带动、自组织推进的横向组织化网络共同构建了新的社会阶层再组织化的实践网络。这一纵横交错的网络推进思路，在新的社会阶层组织化过程中体现了如下作用：一是巩固了新的社会阶层人士的思想共识，为他们的不同组织形式注入了核心价值灵魂；二是引导他们主动服务经济发展大局、参与社会治理过程，发挥专业特长和管理技能；三是推进线上、线下的正能量传播，建立新的社会阶层在现实组织和网络空间中的主流意识形态话语权。

深入来看，新的社会阶层“化零为整”的再组织化实践思路，是传统组织化吸纳与新社会组织组织化嵌入的融合共通和相互整合。可以通过图 3-5 来具体分析。

第一，纵向组织化与横向组织化的重点各有不同，以党的基层组织、群团组织和民主党派组织构成的纵向组织化网络更侧重于核心价值输入和行政吸纳。以新联会及其分会组织、社会组织和新的社会阶层自组织构成的横向网络更注

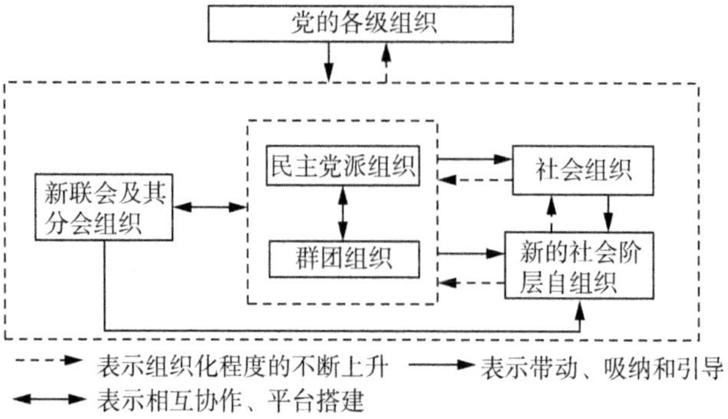

图 3-5　新的社会阶层再组织化路径分析

重辐射带动和组织活力打造。

第二,从组织化的程度来看,从新的社会阶层自组织、社会组织、新联会及其分会组织到群团组织、民主党派和党组织,新的社会阶层群体的组织化程度依次上升,个体的组织归属感逐步提升,但是推进新的社会阶层的组织化更多地需要依赖社会化的工作手段。

第三,党的领导在新的社会阶层组织化过程中具有政治核心作用,以"党建+统战"的组织化思路,坚持"党组织建到哪里,统战工作就覆盖到哪里"的工作原则。各级党组织在组织化过程中承担着政治吸纳、思想引领、价值输入的重要功能。

第四,统战部门以创新实践基地为中介,整合新联会及其分会组织、群团组织、民主党派以及知联会、欧美同学会等其他传统统战组织力量,用"统战+"方式重新调动不同组织的优势资源,打造相互协作的多要素新的社会阶层组织化平台。

第五,社会组织,尤其是规模较大、影响力强、拥有旗帜性人物的枢纽型社会组织,在新的社会阶层的组织化过程中具有上传下达的中介桥梁作用,通过统战工作的主动嫁接和黏连,使其成为统战社会组织。一方面向下联系新的社会阶层人士并整合新的社会阶层自组织,另一方面向组织化程度更高的组织形式转化。

三、再组织化的发展方向:统一战线的工作重点

不同社会领域和公共空间的再组织化过程是转型实践的重要议题之一。新

的社会阶层所处的开放性社会环境以及流动性、自由度和选择权的增加在创造不平衡和无序状态的同时，也增强了他们自愿参与的组织归属需求和能力。而在实际统战工作中，诉求增多和渠道不足的矛盾为新的社会阶层的组织化过程提供了一个压力机制，迫使新的社会阶层通过自发组织、自主发声来寻求自身的成长。在这一过程中新媒体的普及为他们的自我赋权提供了有力的平台，强化了内部的连接性，可以说，再组织化是新的社会阶层群体的主观意愿和必然方向。新的社会阶层再组织化工作的推进过程变得越来越复杂，统战工作需要对现有的工作手段、平台、载体进行重新整合和不断升级，最大限度地提高现有组织化效率，创新组织化形式，具体来说有以下几个重点工作方向。

（一）聚焦新的社会阶层的个体成长，以“人的全面发展”为核心价值推进组织化进程

改变传统统战工作以自身工作任务和工作内容为出发点的工作思路，改变原来“统战为中心”“一厢情愿”的工作需求，将新的社会阶层群体作为工作的核心出发点。坚持以人民为中心，将新的社会阶层人士的客观需求和全面发展作为统战工作的根本目标。将新的社会阶层人士本身看作是统战工作网络中能动的、可以依靠的人，是“开展新的社会阶层人士统战工作的主体力量”。统战工作既不能回避新的社会阶层人士的利益诉求，也不能妨碍他们追求自身事业、生活的全面发展，而应把人的自由而全面的发展融入新的社会阶层人士统战工作，把新的社会阶层人士的利益获取、自我成长、事业发展放到发展的大框架下去引导，把尊重和满足成员发展的利益需求作为根本的原则遵循，秉持“寓统战于服务”的理念，将服务新的社会阶层人士作为统一战线的“黏合剂”。激发新的社会阶层人士的主体性意识，使其更为积极主动地投身到统战工作中，让统战部门和新的社会阶层人士之间产生强大的凝聚力，工作更加卓有成效。

（二）打破类别属性的框架，以群体特征和核心文化推进新的社会阶层的再组织化

新的社会阶层是国家治理过程对四类人的统称，但是其内部人的组织归属和类别属性却不是一成不变，而是随着经济结构变革、政治体制调整、组织结构变迁、利益关系变化而不断变化调整的。随着全面改革发展的深入，新的社会阶层内部也将不断分化重组，自发性的组织化过程会对群体内部的关系作出新的调整。统战工作要避免单一的就四类人谈四类人，就四类人僵化开展“组织起

来”的工作，而是要根据他们的群体特点、自组织化倾向，创造性地打破原有单一依赖“新联会”的组织架构，以行业、地域、兴趣、专业等多要素体系打造组织化的基础单位。

要在了解新的社会阶层人士的区域分布和组织归属，帮助新的社会阶层人士了解、认同自己的身份类别的同时，对他们的利益诉求、爱好特长、交往圈子等特质进行分类整理，形成动态跟踪数据库。对他们原来所在的行业、公司、组织、自组织、小圈子等进行详细的跟踪调研，充分了解他们在什么样的组织内部更愿意参与社会交往、发挥社会能量，形成更贴合类别特征的工作单元，增强组织内部的相似性和生活性，提升组织成员的实际归属感。真正增加统战组织的社会化属性，使其能够在自我整合、自我增益、自我规范、自我发展的过程中，发挥亲善、灵活、强大的统战联结机能，成为生机勃勃、有发展活力的统战组织，成为新的社会阶层人士统战工作常态化的重要抓手。

（三）打造“组织＋平台＋活动”的项目化、品牌化工作方式，将创新实践基地作为整合统战力量的重要载体

突破传统统战工作单一依赖工作平台或联谊交友活动联系新的社会阶层人士的工作方式，以“组织＋平台＋活动”三位一体联动的工作思路，以创新实践基地为基础整合统战力量，以项目化、品牌化运作打造新的社会阶层人士认知、认可的统战工作载体。

要以新联会及其分会初步架构起新的社会阶层统战工作的骨架，以已经建立的实践创新基地为实体化功能辐射平台，让新的社会阶层的组织化过程更接地气。以“组织＋平台＋活动”的联动工作方式从骨架、载体和形式方面为统战工作注入活力。其中，“组织”是联系新的社会阶层人士的黏合剂和中介桥，为平台和活动提供重要主体；“平台”是新阶层统战工作的落地触手，是活动和组织的重要支撑；“活动”是新阶层统战工作的重要内核，为组织和平台注入巨大的生机和活力。通过三位一体的协同方式，让新的社会阶层的统战工作格局更大、运筹能力更强、项目服务更精准、工作基础更扎实、工作界面更亲善、工作效度更高，体现了根植基层、覆盖重点领域的目标，实现了社会化、效能化、智慧化变革。

（四）按照社会化发展思路，建立“统战＋”开放合作机制，重点打造线上线下全覆盖的枢纽型公益慈善组织

改变了传统统战工作单一依赖统战部推动，工作主体与工作对象双向结合

的组织化模式，将全域内各类社会化资源整合起来，形成人人皆可参与、人人皆是主体的开放、多元的合作局面。建立“统战＋”开放合作机制，让统战干部、优秀律师、新媒体从业人员、优秀管理技术人才等都成为统战工作的主体，他们所能调动的资源都是统战资源，改变统战资源单一性和有限性的工作困境，使新的社会阶层人士由“被统战”转变为“要统战”，统战工作由“单一投入”变成“有效吸纳”。

重点关注和打造具有精英领袖的强影响力的社会组织，或是具有公益慈善属性、线上线下全覆盖的社会组织，主动将统战工作嫁接、粘贴上去，充分利用新的社会阶层群体内部强个体，与强组织、新媒体形成相互叠加效应，让这种力量成为符合主流文化与核心价值的正能量。重点打造具有统战性质的枢纽型公益慈善组织，使其成为联系纵横组织化网络的重要中介和桥梁，成为新的社会阶层参与社会治理、提供公共服务的重要载体。通过对这类组织统战属性的全面打造，发挥其在新的社会阶层组织化过程中的吸纳、整合和动员作用。

（五）聚焦旗帜性人物，做好动态跟踪、综合评价和人才保障，塑造具有统战思维、政治过硬的“动员精英”

新的社会阶层的再组织化过程，实际上就是一个“政治人”何以被塑造的过程。一个充分成长的“动员精英”是新的社会阶层组织化的重要因素。统战部门需要特别关注那些才能出众的“动员精英”，以能力优先的激励机制，鼓励发挥个体才能。把新的社会阶层的人才政策纳入总体人才战略规划。打破体制、系统、身份、职业等传统界限，在政策上坚持平等对待、一视同仁、适当照顾的原则，从政治素质、道德水准、群众基础、人品作风以及组织领导能力上进行全面考察，将这部分精英吸纳进代表人士队伍，系统培训，使其成长为新的社会阶层群体中的旗帜性人物和枢纽型人物，通过他们以点带面，联系、团结一批具有相似价值观的新的社会阶层精英人士。通过这群人，将长期零散的小组织联系起来，起到相互帮助、相互引导的作用。同时要健全社会保障机制，提升新的社会阶层人士工作和生活的安全感，促使他们不再将自己放在一个“弱势群体”的位置上，不再希冀通过“自组织”来为自己发声，顺势而为，充分将他们的参与热情引入对社会公益事业的关心，引导他们理性地、有序地参与到社会治理之中，为实现国家治理现代化提供更多的正能量。

（六）积极推进“互联网＋统战”，以线上线下的相互协同，打通纵横组织化网络

网络化运作是依托自组织推进新的社会阶层组织化的必要环节，要积极推动“互联网＋统战”的共同运作，充分运用网络化、信息化、全息化方式，实现组织化工作线上、线下的融会贯通。

要在大统战格局下，搭建联系纵横两条组织化路径的线上平台，通过“两微一端”的内容建设，让民主党派、群团组织等多重统战力量都能在平台上发声，积极发挥教育引导、价值输出的社会功能，将其打造为新的社会阶层群体了解党的统一战线的重要窗口，同时成为统战工作联系新的社会阶层群体的重要手段，充分发挥它的便捷性、生动性和及时性。

利用网络宣传推进统战工作，切实增强统战宣传工作的时效性、针对性、创造性，全力打造网络统战“连心桥”，释放网络媒体“正能量”，画好网络空间“同心圆”，形成统战宣传工作网上网下双向推动、统战部门与统战成员线上线下良性互动的生动局面。要增强网络中统战部门对于重要政策信息发布的首发性和权威性，对线上线下出现的涉及重大政治原则的错误观点敢于“亮剑”，以专业性、中立性的深度分析肃清网络空间，在新的社会阶层人士中建设自尊自信、理性平和、积极向上的社会心态，帮助他们严守发声底线。

第四节　体制外“社会影响力”的政治整合
——一项基于苏州市新的社会阶层人士统战工作的田野研究

一、研究背景与研究设计

新的社会阶层诞生于改革开放后出现的新型业态和新型社会组织之中，包括民营企业和外商投资企业管理技术人员、中介组织和社会组织从业人员、自由职业人员、新媒体从业人员等。当下中国社会结构仍处于深刻快速变革时期，如何准确把握新的社会阶层的内在属性成为统战工作破题的关键。既有基于社会学的阶层分层理论，假设新的社会阶层是一个社会发展自然生成的社会群体，而忽略了其内在政治规定性，未能明晰新的社会阶层区别于其他社会群体的本质特征，未能有针对性地回答新的社会阶层为何会成为统战工作的对象的问题。本研究采用政治整合的分析视角，探求新的社会阶层一般社会属性背后的内在政治规定性。

本次研究基于苏州市委统战部各部门既有政策文件与数据资料，采取分类分层结合抽样的方式确定正式访谈对象，进行半结构深度访谈及参与式观察；选取昆山市委统战部及相关“新联会”基地等作为重点田野观察案例，提炼新的社会阶层的社会属性及政治属性。

二、新的社会阶层人口社会学属性

第一，年龄上，新的社会阶层人士主要是在改革开放后出生的“80后”“90后”。

以昆山市为例，截至 2020 年，近 87.3%的新的社会阶层人士年龄在 45 周岁以下，其中 35 周岁以下的占比约 54.1%。[①] 而后加入的“新媒体从业人员”平均年龄更低，苏州市一互联网公司所有职员年龄都在 35 周岁以下，95%的职员年龄在 30 岁以下。同时调查发现，很多“80 后”“90 后”新的社会阶层人士极具个性，以“特立独行”风格自居。

第二，学历上，新的社会阶层人士基本上有大专以上学历，并且有国外留学背景的比例较高。

以昆山市为例，60%的新的社会阶层人士具有本科以上学历，其中近 10%有海外学习、生活经历，很多外资企业或民营企业的技术和管理岗位要求有双语交流能力。

第三，政治面貌上，新的社会阶层人士多数为党外人士。

第四，职业特征上，新的社会阶层人士职业流动性强，兼职比例高。

在重点访谈对象中，除了两位刚入职的大学毕业生，其他人均有一次甚至多次跳槽经历。同时，新的社会阶层人士在工作上跨区域流动比例高，访谈对象中有 11 位有过在其他城市或其他国家工作的经历。此外，访谈发现，新的社会阶层上层人士不少同时是多个企业或者组织的主要成员，下层存在大量兼职的“斜杠青年”。

第五，空间分布上，新的社会阶层人士主要集中在一、二线城市，并开始呈辐射状分布。

以昆山市为例，新的社会阶层人士超过 30 万人，其中民营企业和外资企业从业人员约占 70%，这与昆山市推动新兴产业发展密切相关。此外，近几年随着网络平台经济的发展以及网络办公技术的成熟，新的社会阶层人士的空间分布开始从城市中心走向郊区或者小镇，呈现出以市区为核心向四周郊区辐射的态势。

第六，收入上，新的社会阶层人士的收入状况复杂，内部分层大。

新的社会阶层主体确实是中间收入群体[②]，但群体内既有年收入逾百万、家庭资产过亿的民营企业管理技术人员，也有月薪 5 000 元起步的新媒体从业者，更有工资仅 3 500 元的公益组织从业人员，部分自由职业者因诸多原因一段时间内可能没有收入保障。

---

① 数据来源于苏州市委统战部：《昆山新的社会阶层工作的鲜活实践及启示意义》。

② 张海东、杨城晨、赖思琦：《我国特大城市新社会阶层调查》，《理论导报》2017 年第 1 期。

第七，职业类型上，新的社会阶层包含了除公务员及其他体制内工作人员之外的绝大多数职业类型。

年轻化、高学历和专业化是近些年中国高等教育的迅速发展及行业细分加速带来的普遍结果，但并不是新的社会阶层的独有特征。职业和收入是社会阶层划分的重要标准[①]，但在社会学意义上，新的社会阶层阶层化标签不明显，内部多元，很难给出统一指标。

当与其他统战工作对象对比，"新的社会阶层为何成为一个阶层"的问题更加凸显。比如，华侨是一个国籍法律身份，民主党派是一个政治党派身份。这些身份直接表明了其成为统战工作对象的基础和统战工作的内容指向。但"新的社会阶层人士"并不能直接回答这一问题。因此，统战工作中往往出现这样的情形，一方面知道这个群体是谁——明确规定的几类人群，但另一方面又好像不知道这个群体是谁——无法把握这群人共同的规定性属性，找不到用力之处。统战工作具有政治性，仅仅明确这一群体的外在边界是不够的，还要明确其具有内在规定性的政治社会属性。

表 3-3　访谈对象的人口社会学特征及社会经济状况[②]

编号	年龄（岁）	隶属群体	受教育水平	职业/职位	月薪（万元）	除主职外最认同的身份
1	51	社会公益组织从业人员	硕士	公益组织负责人	未透露	跨国家庭
2	29	新媒体从业人员	硕士	新媒体企业创始人	未透露	多家网络公司股东
3	38	自由职业人员	本科	摄影师	1.8	摄影协会成员
4	46	自由职业人员	本科	绘本教育	1.5	漫画作家
5	44	外商投资企业管理技术人员	本科	部门经理	5	兼职作家
6	29	中介组织从业人员	本科	专利企业经理	1.8	读书会主持人、播客主持人
7	45	民营企业管理技术人员	本科	银行部门经理	4.5	某篮球协会会长
8	36	中介组织从业人员	本科	律师	不确定	公益律师

① 李培林、崔岩：《我国 2008—2019 年间社会阶层结构的变化及其经济社会影响》，《江苏社会科学》2020 年第 4 期。

② 表格数据为田野访谈资料汇总。

续表

编号	年龄（岁）	隶属群体	受教育水平	职业/职位	月薪（万元）	除主职外最认同的身份
9	34	外商投资企业管理技术人员	本科	外企人事	2	某车友会主要成员
10	29	自由职业人员	本科	英语培训/歌手	0.8	兼职乐队主唱
11	27	民营企业管理技术人员	本科	部门经理	1～2	创业者
12	42	外商投资企业管理技术人员	大专	部门经理	1.5～2	民宿主
13	33	外商投资企业管理技术人员	本科	部门经理	2.5	壁画鉴赏博主
14	31	新媒体从业人员	大专	微商	1.5	M读书会成员
15	25	新媒体从业人员	大专	职员	0.6	—
16	28	自由职业人员	海外硕士	自由作家	不稳定	海外硕士
17	26	民营企业管理技术人员	大专	部门副经理	0.7	线上某政论小组发起人
18	43	民营企业管理技术人员	硕士	书店店长	1.5	S读书会发起人
19	25	外商投资企业管理技术人员	本科	研发部职员	1.1	户外运动协会成员
20	28	民营企业管理技术人员	海外硕士	室内设计师	1.8	海外硕士
21	33	民营企业管理技术人员	本科	部门经理	2	某儿童协会志愿者
22	36	外商投资企业管理技术人员	大专	理财顾问	2.3	L家庭读书会发起人
23	27	社会公益组织从业人员	本科	公益组织成员	0.35	—

三、新的社会阶层的规定性政治属性分析

（一）“体制内”“体制外”是理解新的社会阶层社会定位的关键

理解新的社会阶层，首先要明确一个政治“转化”：从敌对的阶级视角向社会结构“体制内”“体制外”的阶层视角转化。比如当我们谈论“工人阶级”的时候，强调与占据生产资料的资本家对应，是被剥削的阶级，这种剥削关系是敌我矛盾。中华人民共和国成立之后，敌对阶级关系已经被逐步改造和消灭。改革开放以来，社会结构形式发生了新的变化，新的社会阶层就诞生于其中，但是生产

资料公有制主体没有发生变化。阶层话语开始成为对社会进行全景式观察、调适、治理的视角。“阶层”也自带政治属性，观察“阶层”的关键是在统一的政治权力框架内理解新的阶层与既有社会主体之间在社会影响力、经济利益方面的差异与关联。而新的社会阶层就是改革开放后产生于体制外的新的社会阶层。

从社会观念层面，“体制内”指在政府及相关群团组织、国有或集体经济内工作或生活；而新的社会阶层处于“体制外”。改革开放后，政府—单位体制以及公有经济体制改革、收缩和调适，开始向市场和社会释放大量资源和空间。而一部分原有“工人阶级、农民阶级和知识分子阶层”进入市场和社会组织，成为新的社会阶层。因此，最初广义的新社会阶层包括“非公有制经济人士”和“其他新社会阶层人士”。后来的“新的社会阶层人士”就是由“其他新社会阶层人士”演变而来。因此，“体制内外”不是“阶级内外”，新的社会阶层不是一个新的阶级，而只是社会整体人口的一部分从阶层结构中分化出来，进入市场经济与社会组织之中的社会群体。

（二）政治治理话语转换中的新的社会阶层

“新的社会阶层”首先是一个政治概念。“新的社会阶层”是2001年时任中共中央总书记江泽民在庆祝建党80周年的讲话中正式提出的，“他们也是有中国特色社会主义事业的建设者”。2015年《中国共产党统一战线工作条例（试行）》颁布，非公有制经济人士与新的社会阶层人士并列，新的社会阶层人士不再包括个体户、私营企业主。2016年7月，中央统战部组建“新的社会阶层人士工作局”。2020年12月修订后的《中国共产党统一战线工作条例》明确规定新的社会阶层人士主要包括：民营企业和外商投资企业管理技术人员、中介组织和社会组织从业人员、自由职业人员、新媒体从业人员等。所以，直到2020年，“新的社会阶层”的涵盖范围和统战工作内容一直都在变化：称谓由“新社会阶层”改为“新的社会阶层”；“非公有制经济人士”从新社会阶层的一部分转变为与“新的社会阶层”并列；“新媒体从业人员”被放置到“新的社会阶层”中。

由此，我们可以推论：第一，“新的社会阶层”中的“新”是一个比较性概念，对比的是改革开放前的阶级阶层结构。而“新的社会阶层”从一开始就被定位为“中国特色社会主义事业的建设者”，这里的“革命的敌人”、“改造的对象”与“建设者”身份的变化绝不仅仅是经济基础的变化，更是政治定位的变化。第二，“新的社会阶层”的概念更新是国家治理和统战工作逻辑的转变过程，其具体内涵必然会随着社会经济结构的发展而变化。比如，“非公有制经济人上”先是作为新社会阶层的一个部分，后来又调整为与“新的社会阶层”并列的统战工作对象，原因是“群体构成、职业特征、作用发挥等方面存在较大差别”[①]。“新媒体工作人员”的加入同理。新的社会阶层作为一个政治概念，首先产生于国家治理和统战工作的需要。因而理解新的社会阶层，必须把其经济与社会特征放在国家治理视角和统战工作逻辑下去思考。

（三）持有“社会影响力”的新的社会阶层

改革开放以来，国家主动从公有制经济和单位式社会中释放空间，产生于其中的新的社会阶层不仅获得了经济收入和社会资本，同时他们也获得了新的社会影响力[②]，这种影响力在关键时刻具有较强的治理能量。

案例：2020年初新冠疫情发生，某位新的社会阶层人士利用自身的社会影响力，线上线下结合，在短时间内完成数十万只口罩的跨国采购、海关通关和国内不同省份疫区的精准投放。[③]

其一，这种存在于体制外的社会影响力潜在力量较大，甚至出乎其个人意料。其二，这种影响力不是组织化的影响力，和具体人的人格特质相关，产生于个体的家庭背景、成长经历、日常生活中的道德行为以及人际关系经营等。这种建立在个人人格上的社会影响力，是一种魅力型权威，不可能轻易转移到组织身上。其三，这种影响力是非体制性的，其起源、运行都不依赖于既有官方正式体制，但体制内的一些资源却可能会被其激活。

但从国家政治整合及统战的角度看，这种社会影响力是一个重要的政治现象。“重要”的节点在于，“是谁在运用这种影响力”以及“如何运用这种影响力”。比如，苏州某互联网公司利用其在本地互联网行业内的影响力，协助基层政府顺利完成了一项涉及数十万人的社会调查，就是政府在灵活激活和引导新的社会阶层人士的社会影响力为基层治理现代化服务。因此，新的社会阶层统战工作是面对社会结构和社会权力的变革与分化的政治整合，是体制性国家权力对体制外的权力或社会影响力的整合，目的是使这种社会影响力能够以一种建设性的方式在党和国家领导下发挥积极作用。

---

① 张林江：《新的社会阶层兴起及其对当代中国的影响》，《中央社会主义学院学报》2017年第4期。

② 这种“社会影响力”本质上就是权力，但是为了在表述上区分于政治权力的“权力”，以及更贴合新社会阶层所在的体制外区域，在此使用“社会影响力”以作区分。

③ 本节中的案件都由田野访谈内容整理而来。

四、新的社会阶层的政治人格画像

鉴于以上分析，作为一个天生就具有政治底色的社会群体，作为一个从政治整合与大统战政治角度设定的社会群体，一般社会属性的分析不能满足对此“阶层”本质属性的把握。因此，本研究更进一步，通过深度访谈和交叉分析，从群体政治人格的角度重点清理出本“阶层”在政治心理、政治认同以及政治行为层面的政治社会学属性，并进一步从大统战的角度分析其所蕴含的政治风险和统战机遇，为对策分析提供基础。

（一）政治心理层面：政治敏感度高，政治距离感强

1. 新的社会阶层人士刻意保持距离的政治心理

调研中部分访谈者会说“自己不太关心政治”。这个表述很具有迷惑性，被一些研究者认为是“政治冷漠，专注经济利益和社会生活”。但继续追问发现，“不太关心政治”不是不懂政治，而是“懂，但回避”，“不愿意在公共场合讨论政治，以及希望政治不要影响自己的经济利益和私人生活”。访谈发现，多数访谈者对近期国家主要政治大事件其实都很关注。14 位访谈者都提到，因为工作和生活原因，他们对自己感兴趣或影响大的政治事件或者政策变革，会主动通过互联网收集相关信息。信息来源上，除了“朋友圈”、微博、社会新闻类公众号之外，他们还会频繁使用搜索引擎有针对性地搜索相关信息，其中 9 位访谈者有使用 Google 和外文新闻网站关注国内外资讯的习惯。

但同时这个群体对政治红线非常敏感。他们不愿意让别人过多关注自己的政治立场，同时自己也不愿意“干涉”他人。如果需要在公共场所或工作场所进行政治表态，他们会敏锐地观察所在群体，和大家保持一致，“既不能太落后，也不会太先进”。可以看出，新的社会阶层人士的政治敏感度是与自己高学历所训练出来的思维和信息搜索能力相关的。新的社会阶层人士不是政治冷漠，而是有能力去懂政治，但同时与政治保持距离。

政治距离感强也会在社会行为中表现出来，择业就是一个例证。随着市场和社会领域就业机会增多，新的社会阶层人士偏向“自主择业”，访谈中 3 位受访者是从“体制内”教师或者公务员辞职的，觉得“自己的性格不适合，那里规矩太多，工作太死板”；而其他多位受访者则一开始就进入市场不在“体制内”，比如 9 号受访者是一位跨国公司的人事经理，大学毕业时在体制内工作的家人建议她

考公务员，但她“自己不喜欢体制内，约束太多”，而主动选择去外企就职。这种择业观背后体现的是很大一部分人对体制持有的刻板印象：不自主、枯燥、效率低等。此外，海外留学经历、生活背景或外企工作属性，也会在一定程度上使他们与体制保持一定距离。调研中统战工作人员提及很多外企中的新的社会阶层人士因为资方的要求，在工作和生活中会主动与体制及一些组织和活动保持距离。这种群体心理统称为“假性政治冷漠”。

2. 治理风险：生成政治冷漠与治理成本增加

首先，假性政治冷漠会导致真政治冷漠的蔓延。公共事务是由政府主导的，并需要公众积极配合、主动参与。公共事务的政治性与公共性天然统一，新的社会阶层人士不喜欢政府及其工作人员的办事风格，不想和天生带有政治色彩的政府工作人员打交道，必然会对政府和政府工作人员推行的具体公共事务产生排斥。另外，保持距离会使“刻板印象”进一步强化，进而形成对社会治理的切割式解读。调研发现，有些人为了向他人彰显自己与政治的距离，会主动规避一些必要的互动，比如一些外企人员会遮掩自己的党员身份等。其次，假性政治冷漠会提升政府日常社会治理成本，削弱政府风险防控能力。保持距离的结果就是社会动员成本越来越高，无形中增加了公共政策执行的难度和社会治理成本。

3. 统战机遇：从弱者心理到主动作为

新的社会阶层人士之所以产生政治距离感，一方面是建立在改革开放前政治权力对经济社会的全方位主导历史之上，另一方面是作为新生力量，新的社会阶层早期力量孱弱，担心政治权力对自己的成长产生影响，甚至担心自己的正常发展节奏被迫中断。因此，主动保持距离的核心是“不受干涉、自由成长”，其背后是一种弱者心态。

随着社会快速发展，无论是在人数上，还是在经济资源体量、社会资本的占有上，新的社会阶层人士都已经不再是弱者，而开始寻求主动作为。访谈中发现，很多新的社会阶层人士不仅对新社会阶层联合会持欢迎态度，并主动参与，而且还提出“新的社会阶层能否作为一个界别，与民主党派、无党派人士等一样，成为政协代表的来源”。这意味着新的社会阶层人士的“政治距离感”在消退，事情在发生积极变化。这种从防御到积极作为的群体心理的转变，必然成为统战工作积极接触、引导和组织新的社会阶层人士的契机。

（二）政治认同层面：国家文化认同度高，政策认同度偏低

1. 新的社会阶层人士政治认同的分层差异形态

政治认同包含多个面向和层次①。新的社会阶层人士的政治认同表现出明显的层级性差异，认同度最高的是涉及文化与民族层面的国家认同，其次是以党中央和中央政府为指向的国家认同，而指向具体的地方政府与政策认同偏低（表3-4）。

表3-4　新的社会阶层各类认同对比②

政治认同类别	认同对象	认同程度
民族文化认同	中华民族	高
国家政治认同	国家制度：政党与中央政府	较高
地方政府认同	地方政府与政策	较低

其一，新的社会阶层人士对中国传统文化、中华民族，也就是国家认同的文化面向有非常高的认同感和归属感，对自己是文化意义上的中国人有很强的自豪感。按照受访者的说法，自己的文化基因是无法修改的，而且越是通过互联网或者商业旅行与其他国家人士接触，越能感受到自己文化身份的特殊性。

其二，新的社会阶层人士有一定的政治距离感，但是在谈到国家认同的制度面向时，他们依然表现出较高的认同感，但会因为不同立场而对一些具体政策和制度设计持有批判性观点。

其三，多数受访者对一些地方性政策及其推行方式持保留意见，甚至表示“看不惯”。有受访者曾主动出面和基层执法者进行辩论，或通过各种平台进行投诉，甚至亲自出力解决一些公共问题。如一位受访者发现某路口总出现车辆剐蹭现象，在多次投诉路政维修未果后，自己出钱找人装了一个减速带。还有一位受访者对小区周边乱扔垃圾的事情很不满，多次通过电话投诉，但是效果不好，后来看到乱丢垃圾的人，就直接上前理论“这里不能扔垃圾，请把垃圾带走”。

2. 治理风险：社会影响力加持下的舆论失控

社会转型意味着既有利益结构的深度调整和被压抑的社会矛盾的释放，因此社会舆论生态脆弱是转型社会的一个普遍特征。而新的社会阶层人士的特殊

---

① 韩震：《论国家认同、民族认同及文化认同——一种基于历史哲学的分析与思考》，《北京师范大学学报（社会科学版）》2010年第1期。

② 自制表格，表格内容来源于对访谈内容的分析。

社会影响力和社会舆论生态脆弱性的叠加，可能使得其低政治认同成为治理风险的激发点。新的社会阶层人士尤其是其代表人士，基于对某项政策或事件的低认同，即便是无意间发出的负面评论，都会因其自身的社会影响力而放大，接着被舆论场放大，导致不可控的治理秩序上的蝴蝶效应。访谈中就发现，某统战工作人员在某一敏感舆情问题上，及时与某位重点代表人士就其朋友圈某条内容进行沟通，避免了那条容易引起误解的推送在其影响力巨大的朋友圈中发酵。这也就是近些年像网络“大 V”这样的网络人士，一直是新的社会阶层人士统战工作中的重点对象的原因。

3. 统战机遇：强国家认同背景下的政治认同塑造

认同之所以重要，在于认同会带来一种行为自觉，会主动捍卫自己认为有价值的事物。而认同不是天生既定的，而是可变与可塑的。改革开放以来，尤其是21世纪以来，中国在国际上综合实力迅速提升，人民生活极大改善，这已经成为国民对国家认同的坚实基础。比如，访谈中多位受访者在谈及疫情治理时都坦诚，中国政府在此次疫情中的表现大大改变了自己前期很多政治上的观点。疫情防控不仅仅是一次事件的胜利，而是国家治理能力的体现，更是一场绝好的国民教育。尤其是对这些生活在体制外，具有较高学历和专业化水平的新的社会阶层人士，那些类似于疫情防控，亲身经历并正在发生的社会大事件，正在进入他们的理性思考和自我反思之中，激发他们敏锐的政治思考能力，更新他们的政治观念，“以前是，问题那么多，肯定是做错了什么；现在是，国家这么强大，一定是做对了什么”。而这一点也正在成为统战工作，尤其是统战工作思想引导的关键契机。

（三）政治参与方面：自发组织发达，群团活动参与率低

1. 新的社会阶层内自发性社会组织发达

新的社会阶层自组织极其发达。调研发现，受访者往往参与多个社会自组织，有些甚至是发起人。这些组织活动频率高，认同感强，绝大多数不是正式注册的社会组织。其中具有代表性的包括读书会、校友会、车友会、老乡会、茶艺会，以某项运动为基础的各类型组织，比如高尔夫球、羽毛球、篮球俱乐部等，也包括相关部门正在重点整顿的粉丝团等。

在组织层面上，多数自组织极其灵活，进出自由，但是必然有一个或多个核心人物。虽然没有明文规定，但是人员的加入有一定的隐性门槛。如果相关资历不够或不经常参加活动，就会被淘汰。这种外松内紧的自发性社会组织被称

为“圈子”。并且自发性组织存在的时间越长，实际门槛越高，最终演变成邀请制。在金融业工作的7号受访者有3个重要“圈子”，每个圈子每月至少聚会一次。其中一个是“老乡圈”，成员多是苏南、上海包括律师在内的法务及金融工作者。他说：“拜把子是封建行为，但其中六七个哥们实际上已是自家兄弟。彼此有急事能第一时间出面。女儿上学都是兄弟出面帮忙搞定的。”

在活动内容上，自组织最初都有明确定位，但一旦运作起来，组织的内容和功能就会不断被拓展，甚至进入公共与公益活动。比如，某受访者是一个摩托车车友会成员，每次活动时车友会都或多或少组织车友沿途进行公益捐助。读书会也很受欢迎，影响力很大。5号受访者是一个外企高管，同时兼职翻译，是苏州多个读书会的核心成员，也是3个读书会的联合发起人。他所在的每个读书会群成员人数超过2 000人，每次线下读书会都有几十到百余人参与。某个读书会历次开展活动的主题，就涵盖了《毛泽东选集》、职场PUA与性别歧视、纳米医疗前景与未来等。此外，“80后”“90后”是有“网络人格”存在的一代。部分新的社会阶层人士很少参与线下活动，但多位新的社会阶层人士是网络“大V”，拥有数百万粉丝，网络影响力极大。按照统战工作人员的说法，“他们一句话有可能就是一个舆情”。

需要注意的是，新的社会阶层人士的社会组织参与情况有明显的年龄特征：大学毕业后，新的社会阶层人士出于社交以及认同需求，基于兴趣大量参与社会组织活动；随着年龄增长，新的社会阶层人士的圈子职业性显著增强，开始更理性地看待体制，尝试打破既有的圈层，接触体制。但由于认知和渠道有限，原有基于兴趣和价值观的圈子与社会组织存在明显的资源障碍，他们依然游离于群团组织和基层公共治理之外，甚至发现自己对所生活的社区以及基层政府部门都很陌生，这就是所谓新的社会阶层人士“社会影响力大，但是群众基础弱”的悖论。

2. 治理风险：群体极化与组织区隔

第一个风险是“群体观念极化”[①]。自发性的社会组织往往是基于兴趣或者“三观”组织起来的，进入和退出成本很低，内部很容易淘汰价值观不相同的成员。访谈中，多位受访者说他们的小组织就是“三观不同，不相与谋”，留下的都是三观包括政治观相同的人，信息交流越来越趋同性，形成一个信息内部循环、

① 马立明、万婧：《智能推送、政治极化与民粹主义：基于传播学的一种解释路径》，《理论与改革》2020年第4期。

相对封闭的圈子。最典型的就是某个读书会逐渐分化为两个小组，一个小组偏向市场主义，另一个小组越发偏向国家主义，且双方的交流越来越少。

第二个风险是“组织区隔”。人是治理的第一资源。新的社会阶层人士对这些组织具有很强的认同性，能够调动大量的分散在社会层面的人力、财力和物力资源。但是这些非正式社会组织，与妇联等群团组织、行业协会，以及包括社区在内的基层治理组织在组织逻辑上截然不同，存在组织上的治理区隔。后者本质上是想在广泛的社会和经济领域内按照治理需求和经济发展需求动员群众和引导行业生产，是党和政府实现社会治理和产业发展的重要组织抓手。从政治治理角度观察新的社会阶层的自组织，重点在于思考社会组织的自发性和体制之间的关系。新的社会阶层自发性组织发达，基层治理与群团组织参与率低，致使体制内外人群之间有一定区隔。在社会常态运转时问题并不大，但是在需要群众参与时就会涉及一个问题：到底是谁在组织群众，以及是否能够有效动员和组织群众。

3. 统战机遇：打破社会组织“圈层化”

“组织区隔”是群体极化与治理区隔的共同根源。“组织区隔”是双向的，社区、群团组织感觉到被区隔时，其实自发性组织内部成员也会感觉被束缚。不止一位受访者说道，“虽然我在我们小圈子做得很好，但其实我出了这个圈子，谁认识我呢，我什么都不是。想认识其他人，人家也有自己的小圈子，很难进入，自己虽然在自己的小圈子里可以混得很好，但是外面的人根本不知道”。最初自发组织的小圈子，结果反而成为一种束缚。与之相似，很多新的社会阶层人士在自我成长的过程中想主动参与到所在街道、县区的治理中，也发现自己没有这个契机。另一位受访者是一位专业摄影师，他说自己虽然不是摄影圈地位最高的，但是很多人都羡慕自己，因为别人拍得再好，只有圈里那些人知道，而（因为加入新的社会阶层联合会）自己的作品有机会通过参与公益活动展示出来，让社会大众知道，价值更大，自己很自豪。因此，新的社会阶层人士在社会组织方面、在打破原有社会关系的“圈层化”方面继续突破，这正好成为统战工作一个重要的机遇期和窗口期。

五、对策分析

新的社会阶层的统战工作首先是一种政治整合，目标是使新的社会阶层人士的社会行为保持在体制框架之内，并在体制和法律框架内进行政治参与；使其认识到自身利益保障和发展的制度基础，同时能够通过思想引导和实践参与提升新的社会阶层人士的政治认同，以更积极的姿态置身于国民经济结构调整与社会治理之中。

（一）把握转型窗口期，做好社会治理中的大统战

社会阶层的诞生和成长有其生命周期。“新的社会阶层”作为政治概念被提出，正是看到了这一社会群体正处于可塑化的成长期。若错过了这个窗口期，体制外的社会阶层进一步“阶层化”，政治参与诉求被阻塞，必然会引起其体制外的利益表达和集体行动，在一定程度上会造成结构性的社会冲突。

具体而言，国家治理现代化时期两个统战机遇正在叠加。其一，新的社会阶层已经开始从最初孱弱幼年进入主动成长的阶段。其亟须打破自身各种原始性的约束，比如自发性社会组织的圈层化悖论，而进入更广泛的领域实现自我成长，突破圈层寻求更高层次的社会认可和自我实现，新的社会阶层人士有极强的成为社会治理主体的内在动力。其二，中共十八大以来，党和国家更加注重为市场经济和社会输入权威性规范，资源分配的国家约束力重新显化[①]，而新的社会阶层是主要相关社会群体。新的社会阶层人士的积极参与必然促进良性的行业规范与行业生态的建立。因此，国家治理战略和新的社会阶层新阶段的需求是完全可以对接的。

（二）保持新联会政治性、社会性与行业性之间的平衡

新的社会阶层人士首先是“群众”，对其统战工作首先是一种特殊的群众工作。新的社会阶层群体处于传统党政组织与群团组织的盲区，统战工作必须把他们组织起来，建立新的统战组织，而新的社会阶层人士联谊会就是这样的一个组织。但需要注意的是，新联会不是行政组织，不具有行政执法权；不是政党组织，统战工作不能是组织工作。

新的社会阶层人士政治敏锐性高，同时也有打破既有社会生活圈层化的需求；而统战工作就是“让朋友变得多多的”，是一个以心换心交朋友的过程。因此，新联会应该注重保有其社会性、自发性的一面。在新联会的组织工作中，统战工作人员要参与，但是承担的应是组织中的服务角色而不是领导角色。

不同于行业协会条线属性和利益相对固化，新联会直接对接统战部门，而统

① 李强：《改革开放 40 年中国社会分层结构之变迁》，《社会》2018 年第 6 期。

战在党委条线，因此新联会是一个极好的新的制度性发声平台。新联会是一个跨行业的组织，很多新的社会阶层人士进入新联会就能接触到本地其他行业的优秀人士，开阔视野，相互影响。因此，新联会要注意在政治性、社会性和行业性之间取得平衡。

（三）建构统战工作代表人士和一般人士之间影响力机制

新的社会阶层成员众多，做好代表人士的工作，事半功倍。第一步就是寻找有影响力的“好人”。影响力是选择代表人士的重要标准，集中在这些新兴社会圈子或者行业中旗帜性人物身上；另一个标准是政治可靠。代表人士应是一个“好人”，“好人”就是圈子里人品好、社会声誉好，同时政治上可靠。掌握这些标准的方法就是进入“圈子”去“打听”。新的社会阶层人士的圈子其实很小，是一个熟人社会，“打听”起来很容易。统战工作就是要找出有影响力的“好人”，把“好人”从小圈子里请出来。

第二步就是把有影响力的“好人”转变成名人、带头人，通过体制渠道让更多的人知晓他们的品格与事迹，使他们成为更大圈子和行业的带头人。通过官方荣誉嘉奖、提供组织位置等，让他们有更大的工作舞台，有更大的作为空间。把新的社会阶层代表人士的社会影响力转化为为更广大的新的社会阶层人士服务的群众基础，转化为服务于社会与经济发展的治理能力。

第四篇

新的社会阶层与网络统战

第一节　新发展阶段统战工作在维护网络意识形态安全中的困境及创新研究

党的十九届五中全会提出,"全面建成小康社会、实现第一个百年奋斗目标之后,我们要乘势而上开启全面建设社会主义现代化国家新征程、向第二个百年奋斗目标进军,这标志着我国进入了一个新发展阶段"①。新发展阶段,"'两个大局'相互交织,'两个百年'历史交汇,意识形态领域使命任务更加艰巨,阶段性特征更加显著,阶段性挑战更加突出"②。另外,离开了有效传播,任何一种意识形态都难以发展、延伸和成功。互联网及新媒体技术以其自身逻辑不断重建传播秩序和传播规则,深刻影响着意识形态领域的斗争形势。"过不了互联网这一关,就过不了长期执政这一关"③。一旦网络意识形态传播阵地失守,势必引起线上线下各领域的连锁反应,最终会给党和国家事业带来灾难性后果。因此,新发展阶段,要确保网络意识形态安全,建设具有强大凝聚力和引领力的社会主义意识形态,为实现第二个百年目标提供强大的精神力量和坚强的政治保障。

统战工作是做人的思想政治工作,与意识形态工作高度契合。近年来,统战工作愈发重视网络意识形态安全,不断进行"互联网+统战"的实践探索,取得了积极成效。但是,统战工作在"谁来传播""传播什么""怎么传播"等层面均存在

① 习近平:《把握新发展阶段,贯彻新发展理念,构建新发展格局》,求是网,2021 年 4 月 30 日,http://www.qstheory.cn/dukan/qs/2021-04/30/c_1127390013.htm。

② 贾立政:《关于新发展阶段意识形态领域使命的思考》,《人民论坛·学术前沿》2020 年第 24 期。

③ 中共中央文献研究室:《习近平关于社会主义文化建设论述摘编》,中央文献出版社 2017 年版,第 42 页。

着困境，影响到社会主义意识形态的网络传播效能。因此，在新发展阶段，统战工作需要进一步顺应网络传播规律，不断强化互联网思维，在传播主体、内容、路径等方面加强实践创新，为维护网络意识形态安全更好发挥统一战线的法宝作用。

一、“谁来传播”层面：网络传播“中心”的流动性导致“选人”“用人”上的困境

网络传播格局是一种流动性的“多中心化”格局。这使得统战工作在打造网络意识形态传播“中心”时，面临着选准人、用好人的难题。

（一）网络意识形态传播呈现“多中心化”格局

网络的技术属性赋予用户传播权，使得“人人都有麦克风”，人人都可打造“我的传媒”。每个“个体”均是一个传播节点，“个体”成为传播的基本单位。这便瓦解了传统社会金字塔般的“中心化”传播格局，形成“去中心化”趋势。但是，每个传播节点并非均衡，有强有弱。其中的“强势”节点在“去中心化”的趋势中又有成为“中心”的可能，即形成“再中心化”趋势。“去中心化”与“再中心化”两种趋势的交织便形成了“多中心化”的传播格局。

在“多中心化”传播格局中，传播“中心”包括了个人和组织（机构），涵盖了体制内外。不同传播“中心”在涉及意识形态传播方面既会具有一致性，又可能因自身利益等各种因素而出现较大差异。

（二）传播“中心”具有流动性特征

在网络传播环境中，技术赋权只是使得用户能够成为传播节点。但一个传播节点能否成为传播“中心”，其“中心”地位能否得到维持或加强，还要受制于其他几个方面赋权的影响——自我赋权，即传播节点的主观愿望和客观条件（包括社会地位、传播资源和能力等）；网络用户赋权，即网络用户与某一传播节点具有黏性，并向其让渡自身的话语权，网络用户赋权是传播节点获得“中心”地位的关键；官方赋权，主要体现为官方给予政策、物质条件等方面的支持。此外，“中心”地位还受到不同传播“中心”之间相互合作或竞争的影响。

上述因素往往复杂、变动而不确定，因而会导致“中心”地位的不稳定性。这体现在宏观层面，便是网络传播“中心”的流动性特征——不停地有“中心”消亡，

又不停地产生新的“中心”。例如，一些人会因某种“流行”的兴而成为“网红”，随着这种“流行”的亡而销声匿迹；又如，一个网络“大V”可能因为一些言论或一件事而人设崩塌，瞬间失去影响力；等等。

（三）打造网络意识形态传播“中心”的选人、用人难度增加

统战工作主要是做代表人士的工作。在网络意识形态传播中，一个重要的途径就是使统战工作对象成为传播“中心”，发挥“意见领袖”影响一片的作用。在发现而选择、培养而发挥作用等环节，都力求“中心”的确定性和稳定性。

但是，网络传播“中心”流动性特征首先带来了“找谁”的难题。例如，在网络人士统战工作中，即使运用大数据等网络手段筛查，通过线下“人找人”等方式推荐，依然存在不同程度的“找人难”的问题。在用好人、发挥好作用环节，网络用户赋权状况、不同“中心”间的竞争状况等，并非是统战工作所能完全控制的因素。其将导致统战网络传播“中心”存在不稳定性问题。

二、“传播什么”层面：网络信息的繁杂化、碎片化、娱乐化、传播智能化导致传播内容生产上的困境

当前和今后一个时期，网络传播的一个显著特征在于信息的繁杂化、碎片化、娱乐化和传播智能化。这种“四化”传播环境对统战工作提高社会主义意识形态内容生产的传播力、引导力、影响力、公信力造成冲击。

（一）网络信息的繁杂化分散用户对社会主义意识形态的注意力

网络信息的繁杂化是现实社会复杂异样性与网络“人人传播”叠加的必然结果。新发展阶段，“两个大局”相互交织。国际上，“最近一段时间以来，世界最主要的特点就是一个‘乱’字，而这个趋势看来会延续下去”[①]。与之相伴的是，各种诋毁或曲解中国特色社会主义的言论、各种消极情绪夹杂着西方价值观念，不断通过网络加大对国内的输入和渗透。就国内而言，进一步的改革和发展，必会引发社会结构、利益格局等诸多方面的新变化，不可避免地导致思想文化相互激荡、价值取向更加多元、不同社会思潮此起彼伏。源于现实社会的各种价值观

① 习近平：《把握新发展阶段，贯彻新发展理念，构建新发展格局》，求是网，2021年4月30日，http://www.qstheory.cn/dukan/qs/2021-04/30/c_1127390013.htm。

念、社会思潮、流行文化，在“人人传播”的网络生产中会以不同形式、不同面目不断涌现，产生巨量复杂多元的信息。繁杂的信息相互竞争，分散了网络用户对社会主义意识形态的注意力。

（二）网络信息碎片化影响用户对社会主义意识形态的理解

网络时时刻刻都在生产信息，海量信息与有限注意力之间的矛盾，加之网络用户使用新媒体的习惯，造成网络信息碎片化传播。在信息碎片化传播中，完整或宏大的叙事不易被认可，任何主题、任何事实都可以被拆解为不同“零件”。但是，网络用户并非完全停留在碎片化理解的层面。他们会根据自己或所属群体的认知、情感、立场及观点，在不同平台、不同文本中有选择地截取各种碎片。再“把各个碎片结合起来，创造出意料之外的故事情节，然后通过增加新的细节来完善叙事的完整性，最后在这些碎片之间建立一致的因果关系”[①]，从而拼贴出每个人自以为是的“完整图景”。在此情形下，社会主义意识形态的话语规则和话语体系易被解构，致使网络用户对社会主义意识形态产生理解上的偏差。

（三）网络信息娱乐化易降低用户对社会主义意识形态的认同

在资本逻辑助推下，网络信息娱乐化（即一切皆可娱乐、一切皆为娱乐）日趋明显。为了吸引流量，获取经济利益，恶搞、煽情、“虚无”，审丑、嘲讽乃至制造争议性话题时时可见……信息传播被定义为“娱乐”的周而复始。信息娱乐化难免造成低俗、庸俗、媚俗导向，冲击社会公序良俗，弱化网络用户的理想信念和道德观念。更危险的是，各种错误的思想观念往往借助信息娱乐化这一隐蔽手段，潜移默化地影响网络用户的思维方式和价值判断。这一切最终会降低网络用户对社会主义意识形态的认同。

（四）网络信息传播智能化会给意识形态安全带来隐患

基于大数据的内容分发、机器人写作、机器人社交等信息传播智能化已然兴起。而这些智能化均离不开算法。掌握算法的商业平台在资本逻辑的驱动下，具有利用算法推动信息娱乐化的强烈动机，由此生产的传播内容容易在社会价值体系、公众舆论环境等方面制造不利导向。当智能化成为网络信息生产方式

---

① 范明：《论互联网群体叙事的意义流动》，《现代传播》2021 年第 4 期。

的主流，算法便会成为网络空间的基础性“把关设施”，进而左右整个网络空间信息的内容选择和传播流向。届时，一旦算法偏离“正道”，必将导致社会思想观念偏向，给意识形态安全带来隐患。

（五）“四化”环境冲击网络意识形态内容生产的“四力”

习近平总书记强调，要“切实提高党的新闻舆论传播力、引导力、影响力、公信力”①。依此精神，统战工作在网络意识形态传播中，需着重提高社会主义意识形态内容生产的传播力、引导力、影响力、公信力。其中，传播力是对内容的编码能力，引导力是在内容方面的议题设置能力，影响力是使内容引起关注、激发共鸣的能力，公信力是让内容获得普遍信任的能力。“四力”相互作用、密切关联，直接关系到社会主义意识形态的网络传播效能。

但是，网络信息繁杂化导致的注意力分散、碎片化带来的理解偏差、娱乐化引发的认同降低、智能化产生的安全隐患，这四者相互交织叠加，对统战工作提高内容生产的“四力”不断造成冲击，易影响社会主义意识形态的凝聚力和引领力。

三、“怎么传播”层面：网络传播结构的“圈层化”导致传播路径上的困境

当互联网进入社交媒体时代，网络传播结构趋于“圈层化”。“圈层化”导致异质圈层相互区隔、同质圈层相互勾连，其负效应给社会主义意识形态广范围扩散、深层次渗透造成较大障碍。另外，受传统的传播思维、工作方式等因素影响，统战工作在网络意识形态传播路径上存在适应“圈层化”结构的滞后性。

（一）网络传播结构趋于“圈层化”

“人的本质不是单个人所固有的抽象物，在其现实性上，它是一切社会关系的总和。”②因此，社会交往是人的固有的内在需求。现实中，人们基于社会分层，依据血缘、地缘、业缘等交往需求形成了各种线下社交圈层。社交媒体的盛

---

① 习近平：《坚持正确方向创新方法手段 提高新闻舆论传播力引导力》，新华网，2016 年 2 月 19 日，http://www.xinhuanet.com//politics/2016-02/19/c_1118102868.htm。

② 《马克思恩格斯选集》(第一卷)，人民出版社 2012 年版，第 135 页。

行不仅促使各种线下社交圈层延伸至线上，也产生了各种没有线下交往基础的线上社交圈层。同时，互联网技术的发展不断催生新的传播平台。由于网络用户在使用平台时存在“人以群分”现象，多样化的平台便导致了平台性圈层，使得网络圈层糅合了社交和平台两个维度。

网络用户总是处于一定的圈层中。他们往往在圈层内进行着信息的生产与分享，并通过圈层间的链接，推动信息“出圈”流动。人际传播、群体传播与大众传播等传播方式均内嵌了圈层要素。因此，网络传播由“点到面”的单向线性结构演化为“圈层化”结构。

（二）“圈层化”负效应制造社会主义意识形态传播障碍

“圈层化”结构包含了两个向度：异质性圈层区隔和同质性圈层勾连。其负效应会给社会主义意识形态网络传播制造障碍。

异质性圈层区隔负效应——阻碍社会主义意识形态扩散。每个圈层都会成为相对稳定的“价值共识圈”，产生自我把关的信息过滤机制。内部一旦产生“群体极化”倾向，圈层便会变成一个“信息茧房”。此时，圈外的不同声音会被拒斥、屏蔽，造成异质性圈层间的相互区隔。其负效应在于，社会主义意识形态信息流在异质性圈层间易被阻断。

同质性圈层勾连负效应——放大“杂音”。在异质性圈层相互区隔的同时，同质性的圈层却容易产生勾连。形形色色碎片化的分散、沉淀在各种圈层中的非社会主义意识形态，特别是反马克思主义的意识形态，会借助同质性圈层的勾连在更大空间范围流动，甚至产生病毒式传播的效果。一旦如此，各种错误的价值观念、社会思潮便会整合放大，甚至变为“主流”，容易增强与社会主义意识形态博弈的能力。

（三）网络意识形态传播路径尚不能适应“圈层化”结构

从目前的实践来看，统战工作在网络意识形态传播路径方面还未能更好地适应“圈层化”结构，主要体现在两个方面。

一是统战官方网络传播阵地未能嵌入更多的网络平台。互联网信息技术日新月异，新兴平台不断涌现。例如，大数据、云计算技术催生了以今日头条为代表的内容分发平台，并将提升此类平台的“头部”性。又如，随着5G通信技术应用的普及，一种趋势——社会主要交流手段从书写文字转为视频语言，短视频与中长视频成为5G时代人机传播内容最主要的表达方式[①]——将会出现。由此,视频分享平台将更加流行。在多平台的背景下,统战部门在内容分发、视频分享等平台上用力不足。

二是"关系传播"不够充分。当前的网络信息传播在很大程度上"不再以信息的内容为导向,转而以受传者之间的关系为导向"[②],"关系会影响讯息的传递方式和对意义的理解"[③]。网络传播体现出"关系传播"的属性。由此,人与人的互联,即关系互联已成为网络信息流动的"基础设施"。尽管目前统战工作注重社交媒体传播,但更多具有"点到面"的线性传播痕迹;同时,不同工作对象群体在网络传播中也缺乏有效的"关系"互连和传播互动。

上述问题的存在,制约了社会主义意识形态在网络中的传播广度和深度。

四、新发展阶段维护网络意识形态安全的创新策略

新发展阶段,统战工作在现有实践成效的基础上,还需进一步强化互联网思维,并针对各种困境,在传播队伍、内容生产、传播路径等方面继续创新,以不断提升社会主义意识形态的传播效能,更好维护网络意识形态安全。

(一)强化统战工作的互联网思维

针对互联网这个"最大变量"的深刻影响,习近平总书记强调,"要主动适应信息化要求、强化互联网思维"[④]。因此,统战工作在维护网络意识形态安全的过程中,首先要强化互联网思维。这需要把握四个维度的互联网观。

一是网络规律维度的互联互通观——"网络的本质在于互联,信息的价值在于互通"[⑤],万物互联互通是互联网的内在逻辑。二是工作空间维度的网上网下一体观——"网络空间不是一个地方,而是各个地方之间的通道"[⑥],网上与网下

---

① 喻国明、杨雅:《5G时代:未来传播中"人—机"关系的模式重构》,《新闻与传播评论》2020年第1期。

② 陈先红、潘飞:《基于社会网理论的博客影响力测量》,《现代传播》2009年第1期。

③ 王怡红:《关系传播理论的逻辑解释——兼论人际交流研究的主要对象问题》,《新闻与传播研究》2006年第2期。

④ 《习近平谈治国理政》(第三卷),外文出版社2020年版,第308页。

⑤ 习近平:《在第二届世界互联网大会开幕式上的讲话》,中国政府网,2015年12月16日,http://www.gov.cn/xinwen/2015-12/16/content_5024712.htm。

⑥ [美]曼纽尔·卡斯特、马汀·殷斯:《对话卡斯特》,徐培喜译,社会科学文献出版社2015年版,第38页。

互交互嵌为一体。三是工作对象维度的虚拟人现实人统一观——“互联网虽然是无形的，但运用互联网的人们都是有形的”[①]，人具有线上线下的双重性。四是工作本领维度的学网懂网用网观——注重学习网络知识、掌握网络技能，“不断提高对互联网规律的把握能力、对网络舆论的引导能力、对信息化发展的驾驭能力、对网络安全的保障能力”，“提高通过互联网组织群众、宣传群众、引导群众、服务群众的本领”[②]。

上述互联网观分别解决的是如何理解互联网规律、如何把握社会空间新形态、如何认识人的新特性、如何运用互联网等问题。这些观点紧密联系，统一于“构建网上网下同心圆”的要求，共同构成了统战工作的互联网思维。

（二）打造覆盖广泛、多元、多层的网络意识形态传播队伍

网络传播“中心”的流动性特征将会持续存在。解决其带来的“找人难”、传播“中心”作用不稳定等问题，得从“人人传播”的传播节点角度寻找对策。根据罗伯特·梅特卡夫定律（Robert Metcalfe's Law），一个网络的有用性或者效用等于使用者数量的平方[③]。因而，传播节点越多，网络意识形态整体传播效用越高。按此逻辑，打造覆盖广泛、多元、多层的网络意识形态传播队伍，可以在一定程度上化解网络传播“中心”流动性的困扰。

一是全面打造统战工作者网络传播队伍，形成人人都能传播、人人都会传播的局面。不断提升统战工作者直接面向广大统一战线成员开展线上互动的意识和能力。二是充实统战工作对象网络传播队伍。针对“人人传播”“多中心化”“圈层化”等网络传播特点，基于统一战线各个领域，广泛选择传播主体。传播主体要涵盖体制内外、源于不同社会圈层，包括传统工作对象和新的工作对象群体。

在上述基础上，结合个人的专业特长、传播技能及资源，按照“用户生产内容”“专业生产内容”“职业生产内容”的差异，培育涉及不同社会领域、不同类型的网络“大V”、“中V”和“小V”。

---

① 习近平：《在第二届世界互联网大会开幕式上的讲话》，中国政府网，2015年12月16日，http://www.gov.cn/xinwen/2015-12/16/content_5024712.htm。

② 《习近平谈治国理政》（第三卷），外文出版社2020年版，第308-309页。

③ ［荷］简·梵·迪克：《网络社会——新媒体的社会层面》（第二版），蔡静译，清华大学出版社2014年版，第61页。

（三）推动网络意识形态内容的宣传导向与需求导向相统一

在生产与消费的辩证关系中，“生产是实际的起点，因而也是起支配作用的要素”[①]，而“消费在观念上提出生产的对象，把它作为内心的图像、作为需要、作为动力和目的提出来”[②]。这反映在网络意识形态传播中，便涉及内容生产的两个导向——加强思想政治引领的宣传导向和“想看什么”的需求导向的关系。只有实现宣传导向与需求导向相统一，才能破解网络信息“四化”带来的负面影响，更好增强社会主义意识形态的凝聚力和引领力。

一方面，强化习近平新时代中国特色社会主义思想宣传，深入开展理想信念教育，深化新时代中国特色社会主义和中国梦的宣传教育；围绕中共党史、新中国史、改革开放史、社会主义发展史、中华民族发展史及统战工作史，进一步讲好中国共产党故事、中国特色社会主义故事、统一战线故事；大力弘扬社会主义核心价值观，弘扬以爱国主义为核心的民族精神和以改革创新为核心的时代精神。

另一方面，善用大数据手段掌握网络用户特征、加强网络舆情监测，由此精准分析他们共性和个性的需求，从中找准思想的共振点、情感的共鸣点和利益的交汇点。在此基础上，坚持以人民为中心，做到“三贴近”，把握“时、度、效”，不断增强内容的说服力、亲和力、感染力，努力做到强信心、聚民心、暖人心、筑同心。同时，适应分众化、碎片化传播特征和用户的新媒体使用习惯，在内容表现形式上不断创新，让更多的用户愿意看、看得懂。

（四）加快构建网络意识形态的统战传播网

要让社会主义意识形态在更大的网络空间范围传播，就必须打破异质圈层间的区隔，形成穿透力强的传播路径。这需要从网络圈层的平台维度和社交维度着力，构建一张可以勾连不同异质圈层的统战传播网。

加快推进全方位、立体化的统战网络传播平台建设。从功能方面看，不仅要进一步加强统战官方综合信息传播平台建设，而且要着眼于统战工作对象，不断打造政治立场坚定、传播能力较强的个人或组织化的自媒体传播平台，让这些自媒体平台承担不同类型的传播任务。从技术方面看，统战传播平台，尤其是官方平台要积极在今日头条之类的内容分发领域和抖音等视频领域增加覆盖密度。

① 《马克思恩格斯选集》(第二卷)，人民出版社 2012 年版，第 694 页。

② 《马克思恩格斯选集》(第二卷)，人民出版社 2012 年版，第 691 页。

通过这两方面的协同，形成功能定位多元、载体多样的统战网络传播平台集群，为构建统战传播网提供物质载体。同时，依据互联网的互联规律，加快对人的“关系”互联。在打造统战传播队伍时，通过创造各种“跨界”的线上线下关系链接，把区隔在不同社会空间、不同社交群体内的统战传播个体互联为整体性“关系大网”。

在上述过程中，建立起一个以统战网络平台群为支撑，以统战传播个体间“关系”互联为管道的传播网。让网内的不同统战传播个体嵌入相应的平台和社交圈层，再以统战传播个体间的“关系”互联打通这些平台和社交圈层间的“最后一公里”，实现统战传播网对圈层的广泛勾连。由此，发挥统战传播网的双重引流作用——把统战传播平台的信息流引入各个平台或圈层，把不同平台或圈层的人流引入统战传播平台——进而扩大社会主义意识形态的影响。可以说，对于在网络意识形态领域壮大红色地带，压缩黑色地带，促使灰色地带红色转化，统战传播网都将发挥积极作用。

第二节　新媒体时代高质量推进徐州网络统战工作路径研究

进入新媒体时代，社会阶层利益分化日趋明显，传统与新兴风险挑战交织叠加，外部环境不确定因素渗透愈加强烈，徐州网络统战工作面临着新问题新挑战。为此，徐州市各级各部门坚持底线思维、问题导向，围绕中心、服务大局，紧扣凝聚人心这个根本，突出思想政治引领这条主线，与时俱进地转变统战工作思路和方法，把统战工作向新媒体空间拓展、延伸、升级，全力推进徐州市网络统战工作转型发展，为全市开启现代化新征程、加快推进市域治理体系与治理能力现代化，建设“强富美高”新徐州奠定了坚实的思想政治基础和组织动员保障。

为进一步厘清新媒体时代徐州网络统战工作面临的挑战和机遇，发掘现实中存在的问题，探讨适合于徐州网络统战工作的高质量发展路径，本节立足于新媒体时代网络统战的基本规律和要求，通过查阅相关资料、数据，对在徐州工作的部分新媒体从业人员和高校系统工作人员进行访谈调研，提出符合徐州网络统战工作实际的对策建议。

一、新媒体时代高质量推进网络统战工作的机遇和挑战

“新媒体”这一概念属于舶来品，最早是 1967 年由美国人 P. 戈尔德马克(Peter Carl Goldmark)提出来的。在技术日新月异的今天，它仍是一个宽泛的概念，是相对于传统媒体而言，指利用数字技术、网络技术、移动技术等新兴技术，通过计算机网络、无线通信网、卫星等渠道，以及电脑、手机、电视机等终端，向用户提供信息和服务的新型传播形态。在万物皆媒、万物互联的时代，新媒体

意味着一种全新的信息传播环境，打开了社会交流交往交融的新空间。目前，新媒体具有三个明显特征，即复合嵌入的数字信息技术、强大的信息交互性与即时性、高度的开放性和传播覆盖率。这三个特征既给当前徐州网络统战工作带来了崭新的机遇，同时又增加了前所未有的新挑战。

（一）新媒体时代高质量推进徐州网络统战工作的机遇

1. 新媒体的技术赋能有效形塑了新型统战工作模式

网络信息成为重要统战资源的同时，也开启了新时期统战工作方式模式的转型。传统统战工作多采取政府主导的由上到下的单向性宣传沟通模式，统战对象常常处于被动接收信息的地位。在新媒体时代，借助于数字视听技术、移动终端技术、网络通信技术等复合技术，统战工作者通过搭建新媒体的宣传交流平台、舆情监测平台、指挥调度平台等，将过去自上而下的、单一的、静态的信息传播方式逐步转换为分散的、多边的、互动的交流模式，切实地提高统战工作的整体效率和效果，让统战工作更具时效性，让参与统战工作的其他主体更有存在感、获得感。

2. 新媒体的交互性极大推动了统战群体交流交融

不同于现实统战工作具有较为清晰的物理边界，网络统战在新媒体网络的拓展与延伸下，打破了固有边界，构建了扁平化、灵活化的统战工作运行机制，形成了跨区域、跨行业、跨阶层、跨职业的交流交融格局。信息从过去单向的、滞后的、单中心的传播方式，逐渐变为新媒体环境下多元交互式的、多中心式的表达传播方式。这促使统战工作由现实社会延伸到网络虚拟社会，统战工作范围持续扩大，形成了网络统战的新阵地新领域。这在加速跨部门协同、跨行业联动、跨群体交流、跨职业互动方面带来了全新体验。同时，这种交流模式也进一步促进了统战成员之间的认同、理解，为增强社会各阶层之间的凝聚力提供了可能。

3. 新媒体的开放性直接催生了网络统战新生力量

随着我国网络信息基础设施的不断完善，网络使用群体逐渐下沉，尤其是新媒体形成的网络空间中，存在着大量具有专业知识技能、具有社会责任意识、具备影响他人能力的新的社会阶层人士。他们借助自身的专业知识技能、公共事务参与热情、社会影响力，通过网络言行直接或间接地影响甚至引导着现实社会的舆论风气。在新媒体环境下，越来越多的新媒体从业人员以及网络意见领袖都将被吸纳到网络统战工作之中，成为新时期网络统战不可或缺的一支重要主体。这也让统战对象变得更加多元、统战力量变得更加强大、统战工作变得更加丰富。

（二）新媒体时代高质量推进徐州网络统战工作的挑战

1. 新媒体战线波及广加重统战工作压力

2021年第48次中国互联网络发展状况统计报告显示，截至2021年6月，我国网民规模达10.11亿，较2020年12月增长2 175万，互联网普及率达71.6%。随着数字化转型的深入和互联网的全面普及，网络统战的主阵地将由线下为主转为线上为主。统战工作的统筹协调性迎来了更大的考验。受制于传统统战工作体制机制惯性、网络统战资源经验不足等，如何更好地服务徐州统战工作全局，有效引导社会舆论走向，快速转变传统统战工作方式方法成为新媒体时代统战工作的重难点。

2. 新媒体环境复杂加剧统战工作监管复杂性

由于网络空间参与成本较低，各参与者思想多元多样，加之传播速度较快，一些极端负面言论极易引导舆论方向，从而压缩了网络理性声音的表达空间，弱化了表达力量，而且网民素质参差不齐，意识千差万别，网络行为捉摸不定，进而形成了线上复杂多变的网络环境。有些不法分子乘虚而入，利用网络进行违法犯罪活动，隐蔽性强，源头追溯困难。通过杜撰、传播各种虚假信息扰乱网络生态，进一步加剧了新媒体时代网络统战工作的难度。从国际上看，不少信息涉及我国国家安全和社会稳定，统战工作监管复杂性日益增加。

3. 新媒体关联复杂要求统战工作更具精准性

在新媒体创造的网络空间，各类思想文化汇聚，相互交织关联，如何做到精准统战，对徐州统战工作者、对爱国统一战线工作的模式方法要求更高。不同社会阶层的利益分化，人员类型多元，沟通协调存在一定难度，这就要求统战工作者创新工作理念，充分发挥信息技术的优势。各类统战组织之间如何在信息资源要素上协调一致，有力配合，高效联动，面对突发事件时能够及时决策和响应，提高网络统战工作效率，考验着徐州网络统战工作者的技术素养、理论素养和实践素养。

二、新媒体时代高质量推进徐州网络统战的内涵与原则

（一）高质量推进徐州网络统战新内涵

网络统战是以创新统战工作方式为手段，以推进与巩固统一战线为根本目

的的一种新兴的现代化统战模式，是网络媒体技术与统战工作思路的有机融合。对于徐州而言，理解高质量推进网络统战工作需要坚持两个核心：一是坚持整体性，即立足于“大统战”格局，将网络统战工作积极融入善治徐州四位一体城市总体发展思路，融入“强富美高”新徐州的整体建设，将政治、经济、文化、社会等各类要素纳入进来，将传统统战工作与新媒体环境的各类要素高度融合，构筑更具力量、更加全面系统的大统战格局。二是强化创新性，即面向于“新统战”时代，充分认识到新媒体带来的统战新环境新要求，准确把握新媒体时代统战工作的新特点新规律，既要认清网络统战的新挑战，也要抓牢新媒体时代带来的新机遇，积极调用各种新工具，创新各种新做法，与时俱进地推进并开创徐州市整体统战工作的创新发展新境界。

鉴于新媒体时代，网络统战工作的统战对象更为多元、统战阵地更加广泛、统战内容更加复杂、统战要求更为严格，徐州网络统战工作将面临更高的期望和要求，必须以高质量建设回应人民期望、社会期盼与时代要求。本研究认为，新媒体时代推进徐州网络统战工作的“高质量”主要体现在五个方面，即“强、精、快、准、好”，这构成了高质量推进徐州网络统战工作的基本内涵与方向(图 4-1)。

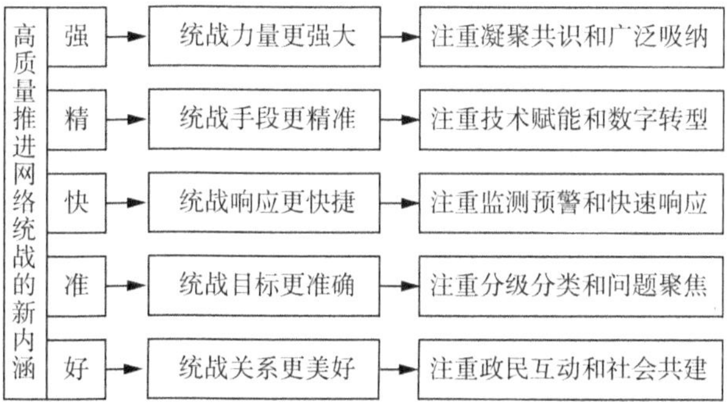

图 4-1　高质量推进徐州网络统战的新内涵

1. 统战力量更加强大，建立新型统战关系

统战工作根本上是做人的工作，靠近人心、争取人心、凝聚人心是统战工作的核心命题，其本质和主题就是实现各个民族、党派、行业、领域的大团结和大联合。新媒体给予了统战工作更为广阔的空间，使得同心圆的半径无限延展，能够团结更多的人心，汇聚更强大的力量。因此，网络统战旨在团结一切可以团结的力量，调动一切可以调动的积极因素，广泛吸纳和凝聚各种统战力量，充分发挥爱国主义统一战线在构建新发展格局中的优势和作用，为徐州的社会稳定和经

济发展献计献策。

2. 统战手段更加精准，创新现代统战方法

提升统战手段精准性是高质量推进徐州网络统战工作的应有之义。由于网络空间的多元性和复杂性，加之现有统战力量的有限性，不可能实现全领域全行业全覆盖。那么，究竟如何靠近人心、争取哪些人心，这离不开高效精准的统战手段，助推统战工作以较低的成本实现较好的统战效果。尤其是新兴技术的发展与创新，为网络统战工作精准识别团结对象、把握统战痛点难点、及时掌控网络舆情动态等带来了更多可能。

3. 统战响应更加快捷，锻造高超统战本领

抢占网络舆论先机，掌握舆情主动权是统战工作的基本要求。但长期以来，传统统战工作一直受制于响应不足的弊端，尤其是面对社会舆情的反应滞后和迟钝，使得统战工作效果并不理想。在新媒体时代，新媒体技术赋能为网络统战更快地响应各类潜在社会风险和突发事件，更快地进行跨部门协同响应和指挥决策提供了支撑。尤其是通过网络监测预警平台、跨部门协同指挥平台，可以有效防患于未然，及时捕捉各类负面舆情和风险信息，从而及时采取有效行动。

4. 统战目标更加准确，实现精进统战作风

网络统一战线涉及各行业领域、各群体职业、各场所平台。精准定位和快速响应机制，能够助推网络统战工作将统战目标和对象定位得更加准确。充分利用新媒体的特点和优势，做好统一战线工作宣传讲解群体的定位和识别，做好各类舆情的引导，使统战对象及时了解党的方针政策。整体来看，进入新媒体时代，网络统战工作对于新媒体人士定位更加准确，对于负面舆情把握更加准确，对于敌对势力的打击更为准确，进而沟通渠道更加顺畅，统战效能更加彰显，统战作风更加精进。

5. 统战关系更加美好，开创全新统战格局

网络统战的根本在于对人们开展爱国主义宣传教育工作，目的在于凝聚人心、汇聚力量，提升统战工作的效率和价值，巩固和扩大最广泛的统一战线。统战工作的本质是以人为核心的一种关系网络构建。新媒体空间吸纳了更多优秀且具有正能量的人才，统战关系变得更加美好。无论是线下统战还是网络统战，都在于促进整个社会形成一种风清气正的和谐环境。对于网络统战而言，则是要营造一种清朗的网络空间，让网民在制度框架内畅所欲言、各抒己见，积极展现新时代网民的风貌。

（二）高质量推进徐州网络统战的原则

结合新媒体的环境特征与徐州统战工作的现实需求，本研究认为，高质量推进徐州网络统战工作要积极调整统战工作思路和方式以适应新媒体时代的需求。其原则在于利用好"一个关键"，发挥好"三大优势"，处理好"六对关系"。其中，"一个关键"即紧密团结新媒体中的代表性人士；"三大优势"即技术赋能优势、组织制度优势与善治徐州环境优势；"六对关系"即线上线下联动、党内党外联合、城镇乡村一体、部门行业互通、技术制度融合、传承创新并行。

1. 利用好"一个关键"

统战工作就是要不断巩固现有力量，汇聚新生力量，实现人心统合。新媒体时代催生的重要主体就是"新媒体中的代表性人士"。2015 年 5 月 21 日召开的中央统战工作会议，首次将"新媒体中的代表性人士"列为重点团结对象。他们是伴随新媒体的发展而出现的新群体，具有知识层次高、流动性强、思维活跃、影响面广等特点，并且以党外人士为主，在维护网络安全、影响社会舆论、传递社会正能量等方面发挥着重要作用，是新媒体时代高质量推进徐州网络统战工作的一支重要力量，也是推动徐州传统统战工作转型的重要抓手。

2. 发挥好"三大优势"

一是利用好技术赋能，彰显"数字徐州"的统战优势。近年来，徐州紧紧抓住数字技术变革带来的发展机遇，加快推进"数字徐州"和"智慧徐州"建设，以数字化、智慧化赋能引领经济社会高质量发展，深入推动教育、医疗、交通、城管、文旅以及统战部门在内的部门数字化技术普及应用。构建的"大数据＋网格化＋铁脚板"治理机制更加完善，智慧技防水平持续提升。对于徐州网络统战工作而言，必须顺势而为，牢固抓住技术红利，利用"数字徐州"和"智慧徐州"创造的技术环境从根本上提升徐州网络统战工作效能。

二是建设好组织制度，彰显"法治徐州"的统战优势。近年来，"法治徐州"建设更加深入，社会主义核心价值观要求融入法治建设和社会治理领域，社会治理法治化水平显著提高。同时，社会治理制度机制更加完善，权责明晰、上下贯通的市域社会治理协调机制和指挥体系全面建立。社会治理领域地方性法规和政策制度体系更趋完备。良好的法治环境为社会力量依法依规参与政治生活创造了有利条件，有助于更大范围内调动网络统战对象参与徐州社会治理活动。

三是发扬好善治环境，彰显"善治徐州"的统战优势。近年来，"善治徐州"

建设稳步推进，徐州市整体社会环境和谐稳定，人民群众获得感、幸福感、安全感不断增强，社会力量和广大群众参与社会治理的渠道途径不断拓展，群防群治队伍进一步壮大优化。根据《徐州市"十四五"市域社会治理现代化发展规划》，"十四五"时期，徐州市域社会治理现代化建设的总体目标是以党的领导统筹推进"善治徐州"建设，全面提升社会治理社会化、法治化、智能化、专业化水平。这也为构建形成政府主导、社会参与的徐州网络统战格局提供了良好的发展环境。

3. 处理好"六对关系"（图 4-2）

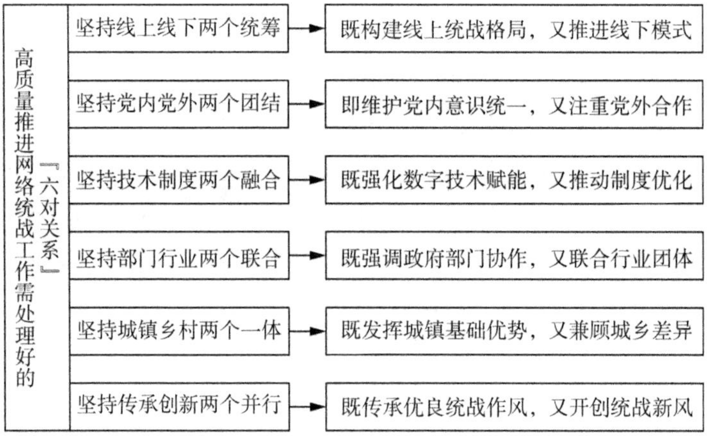

图 4-2　新媒体时代高质量推进徐州网络统战工作需处理好的"六对关系"

一是坚持线上线下两个统筹，既构建线上统战格局，又推动线下模式。统筹线上线下要求推进传统媒体和新媒体相融合。现实突发事件既会在网络上传播发酵，又会通过网络进一步升级与演化，也就是说，网络事件与现实事件密切互动耦合。因此，网络统战并非仅仅是在网络空间独立开展统战工作，而需要与线下统战工作统筹并进。

二是坚持党内党外两个团结，既维护党内意识统一，又注重党外合作。统战工作一直是我们党克敌制胜的重要法宝，既要培育与坚持党内团结的政治自觉意识，又要发挥人民政协的组织职能，加强党外人士的互帮互助与团结一致，为党和国家积极建言献策。进入新媒体时代，更要坚守这一基本原则，使得党内党外拧紧"一条绳"，爱国统一战线牢不可破。

三是坚持技术制度两个融合，既强化数字技术赋能，又推动制度优化。新媒体技术的发展打破了传统统战工作的时空壁垒，也拓展了统战对象的基础范围，进一步优化了传统统战工作方式，体现了技术赋能的强大优势。与此同时，如何以制度规范技术利用与管理，推动新兴技术有机嵌入现有统战组织体制，需要结合统战工作的实际逐步实现。

四是坚持部门行业两个联合，既强调政府部门协作，又联合行业团体。统战工作点多面广，涉及领域行业群体广泛，依靠单一部门力量难以完成。统战工作虽然由统战部门进行协调推进，但任何政府职能部门都有推动统战大局意识的内在职责。同时，在政府部门外部、重点行业领域以及社会团体的统战工作也是推进重点。职能部门推进本职工作、联系管辖行业领域，内在地也是在推进统战工作。

五是坚持城镇乡村两个一体，既发挥城镇基础优势，又兼顾城乡差异。网络统战要摆脱地理空间的约束，不能仅仅在信息基础设施发达的城市地区开展，还要在乡村基层开展。要针对城乡的共同性与差异性，既以统一的统战标准和要求推进城乡统战工作，又要注重城乡差异，在统战方式方法上采取更为有效、更有温度的方式。

六是坚持传承创新两个并行，既传承优良统战作风，又开创统战新风。要牢牢把握正确的政治方向，坚定中国特色社会主义的“四个自信”，要以传承传递真善美、展现正能量为要务，把握中华民族伟大复兴战略全局，引导并践行社会主义核心价值观，积极拓展创新统战工作方式，开创新的统战格局。

三、新媒体时代高质量推进徐州网络统战工作的现实路径

面对新媒体时代带来的新形势、新特征、新要求，借鉴全国其他地区的相关经验以及现有研究成果，基于高质量推进徐州网络统战工作的新内涵新方向，在思想政治引领、凝聚人心的基本原则下，立足于“一个关键”“三大优势”“六对关系”，本研究提出了新媒体时代高质量推进徐州网络统战工作的现实路径。

（一）团结新的社会阶层人士，抓牢网络统战着力点

长期以来，团结一切可以团结的力量，调动一切可以调动的积极因素，广泛凝聚党内党外强大合力，是我们党和政府不断凝聚新力量、取得新胜利的重要法宝。新媒体时代，要按照“充分尊重、广泛联系、加强团结、热情帮助、积极引导”的方针，广泛团结新的社会阶层人士，不断增进政治认同、思想认同、情感认同。

1. 拧成拧牢“一股绳”，增进政治认同

不断吸纳新的社会阶层人士参与和助力徐州网络统战工作，将各领域的积极进步人士凝聚在一起。加强新的社会阶层人士联谊联合会建设，定期组织网络意见人士参加教育培训和学党史活动，包括政治理论培训和形势政策教育，不断增强他们对党和国家的政治认同。引导网络意见人士参政议政，参加网络问政、征求意见座谈会等，鼓励他们为徐州地区经济社会发展建言献策。对于一些作风正派、思想先进的党外人士，积极推荐其入党或加入统战团体组织，增强其政治使命感。

2. 练好唱好“合奏曲”，增进思想认同

不断提升新的社会阶层人士的思想认同，才能促使他们为爱国主义战线宣传、生产、创造符合统战主题的内容，发出统战声音，形成统战力量。尤其是网络意见领袖，他们不仅是网络舆论参与的活跃分子，而且也是制造和加工新媒体信息的关键人物，对把握网络舆论风向起着至关重要的作用。要以思想认同为标准，积极发现和培养一批政治觉悟高、道德品质优、凝聚能力强的网络知识分子，充分发挥他们把控舆论动向、遏制负面言论传播的作用，与统战部门共同奏响网络统战“合奏曲”。

3. 拓展好维系好“朋友圈”，增进情感认同

面对新的社会阶层人士，徐州统战部门作为统战“群主”，要积极拓展好、维系好“朋友圈”，以爱国主义统一战线为明线，以情感认同为暗线搭建网络统战工作新桥梁，吸引更多具有爱国情怀、正能量的社会人士自觉加入网络统战阵地，链接更多统战力量和资源，形成新媒体时代庞大而具有情感归宿的统战网络。挖掘新媒体空间中助力网络统战的新生力量，开展对新的社会阶层人士的爱国主义宣传、培训、交流等活动，广泛收集他们的意见，听取他们的情感诉求，使其产生良好的参与体验。

（二）全面推进统战大格局，实现线上线下两统筹

在大统战时代，构建覆盖全域的、协同各部门的、涵盖各行业的、吸纳各主体的大统战格局，不断凝聚力量是统战工作可持续发展的必然要求。新媒体时代，网络统战工作要始终将线上与线下紧密结合，构建网上网下最大同心圆。

1. 把握政治方向，健全网络统战工作组织机构

探索性建立市委统一战线工作领导小组下的全市网络统战工作领导小组，总揽统战工作，协调各方力量，形成工作合力，建立“新媒体＋统战”新模式。建

立健全市委领导，统战部门牵头协调，宣传、网信、公安、教育、新媒体等多部门和组织参与的网络统战组织领导机制，打破“各扫门前雪”的分散局面。成立专门的网络舆情处置机构，设立舆情信息员，打造善于运用新媒体技术方法的统战队伍，提前做好网络舆情研判工作。

2. 坚守共同理想，加强统战线上制度机制建设

立足于大统战工作格局的高度，认真落实《中国共产党统一战线工作条例》等制度规章要求，全面统筹各个部门的网络统战工作，形成联合联动应对各类复杂舆情危机的强大合力。建立多部门协调联动的网络舆情处置机制。进一步完善网络统战工作联席会议制度，建立党委统一领导、统战部牵头协调、有关部门参加并各负其责的网络统战大格局。做细做实统战工作，打好政策“组合拳”，以制度建设清晰绘制网络统战任务图、目标图、路线图。建立完善新的社会阶层人士参与网络统战工作服务的长效机制。健全完善网络人士联谊会组织体系，实现市、区县(市)两级全覆盖。

3. 增进最大共识，筑牢网络战线线下情感根基

“浇花浇根，交人交心”。进一步发挥徐州深厚的文化优势，在凝聚人心的出发点上，及时掌握各类群体的分布情况、思想动态、利益诉求。积极建立统战微信群，成立新的社会阶层人士联谊会，同时把党外人士和统战干部聚集在一起，互相学习讨论，增强统战凝聚力。政府部门要定期汇报统战工作情况，定期组织专题学习讨论，解决当下统战工作中面临的难题。定期组织有思想、有见地的网络意见人士参加联谊会、座谈会等，鼓励他们围绕政府关心和社会关切的问题建言献策，时刻倾听他们的声音，以便最大限度地团结和凝聚网络意见人士。

(三) 把握网络舆论主动权，弘扬和谐社会主旋律

牢牢把握政治方向，做网络舆论的掌舵者，打好统战工作“主动仗”，巩固党的执政根基是网络统战的基本目标。这就要求各级统战部门以习近平新时代中国特色社会主义思想为统领，把握新媒体时代网络统战工作新方向新任务。

1. 画好“同心圆”，强化党的宣传统战作用

构建网上网下同心圆，巩固和发展最广泛的爱国统一战线新模式。广大统战干部除了利用好广播、电视、报刊等传统宣传载体外，还要充分利用微媒体、移动客户端、网络论坛等新媒体，适应时代要求，采用人们喜闻乐见的方式，将党的方针政策与群众的身边事相结合，生动形象地宣传统战工作的性质、作用和意

义，打通思想梗阻，破解意识误区，帮助群众了解统战知识、增强统战意识。重点加大对高校、科研院所、宗教等场所的统战宣传力度和资源投入力度。

2. 布成“一盘棋”，形成多部门协同的网络统战合力

积极发挥自身优势，推动商贸部门优化营商环境、公安部门净化社会风气、民宗部门加强多民族交流交融、统战部门及时掌握社会舆论风向，做好网络舆情监管分析工作。尤其是新媒体时代，网络已经成为大众表达诉求的最重要平台，但一些群众对信息掌握不充分，极易作出错误的判断，给社会带来负面影响，严重影响社会和谐。这就要求统战部门强化统战工作的前瞻性，善于把握网络舆论动向，抢占先机、主动回应、正确引导，确保网络舆论朝着有利于统战工作的方向前进。

3. 树好“风向标”，营造风清气正的网络舆论环境

既要坚持中国特色社会主义道路，将红色基因注入网络舆论的主流言论和观点，又要宣扬社会主义核心价值观，将更多轻松活泼的新鲜观点纳入社会主义主旋律。灵活运用网络信息平台、融媒体等加大宣传力度、普及统战新政策，让更多的人了解徐州统战工作，接受更多群众监督，共同开展新时代新型统战工作。同时，强化网络监管，充分掌握舆情信息，适当地引导舆论的发展。在各大媒体平台上，加强与用户的实时沟通，积极宣传指导，使舆论向好的方向发展。

（四）打造统战保障新体系，全面推动统战新发展

传统的统战工作难以应对网络环境中的复杂舆情，必须与时俱进地创新网络统战工作方式方法，从建设和完善网络统战平台、传承徐州优秀传统文化、强化人才队伍建设等方面予以加强。

1. 以技术为载体，构筑网络统战“高速路”

坚持数字赋能、创新思维方法，通过购买服务等方式建立完善专门的现代化网络统战宣传平台，开启“新媒体＋大数据＋统战”的网络统战新模式。继续发挥“云力量联盟”新的社会阶层人士网络学习实践平台的资源汇聚、交流互动的作用。通过交流应用软件，设置“民意直通车”“统战留言板”等，建立网上咨询模块，开展网络问政、网络监督，吸纳他们的合理诉求，形成政府和群众良好的互动局面，以推动政府机关统战工作的群众化和民主化，努力实现统战工作的科技支撑、网络交互和智库支持。加强网络舆情监测，依托统战数字化平台搭建起数据化、可视化、智能化的“数据监测看板”，并通过大数据技术进行统计、分析各类信息，为网络统战工作提供决策支撑。

2. 以文化为引领，唱响网络统战"主旋律"

徐州市是国家历史文化名城，拥有深厚的文化底蕴，享有"两汉文化看徐州"的美誉，同时也是一座红色之城、英雄之城，有着光荣的革命传统和永不磨灭的红色精神。在新媒体时代背景下，应充分融合这些历史资源优势，强化互联网思维，统筹运用各种资源、力量，将理论和实践相结合，定期发布统战历史和统战知识，介绍统战职能和性质，把统战工作纳入宣传工作。拓展统战工作的覆盖面，占领互联网这块新阵地，大幅提升统战工作的实效性、影响力，凝心聚力、开拓创新，努力开创具有徐州特色的网络统战新局面，持续提升徐州文化软实力。

3. 以人才为根本，强化高素质统战队伍建设

锤炼新媒体时代高质量的网络统战工作者，建设一支政治过硬、素质优良、数量充足、结构合理的网络代表人士队伍，增强统战干部对新形势下网络统战工作新情况新问题的政治敏锐性。多媒体时代需要加强"互联网＋"统战工作人才培育，提升网络统战队伍的整体素质和面貌。对于一些专业性较强的岗位，通过增加编制来吸引具有相应专业知识的人才，充实壮大现有统战队伍。举办专门的网络统战培训，学习统战理论知识，提升统战工作能力，引导统战干部意识到新时期党的统战工作的重要性与紧迫性，从而激发其工作热情。定期组织举办网络统战骨干、网络编辑、新闻发言等各种培训，切实提高统战人员运用互联网平台完成实际统战工作的能力和水平。

第三节　网络社会组织的线下引导与有效整合研究

习近平总书记指出,“做好新的社会阶层人士工作,发挥他们在中国特色社会主义事业中的重要作用”。网络社会组织是新的社会阶层人士集中分布地,因此,加强网络社会组织统战工作,坚持培育引导和管理规范并重,已成为新的社会阶层人士统战工作的一项重要内容。本节以网络社会组织为突破口,通过把网络社会组织由线上引导至线下,采用线上(网络)统战与线下统战有效整合的方法,增进新的社会阶层人士的政治认同,“寻找最大公约数,画出最大同心圆”,使网络社会组织成为凝聚人心、汇聚力量的统战工作新阵地。

一、网络社会组织的内涵与特征

新的社会阶层是随着我国市场经济体制的逐步确立而日渐崛起的一个新社会群体,它并不是一个严格意义上的阶层概念,但是新的社会阶层人士在职业特点、行为方式上呈现出一些共性,即具有专业知识和技术专长,重视学习和创新;独立自主且流动性强,强调公平竞争和自由选择;倾向自愿合作和社会参与,排斥过度的外部控制和干涉;思维活跃,价值观开放多元。他们从“单位人”转变为“社会人”,游离于传统组织体制之外,但又渴望以组织的形式实现身份认同、政治参与和社会参与,具有再组织化的意愿。因此,新的社会阶层群体中更容易出现通过自我组织实现群体秩序的过程。

网络社会组织是新的社会阶层人士再组织化的重要实践形式。第一,网络生活是新的社会阶层人士的重要生活方式。对于新的社会阶层人士来说,他们在工作、生活和交往方面很大程度上依赖网络。因此，自主地创建或加入一定的网络社会组织，实现跨越空间的人际联系，获得情感与生活的交流，是他们最便捷、最迅速的再组织化方式。第二，新的社会阶层人士依靠网络社会组织表达意见诉求。新的社会阶层人士大多是相对年轻的群体，他们以微信、QQ、微博、论坛等为平台关注国家政策、社会民生、专业发展，并善于运用网络平台发展自组织，形成小团体，对他人进行网上动员，同时也会以集体的名义对外进行网络发声。网络社会组织已经成为新的社会阶层人士表达自身意愿、体现自身价值、进行政治与社会参与的重要载体。

（一）网络社会组织的内涵

网络社会组织是不以营利为目的，民间自发组建，并以互联网为依托，凝聚网上志愿者力量，从而开展公益活动的社会组织。网络社会组织是具有相同或相近爱好、目标或利益诉求的一定数量的人群，基于一定的网络平台建立起来的各种正式或非正式的组织。就其本质而言，网络社会组织属于社会组织的范畴，其根本特性是非政府性、非营利性、志愿性、公益性、自治性等，涉及的类型则包括公共服务类组织、环保类组织、维权类组织、兴趣类组织等。网络社会组织也可以视为“互联网＋”模式的一种应用，是以网络为载体的新型社会组织。网络社会组织借助互联网技术，在虚拟网络空间自发形成各种联系。按照结构与功能的不同，可以分为两类。

1. 正式网络社会组织，即网络化的社会组织

这种类型的网络社会组织一般有正式的组织架构和组织实体，是现有社会组织随着互联网发展，在实现组织管理、组织宣传、组织活动等过程中采用现代网络技术与工具而发展出的新模式。2018 年 5 月 9 日，中国网络社会组织联合会成立，首批会员单位总共 300 家网络社会组织，包括全国性网络社会组织 23 家，地方网络社会组织 277 家。这些会员单位是登记在案的官方网络社会组织，是正式的网络社会组织。

2. 非正式网络社会组织

非正式网络社会组织是一定数量的人通过互联网平台，按照一定的目的、兴趣、任务聚集在相对开放的虚拟空间，自发地开展某种话题讨论，在网上网下开展活动的集合体。它在持续互动的过程中目标变得更加明确、人数逐步增多、社会影响力随之增大，组织的特征也更加突出。非正式网络社会组织通过官方注册和引导可以转变成正式网络社会组织，使其组织边界、组织架构、活动内容从

模糊到清晰发生转变。常见的非正式网络社会组织平台有网络社区、BBS、微博、微信等。

（二）网络社会组织的特征

网络社会组织以网络为载体，自然具有网络的一系列特性，更具有现实中社会组织所具有的一些特征。

一是自治性。网络社会组织依靠互联网提供的便捷沟通手段以相近的价值观、共同的爱好、感兴趣的话题甚至是突发的社会事件为纽带而迅速建立连接，以自我管理为基础，有相对约定俗成的规定，为了一定的目标自愿行动，使得分散的个体重新组织起来，呈现出一种“组织化”的状态。网络社会组织具有产生的自发性、运作的自主性和行为的自觉性，是典型的自组织。

二是平等性。与传统的社会组织相比，网络社会组织在内部结构上更体现为一种横向联系的扁平化结构，这种结构是去中心化的或多中心化的。在网络社会组织中人人都有话语权，人人掌握“麦克风”，这种结构使得组织内部关系更为平等，沟通更为直接，组织氛围更加民主。

三是开放性。网络社会组织不依赖于具有边界的物理空间，不局限在具有一定行政级别的地域内。网络社会组织打破了传统社会组织行动的“在场性”要求，在全世界范围内都是开放的，理论上只要存在互联网的地方，人们就可以加入任何网络社会组织的行动。

四是不稳定性。网络社会组织的平等性和开放性，使得组织成员来去自由，流动性也较高，这就导致组织结构不稳定，组织架构较为松散，整个组织对成员也不具备较强的约束力。

基于网络社会组织的自治性、平等性、开放性和不稳定性等特性，网络社会组织成员也具有与传统社会组织成员不同的特征：

一是匿名性。网络社会组织成员真实身份淡化甚至隐匿不见，组织内部成员之间在现实世界中几乎素昧平生、互不相识。这一特性具有双重效应：一方面使得组织成员之间更能够表达真实的情感意愿和利益诉求；另一方面使得成员的网络行为缺乏规范和约束，一些网络“愤青”可能会采取非理性的方式表达意见，传播虚假信息，从而产生负面影响。

二是身份的多重性和异质性。网络空间不具有真实的物理边界，这使得网络社会组织成员的参与不受空间限制。从组织成员的身份上看，一个成员可以在线上、线下参与不同的组织行动，获得多重组织身份；从网络社会组织内部成员构成来看，不同社会阶层与社会群体的人都可以选择加入某一网络社会组织，使其成员们在社会阶层上具有异质性。

三是人际间交互影响性。成员们依托网络社会组织表达个人意见，交流情感与思想，他们通过网络社会组织进行互动，容易形成一定的"舆论场"，这种"舆论场"会产生较为强势的意见与观点，对其他成员的思想和行为产生影响。特别是少数网络意见人士，他们在网络舆论和网络民意的引导方面能力较强，能够在短时间里形成较强的社会舆论影响力。

二、加强网络社会组织统战工作的时代价值

社会组织一直以来都是新的社会阶层人士统一战线工作的重要阵地。当前，我国已经进入"互联网＋"时代，随着网络化、信息化、智能化深入发展，互联网已经成为人们的生活必需品，成为人际交往和意见表达的重要场所。社会组织的形态也在不断发生重构以适应新的时代发展要求，通过网络连接组织内部人际关系的网络社会组织应运而生，成为新的社会阶层人士重要的生活空间和发声平台。

网络社会组织是新的社会阶层人士的重要活动场所，也是新时代新的社会阶层人士统战工作的重要抓手。全国新的社会阶层人士统战工作会议中强调，做好新的社会阶层人士统战工作，"要坚持创新工作方式，把握社会化的方向，抓住网络这个重要途径，多运用讨论的办法、交流的办法、增进感情的办法，更好地把他们组织起来"。通过网络途径，以网络社会组织为切入点，采用线上线下有效整合的统战工作方法，深入新的社会阶层人士的网络生活，是探索新的社会阶层人士统战工作的新路径，也是实践线上线下"同心圆"理论的新要求。

（一）有利于了解新的社会阶层人士思想和行为动态

一方面，网络是新的社会阶层人士联系交流、发表意见、抒发情感的重要平台，是他们日常生活中的重要内容。这就在客观上要求我们的统战工作要从网络入手，融入他们的网络生活，成为他们的朋友。另一方面，新的社会阶层人士思想活动的自主性、差异性和选择性明显增强，思想观念、价值取向和行为方式日趋多样，对待同一个问题会有多种不同的认识和理解。将统战工作扩展到网络社会组织可以了解新的社会阶层人士不同的价值观念、行为模式、利益诉求，

倾听更多真实的声音，以便有的放矢地开展新形势下新的社会阶层人士统战工作。

（二）有利于引导舆论、凝聚共识

网络具有“去中心”的特征，人人都可以拥有“麦克风”，在网络中发表见解和沟通交流。网络已经成为一个举足轻重的社会舆论场。新的社会阶层人士网络关联程度高，价值观念多元化，容易受到西方自由主义、极端物质主义等不良思潮的影响，产生思想上的动荡。这就要求我们的统战工作要与时俱进，将工作触手延伸至网络，积极引导网络社会组织的舆论，努力把握社会思想舆论的主导权，利用网络平台积极与反动思想舆论作斗争，积极传播正能量、正向引导舆论。同时，凝聚共识，寻求爱国主义的表达空间和表达力量，团结引领广大新的社会阶层人士认同主流价值观。

（三）有利于统战工作领域拓展、方法创新

“互联网＋”时代的到来预示着新一代信息技术在经济、社会等各个层面扩散、应用与深度融合。在新形势下，将网络社会组织作为新的社会阶层人士统战工作的重要抓手，是统一战线工作适应网络时代的必然要求。一方面，网络社会组织产生并成为新的社会阶层人士的主要活动场所，统战工作必须适应这一新变化，寻找新的突破口，适时地对统战工作的领域作出调整。另一方面，“互联网＋”为统战工作提供了新的理念、技术和方法，改变了线下工作的单一方法，使线上（网络）统战与线下统战相结合的工作方法成为可能。

（四）有利于推进国家治理体系和治理能力现代化

中共十九届四中全会审议通过的《中共中央关于坚持和完善中国特色社会主义制度、推进国家治理体系和治理能力现代化若干重大问题的决定》明确，巩固和发展最广泛的爱国统一战线，是坚持和完善人民当家作主制度体系，发展社会主义民主政治的重要内容。以网络社会组织为抓手开展新的社会阶层人士统战工作，通过网络手段发现、识别、协调不同群体的利益关系，有利于扩大党的群众基础，巩固党的执政地位；引导和监督网络社会组织发展能够激发网络社会组织活力，提高社会自治能力，促进政府职能转变，推进国家治理现代化；对分层化、多样化、个性化的网络社会组织在充分了解的基础上求同存异，并加以引导教育，让他们发挥专长和优势，团结一切可以团结的力量，最终实现国家和社会

的善治和良治。因此，将网络社会组织作为着力点加强新的社会阶层人士统战工作，是丰富完善治理体系、推进治理能力现代化、团结一切可以团结的力量的必然要求。

三、网络社会组织统战工作的创新实践及存在问题

近年来，全国各地积极创建统战工作实践创新基地，探索新的社会阶层人士网络社会组织统战工作的新方式，总结出许多各具特色的网络社会组织统战工作实践经验，同时也在工作中发现了一些目前仍然存在的问题。

（一）网络社会组织统战工作创新实践

1. 积极推进统战工作网络化平台建设

开展网络统战工作，推进统战平台建设，对新的社会阶层人士特别是网络意见人士的舆论进行正向引导，创造有序的网络言论环境。“我苏网”由江苏发展大会云平台升级改版而来，是一个集资讯、交流、互动为一体的综合性网络平台。“我苏网”的建立旨在吸引更多的人关注和参与江苏的经济社会发展，目的是实现统战工作者同新的社会阶层人士常态化、不间断的沟通联系和联谊交友，实现新的社会阶层人士有效、畅通地议政建言、表达诉求的愿望。

大连“e连心”是大连市委统战部适应网络时代新特点而开发的新的社会阶层人士网上互动手机移动客户端，围绕团结、引导、服务新的社会阶层人士，搭建教育培训、联谊交友、政治参与、作用发挥、舆论宣传五大工作平台。“e连心”开展网上建言献策活动，满足了新的社会阶层人士议政建言、诉求表达的需要。同时，建构“线下互动＋线上沟通”模式，在“e连心”上线的同时，线下同期启动“活力新的社会阶层·滨城新力量”主题实践活动，通过线上的组织动员带动线下活动的开展，通过线下活动的开展解决线上遇到的问题。

2. 打造面向新的社会阶层人士的网络社会组织

郑州“中原网络达人联谊会”由网络媒体中的优秀代表人士自愿发起，郑州市委统战部、市委网信办在充分调研的基础上积极协助而成立的具有民间性、公益性、联谊性、非营利性等特性的社会团体。“中原网络达人联谊会”旨在凝聚社会共识，传播网络正能量。在线上，开通“众益青年”官方微信公众号，建立“同心乐苑”微信群、QQ群，搭建学习交流平台；研发“中原e＋”数据档案管理系统，各种数据实时更新，方便网络人士在线学习交流。在线下，积极与网络人士相对集

中的部门、社团、行业协会联合举办培训、联谊活动，加强省内外各地市网络新媒体、网络达人之间的交流。

杭州“公羊会”是一家具有较大影响力的统战性公益社会组织，目前拥有全球正式注册登记会员5 000多名，80%以上人员属于新的社会阶层人士。市区两级统战部门建立联席会议制度，把“公羊会”纳入示范点建设，帮助制订方案，搭建聚才引才、联谊交友、议政建言、实践锻炼、创业服务、教育培训、社会服务等七大平台。“公羊会”将社会组织党建工作作为关键点，建立了3个党支部，各设1名统战委员，加强思想引导。同时，成立全国首个社会组织民主党派基层组织——公羊会民盟支部，定期开展“党派活动日”。重点培养核心、骨干成员，发挥“领头羊”作用。

3. 建构针对特定群体的“互联网+”社会服务平台

无锡市委统战部联合无锡中凯信息咨询服务公司成立律兜学院，学院将平台全体律师及所服务的企业主作为统战对象。以“噼啪论坛”为线下延伸，针对律师开展全面系统的培训和统战思想工作。同时，携手“同心”法律服务队，针对企业主进行培训活动，为统战工作打牢基础。此外，律兜学院还建立了大数据中心，逐步完善法律服务的数据资源，提出相关统战工作的大数据报告，为新的社会阶层人士网络统战工作提供了可资借鉴的经验和第一手资料，做好互联网统战的基础工作。

西安“蒜泥咖啡”作为网络社会组织的典范，在西安有较高的知名度。“蒜泥咖啡”由蒜泥电子科技有限公司创办，聚集了大量创客，经常开展“创业沙龙”“蒜泥路演会”等活动，旨在吸引以刚毕业大学生为主体的年轻人，为他们在思想观念、创新就业、家庭生活等方面提供扶持与帮助。西安市统战部门以“蒜泥咖啡”为据点，把每月10日确定为集中走访日，定期与新的社会阶层代表人士谈心论道、促膝交流，培养一批活跃在一线的统战力量，引导他们在日常经营中潜移默化地开展团结引领工作。

4. 探索网络社会组织参与网络社会治理

镇江市按照“组织架构具备网络特征、主要活动通过网络发起和组织”的标准，支持网络社会组织发展，引导网络社会组织注册登记。目前，镇江市注册的重点网络社会组织有50多家，核心会员3万多人，注册会员20万人。这些网络社会组织大多常年致力于参政问政、网上建言，参与网络空间治理。同时，采取“网络发动、党政推动、各界行动”的工作模式，在线下重点打造了一批网络社会组织活动中心，精心策划了一批主旋律活动项目，2016年全市各级累计提供帮扶项目资金 1 000 多万元。其中，“黄丝带”“社会妈妈”“社会儿女”等 10 多个网络社会组织成为“大爱镇江”城市名片，每年组织公益活动 400 余场，吸引 50 余万人次网民参加。镇江网络社会组织通过运行规范化、服务专业化和活动品牌化，取得了很好的社会成效。

（二）网络社会组织统战工作存在的问题

第一，网络社会组织统战工作平台以单向传播为主，缺乏多元主体互动和意见反馈的机制。随着“两微一端”等移动平台逐渐成熟，众多微信公众号成为统一战线发声的主阵地，但是这些官方平台多以单向传播为主，缺乏多元性、互动性与参与性。统战部门与统战对象之间、不同新的社会阶层群体之间缺乏双向沟通。统战对象，特别是新的社会阶层人士的社会参与、意见收集与沟通反馈机制还没有形成，导致网络社会组织对新的社会阶层人士缺乏吸引力与感染力，使统战工作的有效性受到影响。

第二，缺乏对新的社会阶层人士自发形成的网络“自组织”的识别、规范与引导。目前网络统战平台建设的受众多是新的社会阶层群体中的个人，目的是改变新的社会阶层群体结构离散的状况，将作为个体的新的社会阶层人士通过网络的形式“再组织化”，整合到官方统战平台上，以满足统战工作的需要。然而现阶段这种网络统战模式忽视了对已经形成的新的社会阶层人士自发形成的网络自组织的识别、规范与引导。一方面，缺乏对网络自组织的识别，由于缺乏一定的技术手段和网络社会组织统战理论的指导，这类组织很难被统战部门识别、分类与追踪；另一方面，缺少对自组织的规范和引导，确立网络社会组织行为准则，引导自组织“现身”，将非正式网络社会组织转变为正式网络社会组织的能力还比较低。

第三，在统战工作方式上，多以线上（网络）统战为主、线下统战为辅，在引导网络组织代表人士参与线下活动的方面还比较薄弱。虽然一些地区的统战部门做过一些线下活动的尝试，寻求网络组织成员线下沟通对话机制，但是统战工作的重心依然多集中在线上，常常被网络牵着鼻子走，充当舆情的灭火器，忽视了统战工作对于新的社会阶层人士的言论疏导与行为引导的作用。因此，将线上社会组织引导至线下，进行线上线下整合，利用传统与网络统战相结合的工作模式还须强化。

四、新时代网络社会组织线下引导与有效整合的对策

新时代加强网络社会组织线下引导与有效整合要在战略层面实现四个转变。一是要实现从单纯的网络统战到线上线下有效整合统战的转变。将网络社会组织引导至线下,进行培育引导、注册登记、政策扶持、规范管理;将线上和线下统战工作有效整合,支持引导网络社会组织成员进行线下活动,强化政治认同,鼓励政治参与,明确社会责任。二是要实现从"堵"到"疏"的转变。充分发挥统一战线协调关系、化解矛盾的社会功能,改变过去应对网络舆情危机"堵"的做法,转为依靠网络社会组织代表人士的力量,以疏为主,鼓励建言献策,引导正面发声,积极弘扬主旋律。三是要实现从"无序发展"到"有序发展"的转变。通过建章立制,确立网络社会组织行为准则,在网络社会组织统战工作中实现政府"有形之手"与网络社会组织自我管理"无形之手"无缝连接,促进网络社会组织从无序发展到有序发展的转变。四是要实现从"统战对象"到"统战力量"的转变。发挥以新的社会阶层人士为主的一大批网络社会组织代表人士的"意见领袖"作用,把他们纳入统战队伍,做好舆论引导、正面宣传的工作,实现其角色由统战对象向统战力量的转变。

当前及今后一段时间要改变统战部门被网络牵着鼻子走的被动状况,主动将线上组织引入统战部门的工作框架,改变当前统战工作一些碎片化的状况,建立将线上网络社会组织引导至线下、线上线下统战工作有效整合的新模式。

(一)强化引导,促进网络社会组织培育发展

积极引导各类网络"自组织"有序发展。第一,为网络社会组织自发形成提供良好的网络环境,同时孵化培育一些公益性强、体现正能量的网络社会组织,鼓励新的社会阶层人士广泛参与。第二,规范注册登记,将具有一定规模和影响力的网络社会组织引导至线下,将非正式网络社会组织转化为正式网络组织,增强其可见性,便于统战工作有针对性地开展。第三,成立网络社会组织联合会,形成网络社会组织内部自律,实现网络社会组织培育高质量发展。

(二)政策扶持,健全网络社会组织发展体系

一是健全政策体系。研究出台规范网络社会组织发展的政策性文件,为网络社会组织发展壮大提供政策引导和支持。二是加强政策引导。对网络社会组

织普遍实施初期介入、引导孵化，全面提供注册登记、活动策划、项目申报等“一条龙”指导服务。三是加强特色培育。通过政策扶持，注重整体布局，推动错位发展，重点打造参政议政、行业自律、慈善公益、舆情引导、网络文化、义工服务等网络社会组织，发挥网络社会组织在完善社会服务和社会治理中的作用。

（三）规范管理，强化网络社会组织自律自治

一是规范管理机制。强化行业自律自治，在全国率先成立网络社会组织联合会，通过健全章程、规范运作，践行自我管理、服务和监督。二是规范自身建设。统战部门与其他相关部门联动，指导其完善内部章程、财务管理制度规范，在网络社会组织中扎实推进党的组织和党的工作全覆盖。三是规范组织活动。采取“网络发动、党政推动、各界行动”的工作模式，线上以微信公众号、专栏、网络社区等为载体开展互动，线下重点打造一批网络社会组织活动中心，精心策划一批主旋律活动项目，形成一批有影响力的网络品牌活动。

（四）牵线搭桥，完善沟通机制和意见反馈机制

习近平总书记指出：“要健全同党外知识分子、非公有制经济人士、新的社会阶层人士的沟通联络机制。”一方面，要主动为网络社会组织建构并畅通意见表达机制。统战部门可根据网络社会组织擅长与关注的领域，调动他们开展网络问政、参政议政、社会调研和民主监督的积极性，推动他们不断把各种问题、诉求变为有效的建议、方案，既帮助政府了解舆情动态，提高政府决策和社会治理水平，也调动他们的政治参与热情，实现自身价值。另一方面，要建立常态化诉求反馈机制。畅通网络社会组织向党委政府反馈社情民意、表达意见建议和利益诉求的渠道，将沟通日常化、及时回应诉求、解决问题，把意见表达纳入合理渠道。条件成熟的地方，可以积极探索成立网络社会组织人士和新的社会阶层人士的才库或智囊团，使其建言献策行为制度化、规范化。在这些方面统战部门要发挥好牵线搭桥的作用。

（五）分类管理，对网络社会组织实行差别化管理

一是强支持，做强“红色社团”。会同有关部门支持一批具有明确正能量属性的网络社团组织做强，让他们在各类公益事务和参政议政中“抛头露面”，增强他们的公信力，确定他们在各类社会组织中的领军位置。二是重引导，转化“灰色社团”。利用网络社团成员内心渴望得到社会认同、希望实现自我价值的心理

特征，通过转化社团带头人，引导处于“灰色地带”的网络社团向正能量方向发展。三是常帮教，打击“黑色社团”。对于传播负能量和极端思想的网络社团负责人和其中的代表人士，劝其整改，对于拒不悔改的，报网信办、公安等部门，组织予以取缔解散。

（六）搭建平台，增强线上线下互动沟通功能

习近平总书记指出：“做好新形势下统战工作，必须善于联谊交友。联谊交友是统战工作的重要内容，也是统战工作的重要方式。”一是搭建统战实践平台。建立网络社会组织统战实践基地，引导网络社会组织代表人士积极投身精准扶贫、光彩事业等线下社会公益活动。二是搭建工作平台。建立统战、组织、宣传等部门共同参与的网络社会组织统战工作制度，把网络社会组织作为新的社会阶层人士统战工作的重要抓手，明确工作职能，形成工作合力。三是搭建联谊交友平台。将网络社会组织代表人士纳入重点交友范围，采用线上线下等方式，保持统战部门与他们的经常性联系。可以不定期地组织座谈会、茶话会等活动，邀请网络社会组织代表人士参加，在潜移默化中实现政策宣传、听取民意、联谊交友和团结引导的目的。四是搭建协商议政平台。定期组织网络社会组织代表人士有序参与社会治理活动，推荐优秀代表人士担任人大代表、政协委员和特约人员，通过开展网络问政活动，畅通议政建言渠道，广泛凝聚网络社会组织成员的智慧和力量。

（七）拓展服务，发挥“互联网＋”统战的公共服务功能

一是促进公共服务的拓展。依托网络社会组织，常态化开展志愿服务和公益活动，有效弥补政府在公共服务提供方面的不足。二是促进特色产业的发展。发挥行业优势和专业特长，助力“产业强市”。以网络社会组织建设公益电商平台，推动产业经济发展。三是促进机关效能的提升。鼓励网络社会组织对机关作风、行政效能进行监督评价，既促进了机关作风效能建设，又增进了政府与网民之间的互动互信。

（八）发展技术，推进大数据在统战工作中发挥作用

发挥信息技术手段在构建网络社会组织统战工作中的作用，使统一战线工作更精准、更科学、更智慧。一是利用大数据、云计算、“互联网＋”等技术对网络社会组织进行分类识别和跟踪分析，及时了解网络社会组织成员的舆论倾向和

心态变化，及时调整组织引导思路。二是在确保信息资料安全的前提下，加强与第三方技术平台的合作，通过外包形式将技术工作交给高校、科研机构或专业网络信息公司，做好数据库的实时更新和动态整理，利用好数据平台提供的网络社会组织统战信息。三是加强统一战线人才队伍建设。打造一支既有深厚的统战理论功底，又能掌握大数据、云计算、"互联网＋"等信息技术的复合型统战人才队伍。

第五篇

新的社会阶层与综合评价

第一节 “两个大局”视域下新的社会阶层思想动态与引领路径研究

一、问题提出

习近平总书记指出：“领导干部要胸怀两个大局，一个是中华民族伟大复兴的战略全局，一个是世界百年未有之大变局，这是我们谋划工作的基本出发点。”[①]我国正处于“两个大局”相互叠加相互交织相互作用的关键节点，社会发生广泛而又深刻的系统性变革，进而影响并推动社会思想观念整体性转变。诸如，社会结构分层分化带来公众利益诉求的差异化与多元化；社会快速流动、利益格局与资源分配方式深度调整导致社会主体间关系趋于复杂化；网络信息技术发展改变了人们的思维方式和价值取向；国际力量对比变化引发的东西方意识形态之争日趋激烈，等等。以上转变不仅直接关系到统一战线社会经济基础的变化、统一战线工作对象的变化、统一战线思想政治工作内容的变化，使统战工作面临着许多前所未有的新情况新问题[②]，而且对党的执政合法性、国家政权稳定以及意识形态安全等重大问题产生不确定性和不稳定性风险，在更深层次上影响着中国未来政治走向和政策选择。

新的社会阶层人士产生成长于社会转型期，其思想动态直接观照并影响当下思想观念日益多元多样多变的社会现实。同时，作为新生力量，他们普遍具有崇尚个性自由、富有批判意识和创新精神、善于接受新事物新理念新潮流

① 《习近平谈治国理政》(第三卷)，外文出版社 2020 年版，第 77 页。

② 张峰：《习近平中央统战工作会议重要讲话科学回答三大问题》，中国新闻网，2021 年 5 月 22 日，http://www.chinanews.com/gn/2015/06-05/7325766.shtml。

等思想特质，是推动社会思想观念转变的重要显性力量。以新的社会阶层人士为剖析对象[①]，尽可能全面准确掌握其思想动态、演变规律及发展趋势，可以对改革开放以来我国社会思想观念整体变迁形成全景式认知，既有助于提升思想政治工作的针对性和时效性，巩固和扩大共同思想基础，为实现民族复兴凝聚共识和力量，也能够增强对社会思想观念变化可能导致潜在风险的预判性和可控性，最大限度地防范或避免各种错误思想滋生，维护主流意识形态安全。

二、现状分析

（一）自我认知比较合理中肯，注重个人价值追求和高层次发展

自我认知是社会个体对自身的评估与觉察。[②] 它不仅内在影响着公众自我生活目标确立和价值追求，也外在影响着自我与他人社会交往方式的选择。作为体制外知识分子，新的社会阶层人士既有知识分子的特质，具有较高的文化素养和自我反思能力，能够客观理性地认识自己、评价自己，同时又是“经济人”，受到市场思维和竞争意识的影响，存在一定的逐利倾向，谋求个人利益最大化。

1. 个人需求多元，需求层次相对较高

新的社会阶层人士大都属于“Z 世代”[③]，受到市场机制逐渐成熟、经济快速增长、网络技术飞速发展、社会日益开放等多重因素的交互影响，个人需求呈现出明显的多元多样多层次性。根据需求层次理论分析[④]，该群体的需求层次（均值 3.24）相对较高，以“社交需求”（均值 3.66）和“尊重需求”（均值 3.41）为主。

---

① 2021 年 4 月，江苏省委统战部联合省社会主义学院共同成立“新的社会阶层人士思想状况调查联合课题组”，通过 PPS 分层多阶段抽样法，发放调查问卷 1 200 份（其中，回收有效问卷 844 份，回收率为 70.3%）。在数据处理方面，主要运用李克特量表（Likert scale）进行记分，按照由正向到负向的选择顺序，将“非常高”“比较高”“一般”“比较低”“非常低”五种回答分别记为 5、4、3、2、1 分，分值越高，强度越高；分值越小，强度就越小。

② ［美］威廉·詹姆斯：《心理学原理》，北京大学出版社 2013 年版，第 39－67 页。

③ “Z 世代”泛指在 1995—2009 年间出生的人，即“95 后”和“00 后”。参见《2019 Z 世代消费力白皮书》，百度文库，https://wenku.baidu.com/view/dd5e8f8211a6f524ccbff121dd36a32d7275c71e.html。

④ 根据马斯洛需求层次理论，课题组将新的社会阶层人士个人需求从低到高依次分为工资收入、福利待遇、工作环境等生理需求，人身安全、社会保障、公共服务等安全需求，友情、关爱与归属感等社交需求，名声、地位和晋升机会等尊重需求，发挥才能、服务社会、参与决策等自我实现需求。

也有一部分人直接把获取财富、资源和权力作为个人需求（均值 3.14）。在市场经济条件下，这种实用主义倾向的个人需求具有一定的现实合理性，但如果过度追求个人经济利益，则会蜕变为拜金主义、享乐主义、唯利是图等消极人生观，进而对社会价值观产生负面影响。

2. 职业心态健康向上，工作承压能力比较强

随着社会分工趋于精细化、专业化，职业成为划分社会阶层的重要标志。新的社会阶层人士属于知识-技能型人才，有自己独特的职业选择标准和职业发展目标，职业满意度（均值 3.91）比较高。特别是自由职业群体，他们更愿意把自己的职业当成事业来对待，实现志趣爱好与谋生手段的完美结合。这种健康向上的职业心态使他们面对工作压力时，大多能够主动进行心理调适，保持积极乐观的心态。

3. 注重个人自我发展，富有进取精神

新的社会阶层人士属于典型的“后浪”群体，他们对“成功”的定义具有明显的自我、个性、不安于现状等后现代主义特征。多数人认为一个人成功与否关键取决于“个人努力”、“能力素养”以及“学历水平”等内在因素（均值 3.68），而非“人脉关系”、“家庭出身”以及“权力地位”等外在因素（均值 2.35）。同时，他们更富有创新意识和进取精神，普遍认可“幸福是奋斗出来的”（均值 3.97），不满足于现有的舒适区，也不愿意当“佛系青年”，而是追求实现更高层次的发展，创造更大的社会价值。这种精神追求既是新时代知识分子的自我价值体现，也是推动经济社会发展、实现民族复兴的强大精神动力。

（二）阶层意识开始生成，具有自发分散的初始特征

阶层意识是指某个社会阶层的全体成员对本阶层所处共同处境和共同利益的集体感知[①]，是一个阶层产生和维系的共同心理基础。随着群体规模壮大和实力地位提升，新的社会阶层人士阶层意识开始产生，但其阶层意识多为自发的、本能的，还处于朦胧状态，还未形成统一的共同意识。[②]

1. 阶层身份认同不一致，处于动态变化之中

从新的社会阶层人士作为“体制外知识分子”“中等收入群体”“中国特色社

---

① 沈贯力：《当代中国新阶层阶层意识的朦胧与觉醒》，《信阳农业高等专科学校学报》2008 年第 3 期。

② 沈贯力：《当代中国新阶层阶层意识的朦胧与觉醒》，《信阳农业高等专科学校学报》2008 年第 3 期。

会主义事业的建设者”等三种身份来看，他们对“体制外知识分子”身份认同度最高（均值 4.15），其次是“中等收入群体”（均值 3.62），而对“中国特色社会主义事业的建设者”身份认同度一般（均值 3.16）。究其原因，身份认同并不完全取决于阶级阶层位置，它同时受到其他身份归属因素（如民族、宗教信仰、性别及社会政治团体等）和行为实践（如生活方式和消费实践）的影响。[①] 另外，该群体固有的复杂性、流动性、离散性等特征，致使他们的身份认同仍处于一种没有完全成型的状态。

2. 阶层地位认同存在落差，具有情绪化倾向

作为新兴利益群体，新的社会阶层人士在社会中的相对位置变化较快，使之有感于自己的得失，更有可能导致阶层意识的产生。[②] 总体来看，他们对自己的阶层地位认同存在明显落差。其中，经济地位处于“中上层”（均值 3.51），社会地位属于“中间层”（均值 3.16），政治地位处于“中下层”（均值 2.43）。较大的地位落差容易导致他们产生“相对被剥夺感”[③]，继而可能引发对社会、对政府的不满或抵触情绪。

3. 阶层利益认同差异性明显，呈现不规则的碎片化特征

新的社会阶层人士成长期比较短，群体成员结构复杂松散，关于阶层利益的认识存在公与私、奉献与索取、长期与短期等差别，还没有形成统一完整的阶层利益共识。一方面，阶层成员内部存在不同利益认知。多数人对阶层利益的认识来源于自我利益保护的应激性反应，甚至存在一些不健康的、非理性的个人主义倾向，还没有真正将普遍的阶层利益作为共同追求。另一方面，对不同阶层之间的利益认知存在冲突。他们对自己的定位是“社会夹心层”[④]，既没有非公经济人士的高收入，也享受不到体制内知识分子的高福利，属于被遗忘的群体。这种不规则的、碎片化的阶层利益认知，导致该群体难以形成整体意义上的阶层利益和制度化表达渠道。

（三）社会心态整体理性平和，具有明显的亲社会行为倾向

社会心态指在一个时期内弥散在整个社会或社会群体、社会类别中的社会

---

① 李春玲：《社会阶层的身份认同》，《江苏社会科学》2004 年第 6 期。

② 鲁宁：《新阶层的出现与社会结构转型》，《中国经济时报》2004 年 8 月 24 日。

③ 袁博、何勇平：《地位不一致性与相对被剥夺感——对西部某市高校青年教师的调查研究》，《武汉理工大学学报（社会科学版）》2017 年第 6 期。

④ 朱昌俊：《“隐形贫困人口”是社会夹心层的自我美颜》，《中国青年报》2018 年 4 月 24 日。

共识、社会情绪和感受以及社会价值取向。① 作为一种相对稳定持久的社会心理现象，它不仅反映着人们更高层次的精神状态和理想追求，而且直接左右着人们的行为取向和行动方式选择，进而影响社会发展。

1. 社会满意度比较高，存在一定的焦虑心态和不安全感

新的社会阶层人士社会满意度（均值 3.77）总体处于“比较满意”水平。这与其职业地位和经济收入水平基本保持一致。少部分人受制于工作不稳定、经济收入不高或者社会保障机制不健全等外部因素影响，认为“满足美好生活需要”仍然是遥不可及的事，对未来发展存在不安全感或焦虑感。

2. 社会公平感总体一般，存在群体分化现象

新的社会阶层人士社会公平感（均值 2.96）处于“一般”偏下水平。他们的社会公平感因其主观阶层地位认知不同而存在差异，认为自己居于“上层”地位群体的社会公平感（均值 3.78）明显高于“下层”群体（均值 2.53），也更能容忍社会不公平现象的存在。另外，他们的社会公平感还与其社会期望值相关。对自己收入、地位和声望等期望值过高的人，因其目标难以实现而容易产生挫败感，进而归因为社会不公平。

3. 社会行为具有亲社会性，参与社会公益服务的意愿比较高

新的社会阶层人士“非常愿意”（均值 4.65）参与志愿性公益性慈善性活动，社会行为具有明显的利他性和亲社会性②。究其原因，新的社会阶层人士大都属于“体制外的中产阶层”③，经济收入水平相对较高，使他们有意愿也有能力参与社会公益活动。另外，缺少体制保障，客观上也促使他们愿意“抱团取暖”，希望通过互帮互助的方式来应对未来可能面临的风险。

（四）政治态度比较明确，政治参与行为倾向于网络化

政治态度是指公众对政治目标与政治情境的认知、情感和行为倾向。④ 作为一种相对稳定的综合型政治心理现象，政治态度不仅直接反映公众的政治动机和政治取向，而且对具体政治行为具有一定的正向预判作用。

---

① 杨宜音：《个体与宏观社会的心理关系：社会心态概念的界定》，《社会学研究》2006 年第 4 期。

② 刘晓敏：《亲社会行为与利他主义》，《心理学探新》2000 年第 3 期。

③ 张海东、杨城晨、袁博：《新时代中国新社会阶层的社会心态——基于十个特大城市的数据分析》，《中央社会主义学院学报》2021 年第 1 期。

④ 王敏：《政治态度：涵义、成因与研究走向》，《云南行政学院学报》2001 年第 1 期。

1. 政治效能感总体一般，呈现内外不均衡态势

新的社会阶层人士政治效能感（均值 2.92）总体水平“一般”，而且呈现内在政治效能感（均值 2.63）比较低、外在政治效能感（均值 3.43）相对较高的不均衡态势。从内在政治效能感来看，他们对政治参与意愿（均值 3.36）相对高一些，但对自身政治参与能力（均值 2.15）和个人对政府影响力（均值 2.53）的感知比较低。这说明他们存在政治参与意愿与政治参与能力不匹配问题，影响到政治参与积极性。从外在政治效能感来看，他们求助政府的意愿（均值 3.56）、对政府重视程度的感知（均值 3.32）以及对政府答复的满意度（均值 3.14）基本一致，处于“一般”以上水平。在内、外政治效能感发生错位的情况之下，当他们发现采取理性的意见表达方式无法获得满意的结果时，转而可能采取非制度化渠道来表达意见诉求，在一定程度上成为引发群体性事件的诱因。

2. 政治信任度相对较高，存在“央强地弱”差序格局

政治信任既是政府合法性和权威性的重要来源，也是维护政治稳定、提升治理绩效的关键因素。[①] 新的社会阶层人士对政府部门的信任度（均值 3.44）相对较高，整体“比较信任”。但是，在我国高权力距离的社会中[②]，他们对不同层级政府的信任度存在明显反向差序信任格局[③]，即信任度由中央政府向基层政府递减，最高层的中央政府（均值 4.3）与最基层的街道社区组织（均值 1.9）之间相差超过两个层级。

3. 政治动机复杂，存在政治疏离心态

新的社会阶层人士政治参与的目的兼有“为社会作贡献”“推动经济社会发展”“防止官员腐败”等（均值 3.84）公益性导向与“维护自己合法权益”，甚至“争取更多个人资本”“获得更高荣誉”等（均值 2.96）功利性倾向。另外，他们对政治参与的积极性（均值 3.14）“一般”，认为自己对政治毫无影响也不愿参与，并且认为政府不会在乎个人利益诉求，因而对政治活动选择性失明或有意回避。这些不良或者消极政治动机可能导致两种错误倾向，要么“无所事事”——政治参与不足，要么“无所顾忌”——政治参与过度。

---

① 杨绘荣、杨蓉：《政治效能感、政治信任与政治认同：概念界定与关系厘清》，《比较政治学研究》2019 年第 2 期。

② 刘红：《权力差距视角下的中西方文化差异》，《湖北经济学院学报（人文社会科学版）》2013 年第 6 期。

③ 项继权、苏岸：《我国政府与社会信任反向差序及其逻辑》，《学习与探索》2020 年第 8 期。

4. 政治参与网络化倾向明显，存在不确定性

网络技术发展能够打破信息孤岛的壁垒，使公众以更加便捷、直接、有效的方式参与到政治生活之中。新的社会阶层人士与网络关联性更强，特别是新媒体从业人员、网络作家以及网络“大V”等群体本身自带流量，普遍认为“网络舆论对党委政府决策的影响”比较大(均值3.83)，更倾向于选择通过网络渠道表达意见诉求或者发表时政观点，对网络的使用频率相对较高(均值3.42)。原因在于，网络不仅为新的社会阶层人士参与政治活动提供“机会之窗”，使他们能够以较低的成本直接与政府对话，而且网络的扩音器效应能够把个人微小的声音放大为集体呐喊，对政府产生更大的影响，从而增强了他们与政府对话的信心。

需要指出的是，网络的技术赋权效应①加速了政治从垂直等级体系向横向多元体系的深刻转变，政治结构呈现“去中心化”或“多中心化”趋势。加之网络廉价的进入成本和缺乏规制等特点，使网络舆论空间成为一个公众意见交流的混沌空间，个别成员对党政部门的不满情绪通过网络迅速传播，发酵、扩散为群体不满，引发“群体极化”现象，加大了社会治理的难度。

三、引领路径

习近平总书记指出，意识形态工作是党的一项极端重要的工作。② 作为党治国理政的重要法宝，加强思想政治引领，巩固扩大政治共识，既是统一战线的独特政治优势，也是统战工作的重大政治任务。针对新的社会阶层人士思想动态复杂多变的客观事实，统战工作必须创新思路，由消极被动地适应转变为积极主动地应对，增强思想政治工作的引领力和时效性。

(一) 导之有向：强化主流意识形态宣传教育

1. 以开展主题教育为契机，增强政治认同

围绕“中国特色社会主义”这一时代主题开展思想教育活动，把思想引导贯穿于组织活动之中，增强新的社会阶层人士对“两个维护”的政治认同和政治定力，使他们在思想上政治上行动上始终与党中央保持同心同向同行，自觉把个人

① 郑永年：《技术赋权：中国的互联网、国家与社会》，东方出版社2014年版，第15－19页。

② 习近平：《论党的宣传思想工作》，中央文献出版社2020年版，第21页。

发展和社会进步结合起来，把个人梦和中国梦紧密结合起来。

2. 以教育培训为抓手，培育参与型政治文化

把新的社会阶层人士教育培训纳入党外人士培训总体规划，按照《社会主义学院工作条例》要求，开展以政治共识教育为核心、以文化认同教育为基础、以能力素质培养为重点的教育培训工作。结合群体特点，既要对传统课堂教学、实践教学进行优化升级，开展浸濡式教育，又要打造网络“微课堂”，实现全天候全方位全过程教学。

3. 强化服务意识，回应利益诉求

新的社会阶层人士大都处于体制外，具有较强的危机意识和不安全感，需要增强共情意识和服务意识，把解决思想问题与解决实际困难结合起来，把思想引导与推动个人发展结合起来，合理疏导他们的利益诉求，为他们的健康成长营造良好环境。

4. 以联谊交友为纽带，扩大朋友圈

一方面，要主动“请进来”“请上位”，激发他们资政建言的主观能动性。另一方面，针对部分人存在的陌生感、疏离感，要有“墙推到了就是桥”的自觉意识，主动“走出去”与他们交朋友，在交流中获得理解与信任，激发政治参与意识，使他们由“被统战”转变为“要统战”。

（二）导之有力：构建多部门协同联动机制

新的社会阶层人士数量庞杂、遍布多个领域和行业，涉及社会的方方面面，单纯依靠统战部门去做思想政治工作显然“做不了，也做不好”。这就需要树立大统战思维，构建全党、全社会协同参与、共同来做的全域统战[①]格局。

1. 打破“统战工作就是统战部门工作”的狭隘观念，树立统战共同体意识

做好新的社会阶层人士思想政治引领工作首先需要党政干部，特别是部门负责人坚持统战工作“一盘棋”思维，把统战工作视为所有党政部门的“分内事”和“责任田”，自觉把统战工作融入部门工作。

2. 构建工作联动协调机制，形成工作合力

通过完善落实组织领导、沟通协调、目标考核等机制，强化新的社会阶层人士统战工作联席会议制度的平台枢纽功能，打造上下级部门相互协同、不同单位部门相互联动、多种资源相互共享的工作机制，实现统战力量最强化、统战资源

① 杨卫敏：《全域统战：新时代大统战的总驱动》，《统一战线学研究》2019年第3期。

最优化、统战效能最大化。

3. 注重协同调查研究，准确掌握规律趋势

针对当前新的社会阶层人士仍然“底数不清、状况不明、问题不准、对策不行”等情况，探索创新多部门、跨地域、多种力量强强联合的协同调研模式。既要“沉下去”，由党政部门统筹安排，抽调专门力量，综合运用线上与线下等多种渠道进行全面深入的调查研究，又要“浮上来”，对一些杂乱的、偶然的、不稳定的表象进行去伪存真，尽可能对新的社会阶层人士的思想状况形成规律性认知，真实掌握其所思所愿所盼所需。

（三）导之有方：创新工作方式方法

面对新的利益群体，传统科层制统战模式难以有效适应日益复杂的社会思想观念变化，统战工作面临“传统联系渠道不好用、一般工作方式不管用”[①]的问题。这就需要根据新的社会阶层人士的成长规律和思想特征，在对原有统战方式进行创造性转化的同时，探索新的工作方式。

1. 坚持社会化统战，释放社会活力

社会化方式是指通过对话协商、相互合作、共同参与等方式将社会力量和社会资源整合起来，实现统战工作与社会发展良性互动，最大限度地把新的社会阶层人士团结在党的周围，有效为党的中心工作提供服务和支持。[②] 坚持统战领域开放性。突破传统统战工作主要集中在政治领域的限制，使统战工作由政治领域向社会多领域延伸，从政治层面向经济、文化、社会等多层面扩散，提高社会开放度。坚持统战主体多元性。统战主体不再局限于党政机关和体制内单位，所有具有统战功能、承担统战任务的新经济组织和新社会组织，甚至个人都可以成为新的统战力量。坚持统战功能社会性。统战部门需要改变传统大包大揽的工作做法，通过授权、委托或共建等方式，适度向社会组织放权，由它们承担社会性事务，实现统战工作由“管理型”向“服务型”的转变。

2. 坚持网络化统战，打造智慧统战体系

利用网络海量的信息储存功能，打造代表人物数据库，对重点对象的思想动态进行长期跟踪、分析和研判，实现代表人物培养的网络化动态化可视化。利用

---

① 侯东德、薄萍萍：《新的社会阶层人士政治吸纳研究》，《国家行政学院学报》2017 年第 4 期。

② 郭晓东：《社会化方式：新的社会阶层人士统战工作的优选路径》，《江苏省社会主义学院学报》2018 年第 5 期。

网络灵活的社会交往属性，建立经常性联系渠道，加强线上互动、线下沟通，主动融入统战对象的“朋友圈”。利用网络便捷的信息交换功能，走网络群众路线，积极回应网民关切、解疑释惑，为他们提供全方位宽领域零距离的一站式综合服务平台。利用网络强大的信息传播功能，打造 PC 网站、客户端、微网站、官方微博和微信“五位一体”的融媒体矩阵，实现政策宣传、信息交流、议政建言、服务帮助等网上互动，巩固壮大意识形态主阵地。

3. 坚持柔性化统战，增进情感认同

柔性化统战与多元扁平化社会结构相适应，也与新的社会阶层人士“社会人”属性相适应，是做好思想政治引领的优选之策。这就需要在平等尊重的前提下，以博大的胸怀和容人的雅量，通过对话、倾听和耐心沟通，消除认识上的差异。同时，将内在的、情感的、心理的管理融入交往交流交心，引导他们把对中国梦的认知由“激动一时”升华为“追求一生”。

（四）导之有效：搭建组织化制度化参与渠道

事实证明，一个人所处的组织或团体必然会潜移默化地影响其价值观念、政治认知以及行为方式选择等，而缺乏组织归属感的个人往往社会存在感、满意度都比较低，在政治参与过程中经常面临无序、低效的问题。

1. 构建多元平台共生体系，畅通政治参与渠道

按照用好现有组织、创建工作载体的思路，构建以实践创新基地为依托，由党派组织、统战社团、新联会、社会组织以及自组织等共同组成的“1＋N”组织平台体系。一方面，注重盘活存量，对现有组织平台优化升级，扩大覆盖面。主动吸纳新的社会阶层人士中的优秀人才加入党组织或民主党派，积极回应他们的组织归属需求。适度扩大规模，发挥各级新的社会阶层人士联谊会的桥梁纽带作用。另一方面，善于扩大增量，延伸工作手臂。通过政策引导、孵化培育、项目扶持等方式，对社会组织、自组织等进行赋权赋能，通过组织平台进行规范引导，保证其政治参与有序、可控。

2. 打造活动品牌，增强吸引力

活动品牌既是将新的社会阶层人士吸引过来、积聚起来的磁力场，也是统战工作持续有效开展的推进器。可以按照一地一品牌、一点一特色的思路，打造形式多、内容新、效果强的活动品牌。

3. 发挥作用，推动民主协商

公众参与的程度和规模是衡量一个社会政治现代化的重要尺度。① 引导新的社会阶层人士通过制度化渠道参与民主政治建设，把他们在民主协商、科学决策、权力监督等方面的优势转化为国家治理效能，不仅能够提升其政治效能感和政治认同度，而且能够将党的意志和蓝图转化为社会成员的普遍共识和集体行动，真正实现最广大人民当家作主的政治目标。

① [美]塞缪尔·亨廷顿、琼·纳尔逊：《难以抉择——发展中国家的政治参与》，汪晓寿、吴志华、项继权译，华夏出版社1989年版，第87页。

第二节　对新的社会阶层代表人士综合评价体系的思考

新的社会阶层人士是伴随着改革开放和社会主义市场经济发展出现的新社会群体。党的十八大以来，习近平总书记着眼新的社会阶层人士的发展变化，更加重视做好新的社会阶层人士统战工作。2015 年，在中央统战工作会议上，习近平总书记对新的社会阶层人士统战工作进行了深刻阐述，提出了明确要求。2015 年实施的《中国共产党统一战线工作条例（试行）》中，把新的社会阶层人士单独作为一个方面的统战对象；2017 年，党中央专门召开全国新的社会阶层人士统战工作会议，对做好新时代新的社会阶层人士统战工作作出全面部署。党的十九大报告明确指出，要“做好新的社会阶层人士工作，发挥他们在中国特色社会主义事业中的重要作用”。2020 年 12 月，党中央印发修订后的《中国共产党统一战线工作条例》，专门增加一章对新的社会阶层人士统战工作作出明确规定。

根据《中国共产党统一战线工作条例》，新的社会阶层人士由民营企业和外商投资企业管理技术人员、中介组织和社会组织从业人员、自由职业人员、新媒体从业人员等组成。他们具有群体规模大、分布范围广、内部成员差异显著、思想活跃多元、社会影响度高等特点。随着新的社会阶层人士统战工作的不断深化，新的社会阶层人士的规模不断壮大，素质不断提升，作用不断凸显，一批政治素质高、业务水平好、社会影响大，能够在群体内起示范引领作用的优秀分子涌现出来，他们构成了“新的社会阶层代表人士”。

对新的社会阶层代表人士开展综合评价，既是各级统战部门创新工作机制、提高工作成效的内在要求，也是做好新的社会阶层代表人士政治引领、培养使用等工作的重要依据。

我们结合江阴市新的社会阶层人士统战工作实际，认真分析县域内新的社会阶层群体特点，坚持政治导向、分层分类、明确重点、务求实效，研究建立了适合县域实际的综合评价指标体系、评价工作流程及工作机制，对江阴市镇(街道)两级新的社会阶层代表人士进行了综合评价，初步验证了指标体系的科学性和相关工作机制的有效性。有关研究成果对于全国县域范围内开展新的社会阶层代表人士综合评价工作以及加强新的社会阶层人士统战工作具有一定的理论意义和参考价值。

一、新的社会阶层代表人士综合评价工作的难点

尽管在非公有制经济代表人士、民主党派成员、党外知识分子等统战成员的综合评价方面已经有不少成熟的研究和实践，但是关于新的社会阶层代表人士的综合评价，理论和实践层面都还存在许多需要探索完善的方面。

在理论层面，由于新的社会阶层人士统战工作起步较晚，学术界关于新的社会阶层人士的相关研究还未形成体系，尤其缺乏关于新的社会阶层代表人士个性化行为特征、分类别差异化等方面的研究，导致新的社会阶层代表人士综合评价缺少理论支撑。

在实践层面，随着新的社会阶层人士统战工作不断推进，各地都陆续成立了新的社会阶层人士联谊会，在成员遴选、班子搭建以及组织建构的过程中，不可避免会涉及对新的社会阶层代表人士进行评价，但是截至试点工作开展之前，除江苏省无锡市之外，尚未发现其他城市规范开展综合评价的实践。

基于上述理论与实践的不足，我们认为新的社会阶层代表人士综合评价工作存在以下难点。

(一) 新的社会阶层代表人士的多元化特征需要差异化的评价指标

新的社会阶层群体包含四类人群，每一类中又可以细分为若干子类。如“民营企业和外商投资企业管理技术人员”就同时包括企业性质(民营企业、外商投资企业)和岗位类别(管理人员、技术人员)两个维度四类人员；“自由职业人员”的内涵更是丰富到难以精确界定。综合评价指标体系如何体现不同类别的差异性，如何做到共性与个性相统一，是一个必须要解决的难题。

（二）新的社会阶层代表人士的社交特征呼唤多角度的评价主体

新的社会阶层代表人士的社会交往呈现出基于行业、兴趣爱好、价值观、生活方式等构建的“圈层化”结构特征。同时，由于新的社会阶层代表人士总体年轻化、学历高，具备较高的知识和技能水平，普遍存在年轻化、“跨界化”的社会交往，必须开展多角度的全面客观评价，才能描绘出新的社会阶层代表人士立体、生动的画像。

（三）新的社会阶层代表人士的流动性增加了评价工作组织实施的难度

新的社会阶层代表人士的职业发展、收入来源、社会关系相对自由，较少受到体制约束，岗位流动性和地域流动性都比较大，常常出现“人户分离”“人岗分离”现象，因此在进行综合评价时，需要解决“对评价人进行评价”（即“评价人员是否具备评价资格”）的问题，实现“知情人”评价。

（四）县级统战部门的能级限制了评价工作的信息来源

新的社会阶层代表人士的综合评价需要数据支撑，这些数据涉及部门众多，有垂管部门（如环保、税务等），也有上级政府部门主管的行业协会（如会计师等），县级统战部门的协调难度较大。如果实施分层分级评价，则需要将评价工作延伸到乡镇（街道），层级越低，数据来源越局限，协调难度也越大。此外，大多数县级城市新的社会阶层代表人士数量有限、四类人员发展不完备，综合评价工作的探索和实践有限，在精准分类评价新的社会阶层群体上存在诸多制约因素。

二、研究基础和现状

（一）江阴市新的社会阶层人士统战工作的探索较有成效

江阴市地处长三角几何中心，县域经济发达，2020 年实现地区生产总值 4 113.75 亿元，人均地区生产总值 24.88 万元，荣获全国县域经济基本竞争力“十八连冠”、中国工业百强县“四连冠”，拥有规模以上民营企业 2 000 余家，上市公司 55 家，14 家企业入围中国民营企业 500 强。发达的民营经济为新的社会阶层人士的成长发展提供了广阔舞台，据不完全统计，江阴市现有各类新的社会阶层人士10余万人。

近年来，中共江阴市委高度重视新的社会阶层人士统战工作，市委统一战线工作领导小组每年召开会议，专题听取新的社会阶层人士统战工作进展，协调解决相关问题；建立了新的社会阶层人士统战工作联席会议，健全完善了议事规则和协调机制，在新的社会阶层人士政治引领、联络联谊、作用发挥等方面进行了积极的探索。2018年江阴市新的社会阶层人士联谊会成立，首批吸纳会员69人，其中江苏省新联会副会长1人，无锡市新联会副会长2人、理事2人。从2019年起，为推动新的社会阶层人士统战工作向基层延伸，江阴市在17个镇(街道)建立新的社会阶层人士联谊会，共吸纳会员600余人，同时建立了19个各具特色的新的社会阶层人士实践创新基地，实现了镇(街)新联会和实践创新基地“两个全覆盖”。2020年江阴市新联会获评江苏省“新的社会阶层工作先进集体”。2020年7月，江阴市被中央统战部确定为“新的社会阶层代表人士综合评价”试点单位。

(二) 江阴市在综合评价方面的实践经验较为丰富

中央统战部2005年在江苏等地开展非公有制经济代表人士综合评价试点工作。作为非公经济发达的地区，江阴市积极配合好江苏省的试点工作。在后续工作中，江阴市坚持“凡进必评、凡奖必评”的原则，把综合评价作为非公经济人士政治安排、表彰奖励的必经环节。在此基础上，江阴市逐步把“非公评价”的思路和方法拓展应用于民主党派和工商联换届，新成员发展，人大代表、政协委员遴选等多个场景。经过十多年的探索实践，在综合评价的指标设置、组织实施、综合协调等方面积累了较为丰富的实践经验。

2017年，在无锡市委统战部的指导下，江阴市开始探索将综合评价应用于新的社会阶层代表人士。2018年，无锡市委统战部下发《无锡市新的社会阶层人士综合评价细则》，经过两年多的探索与实践，江阴市已经初步建立了综合评价的工作流程和操作细则，形成了若干制度文件和协调机制，为开展新的社会阶层代表人士综合评价试点工作提供了实践基础。

(三) 江阴市对新的社会阶层人士综合评价工作的现状有一定的研究

在对各类统战成员进行综合评价的实践中，为优化综合评价指标体系和操作流程，几年来，江阴市对我国有关“统战成员综合评价”的研究和实践进行了持续跟踪，发现了一些共性问题需要在试点中加以解决。

1. 大多针对单一群体的统战成员进行评价

关于非公有制经济代表人士综合评价的研究较多，其次是针对民主党派成员、党外知识分子的评价研究，这与中央统战部最早对非公有制经济代表人士进行综合评价的客观实际相符合。无论是非公经济人士，还是民主党派成员、党外知识分子，都是单一特征的统战成员，其外延和内涵界定清晰。由于新的社会阶层人士包括 4 个类别，每个类别又可细分，外延边界不清，不同类别人员的行为特征迥异，综合评价需要考虑差异化。

2. 大多是单一层级的评价

非公经济代表人士、民主党派成员、党外知识分子都有明确的归口部门（工商联、民主党派机关、无党派知识分子联谊会等），这些统战成员大多集中在城区，对应的统战工作由县级统战部门负责。新的社会阶层人士数量众多，分布广泛，通常由市级统战部门牵头，结合新的社会阶层人士"代表性"强弱，由市镇两级按工作权限"分层分级"做好新的社会阶层人士的统战工作，由此相应的综合评价工作也应体现这种"分层分级"思路。

3. 大多由单一评价主体实施评价

在前期研究和实践中，多由高等院校、科研院所等机构对本单位的统战成员进行评价，评价主体单一，评价范围局限在评价主体内部。被评价对象多为"体制内"的统战成员，分众化特征不明显，评价的实施过程简单，通常不考虑分类问题，这与新的社会阶层代表人士的综合评价截然不同。

4. 大多是单一数据来源的评价

在综合评价实践中，除了"一票否决事项"外，对统战成员进行综合评价的数据大多由评价实施单位独自采集完成，没有将相关利益方和"知情人"纳入数据源，尤其缺少多元化、多视角的联合主体评价机制，在一定程度上影响了评价结果的准确性。

5. 大多是单一应用场景的评价

对非公经济代表人士、民主党派成员、党外知识分子等统战成员的综合评价结果，大多数应用于成员吸纳、授予荣誉、进行表彰或者政治安排等重大场景，而将评价结果应用于思想引领、教育引导、能力提升、作用发挥等常态工作场景的不多。

6. 大多是"以需定评"的随机性评价

现有的实践中对统战成员的综合评价是不定期的，有时甚至是一次性的，评价时间点由需求确定，没有建立日常评价机制，更没有对评价结果进行跟踪比较，因此无法描绘被评价对象的成长轨迹和动态变化，没有建立“用综合评价助推统战工作提质增效”的工作机制。

三、综合评价体系的构建

为开展好新的社会阶层代表人士综合评价体系的研究，我们利用中央统战部在江阴开展试点工作的契机，与江阴市委统战部联合组成课题组，专题推进研究工作。

（一）确定技术路线，制定评价指标体系的原则和框架

本研究的核心是设计一套科学合理的综合评价指标体系。现有的研究和实践在评价对象、评价主体、数据来源、结果应用等方面都存在不足，因此不能用“参考—整合—验证—优化”的技术路线构建新的社会阶层代表人士综合评价指标体系。

江阴市在新的社会阶层代表人士统战工作中已经积累了丰富的实践，在前期推动市镇两级新联会的过程中也采用了一些具体的做法，因此我们结合实际采用“自下而上”的思路，通过“田野调查—归纳整理—初步建构—验证修改—优化提升”的技术路线构建综合评价指标体系，即从统战工作需求出发，在反复调研的基础上，收集归纳统战系统各方面建议，采用科学的研究方法和工具，精心筛选评价指标，不断调整优化，最终形成一套科学实用的综合评价指标体系。重点从两个方面着手开展工作：

（1）系统整理 2005 年以来有关统战成员综合评价的文件制度，以及与新的社会阶层人士统战工作相关的规范文件、工作制度、协调机制和总结材料等，为新的社会阶层代表人士综合评价工作提供参考和支撑。

（2）召开由乡镇统战委员、专职统战干部参加的专题研讨会，收集对新的社会阶层代表人士综合评价工作的建议。目前，他们提出的建议主要集中在以下几个方面：

第一，指标体系要有可操作性。要充分考虑数据的易得性和准确性，指标体系要同时考虑定量指标和定性指标。定量指标由被评价对象自填，主管部门核验；为降低评价主体的主观影响，定性指标应由 3～5 个“知情人”共同打分。指标设置要考虑县域统战工作的特色，体现综合评价的目标导向。

第二，评价标准应“宽严相济”。为扩大新的社会阶层人士统战工作的覆盖面，综合评价应兼顾代表性和广泛性。除“一票否决事项”外，指标评分门槛不宜太高。要考虑市镇（街道）两级新的社会阶层人士“代表性”上的差异，进行分层分类评价。

第三，评价指标不宜太多。在进行多角度、多主体、常态化综合评价时，评价指标越多，评价工作的组织实施就越烦琐。因此，评价指标要简洁实用，个数不宜太多；指标体系由三级构成，不宜过分复杂。

第四，要考虑评价结果的可比性。评价指标既要能反映新的社会阶层群体的整体特征，又要体现不同类别的新的社会阶层代表人士的差异特征，要有“共性指标”也要有“个性指标”。但个性指标不宜太多，以免影响评价结果的可比性。

根据这些建议，我们明确了新的社会阶层代表人士综合评价的评价原则和总体框架。评价原则体现“四个结合”：

(1) 分层与分类相结合。由市级负责市新联会成员（含拟吸纳入会人员）的评价，镇街负责镇新联会成员（含拟吸纳入会人员）的评价；两级评价使用同一套综合评价指标体系框架，为体现“宽严相济”，镇街可对具体指标的内涵解释、数据来源、评分标准、权重设置等进行差异化调整。针对不同类别新的社会阶层群体之间的差异化特征设计“个性化”指标，在评价指标的内涵解释、数据来源和评价标准上体现差异化，形成个性与共性相结合的指标体系和评价办法。

(2) 自评与他评相结合。凡涉及表彰奖励、荣誉称号、学习培训、公益奉献等内容的评价指标，由被评价对象以填表的形式提供数据（“自评”）；凡涉及理想信念、道德品质、个人素质、行为特征等内容的评价指标，由第三方“知情人”打分（其中新媒体从业人员的 WCI 指标来自权威平台）。统战部门负责汇总数据，评分结果由软件自动完成，不需要人工干预。

(3) 定量与定性相结合。凡可以量化的评价指标一律量化。对于无法量化的定性指标，采用问卷量表的方式进行量化。在指标量化的过程中，合理区分“集体荣誉”与“个人贡献”的关系。

(4) 静态和动态相结合。评价指标既要考虑指标存量也要关注指标增量，既要考虑历史贡献也要注重现实表现；运用评价结果时，要在被评价对象之间进行横向对比，也要结合被评价对象的历史考查结果进行纵向比较。

综合评价指标体系的总体框架包括三级，上一级指标由 3～5 个次级指标构成，全部评价指标不超过 40 个。

（二）构建指标体系，确定评价内容和数据来源

为了从实践中总结提炼综合评价指标体系，我们召开两个层次的调研座谈会：一是面向新的社会阶层代表人士的座谈会。在开展“凝聚新力量、筑梦新时

代”“恒守初心、凝新筑梦”等主题活动的过程中，以“新时代新的社会阶层如何展现新作为新力量”为主题，邀请部分政治素质高、思维活跃、作用发挥好的新的社会阶层代表人士座谈交流，畅谈“新的社会阶层代表人士应当具备哪些能力本领”。同时，委托乡镇统战委员与新联会会长进行个别交流，分析辖区内新联会成员还存在哪些不足，应当在哪些方面进行提升等。

二是面向基层统战干部的座谈会。召开各镇街统战委员、统战干事座谈会，结合“新的社会阶层代表人士发现”“新联会领导班子人选确定”“新的社会阶层人士实践创新基地建设”“新的社会阶层人士统战活动开展”等工作，围绕“优秀的新的社会阶层代表人士有什么特征”“新的社会阶层代表人士应当具备的能力素质”等主题，采取“头脑风暴”方式，听取基层统战干部的想法和建议。按照同样的模式，由无锡市委统战部牵头召开类似主题的座谈会，邀请无锡市各市县区统战部门分管领导和工作成绩突出的镇街统战委员参加，充分吸收借鉴同类地区在新的社会阶层代表人士综合评价方面的特色做法和实践经验。

在录音整理的基础上，借助文本分析工具对座谈会汇总的意见建议进行“词频分析”，提取出描述新的社会阶层代表人士能力素质、行为特征等方面的形容词共 35 个（如政治立场坚定、有大局观念、乐于奉献、善于沟通等）。通过分析词语之间的关联关系，把含义接近或相关性较强的词语进行合并，最终留下 33 个词语并按照指向性归纳为 12 组。

通过对 12 组词语进行逐个分析，抽取组内各词语的共性特征并概括出一个词语作为二级指标的名称，最终形成 12 个二级指标，对应的 33 个词语进行规范命名后作为三级指标。进一步分析 12 个二级指标的内涵，再将它们进一步聚合为 4 类，分别概括为“向心力”“引领力”“凝聚力”“履职力”，作为评价指标体系的 4 个一级指标。具体见表 5-1。

“向心力”包括“理想信念”（政治立场、政治信念、价值观念）、“理论水平”（理论学习、理论素养、思想格局）、“思想作风”（思想建设、职业道德、家庭美德）共 3 个二级指标 9 个三级指标，其中“思想建设”为个性化指标。

“引领力”包括“工作成效”（工作能力、业务素养、岗位建功）、“行业地位”（行业责任、行业形象、品牌塑造）、“争先创优”共 3 个二级指标，其中“争先创优”为个性化指标。

“凝聚力”包括“领导能力”（统筹决策、情绪管理、成员激励、人才培养）、“协调能力”（部门协同、督促执行、团队协调）、“沟通能力”（沟通技巧、语言表达、人格魅力）共 3 个二级指标 10 个三级指标，其中“团队协调”为个性化指标。

“履职力”包括“社会治理”（助力发展、提案建议、民情联络）、“公益奉献”（支持公益、热心志愿）、“活动参与”（参与程度、履职作为）共3个二级指标7个三级指标，其中“助力发展”为个性化指标。

表5-1　综合评价指标体系构成

一级指标	二级指标	三级指标	数据来源
向心力（100分）	理想信念	政治立场	他评
		政治信念	他评
		价值观念	他评
	理论水平	理论学习	自评+他评
		理论素养	他评
		思想格局	他评
	思想作风	思想建设（个性化指标）	他评
		职业道德	他评
		家庭美德	他评
引领力（100分）	工作成效	工作能力	自评+他评
		业务素养	他评
		岗位建功	自评
	行业地位	行业责任	他评
		行业形象	他评
		品牌塑造	自评
	争先创优	（个性化指标）	自评+他评
凝聚力（100分）	领导能力	统筹决策	他评
		情绪管理	他评
		成员激励	他评
		人才培养	他评
	协调能力	部门协同	他评
		督促执行	他评
		团队协调（个性化指标）	他评
	沟通能力	沟通技巧	他评
		语言表达	他评
		人格魅力	他评

续表

一级指标	二级指标	三级指标	数据来源
履职力（100分）	社会治理	助力发展（个性化指标）	自评
		提案建议	自评
		民情联络	自评
	公益奉献	支持公益	自评
		热心志愿	自评
	活动参与	参与程度	他评
		履职作为	自评

为体现不同类别新的社会阶层群体的个性化特征，综合评价指标体系中设计了部分个性化指标。例如，“引领力”中的“争先创优”指标，针对不同类别群体的评价侧重点有所不同。民营外资企业的管理人员主要考察岗位职级、规范管理成效、主导完成的贯标认证情况、企业荣誉等，民营外资企业的技术人员主要考察专业技术资格、专业职称、研究成果、专利论文等；中介组织和社会组织主要考察职业资格、执业资质、服务满意度、机构荣誉等；新媒体从业人员主要考察所管理网站的 WCI 指数（微信传播指数）、舆情引导、扶弱助困等；自由职业人员主要考察代表作品、入选人才计划、技艺传承等。同时，共性指标（主要是自评指标）中，在评价内容和评分标准上对不同群体有所区分。为了实现“分层分级”的综合评价，各乡镇在此指标体系的基础上，结合基层工作需要对指标进行差异化调整，引导新的社会阶层代表人士在基层治理、乡村振兴、共同富裕等方面发挥作用。

在此基础上，对指标的数据来源进行逐个确认。尽量用确定的数据来反映指标内涵。例如，“履职力”中的“公益奉献”，主要通过公益活动捐款捐物数量、志愿服务活动的次数等进行测量；对无法定量评价的指标，则采用四点尺度（ABCD 共 4 档）的问卷量表由第三方进行测量。

为降低评价工作的敏感度，减少不必要的误解，最大限度地获得新的社会阶层代表人士的支持与配合，自评指标数据通过被评价对象填写《新的社会阶层代表人士信息登记表》获得；他评指标数据由 4 个左右的“知情人”通过问卷量表提供，不同“知情人”对同一指标的权重不同，指标得分为加权平均分。一个定性指标对应问卷中的 1 个问题，涉及的内容较多时，可以多于 1 题。

“四个力”（向心力、引领力、凝聚力、履职力）分别从 4 个角度描述了新的社会阶层代表人士在统一战线中的地位作用，综合评价结果从 4 个维度描述了新的社会阶层代表人士在这 4 个方面的表现。我们可以通过“象限图”或“雷达图”等直观方式展示 4 个维度上的表现，从而发现新的社会阶层代表人士的优势和短板，也可以通过总分(或平均分)来表征新的社会阶层代表人士的综合情况。因此，4 个一级指标各赋值 100 分，并按权重分配到对应的二级指标和三级指标中，权重由 10 位专家采用层次分析法(AHP)给出并进行适当调整以方便计算。

在分值计算上，定量指标按“计分办法”给出得分，定性指标根据他评结果按“格次赋分法”得分(A 得全分、B 扣 20%、C 扣 40%、D 扣 60%)。4 个维度得分采用“雷达图”进行展示，4 个一级指标的得分平均值作为被评价对象的综合得分。

最后，参考非公有制经济代表人士评价的做法，将有犯罪记录或涉嫌犯罪、近 5 年内受到治安管理处罚、被纳入失信被执行人名单、存在劳动争议纠纷、偷税漏税、公开(含网络媒体等)发表不当言论造成不良影响等行为，纳入“一票否决事项”，作为前置评价，不计分。

(三) 反复测试修改，优化评价主体和评价方法

将综合评价指标体系下发到各镇街和新的社会阶层代表人士统战工作联席会议各成员单位书面征求意见，同时邀请部分镇街统战委员召开座谈会，对指标体系的框架结构、指标体系的权重设置、评价指标之间的关联性、评价指标的内涵解释、问卷文本的文字表述等内容进行讨论，并根据反馈的意见建议进行修改。

随后，我们在江阴市新联会理事群体中进行小规模测试性评价，并于 2021 年 6 月对部分镇街开展第一轮 70 人左右的测试性评价，两轮评价初步检验了指标体系的实用性。

在测试评价过程中收到一些意见建议：在表彰奖励、荣誉称号的级别设定上，建议增加镇级表彰奖励；捐款捐物，划分赋值门槛不宜太高，公益活动的次数、活动参与次数等内容也应纳入指标体系等，这些合理化建议均被采纳。

为提高评价结果的准确性，本研究在评价主体上坚持“知情人”评价的原则，体现“360 度评价”。其中，新的社会阶层代表人士所在地党委牵头组织被评价对象工作单位和居住地社区，分工负责，共同对被评价对象给出评价意见。居住地社区主要评价日常表现、品德作风等内容；工作单位主要评价职业道德、工作表现、工作成效、个人能力、性格特质等内容，并对涉及单位的有关表彰奖励、荣誉称号等信息进行核验；所在地党委主要评价政治表现、理论水平、思想作风等

内容，并对涉及社会治理、慈善公益、志愿服务、表彰奖励、荣誉称号等信息进行核验。此外，新的社会阶层代表人士行业主管单位负责对本行业内的代表人士进行评价，主要评价新的社会阶层代表人士的行业责任、行业形象、品牌塑造等内容，并对涉及行业的表彰奖励、荣誉称号等信息进行核验。

由市委统战部牵头组织 18 家联席会议成员单位按照管理权限，及时给出“一票否决”意见，及时汇总确认“自评”数据准确性，并督促各评价部门及时给出定性评价结果。其中，市委组织部负责“两新组织”中的新的社会阶层人士，市商务局负责外商投资企业管理技术人员，市委宣传部、市公安局负责新媒体从业人员和网络“意见领袖”，市民政局负责社会组织从业人员，市司法局负责律师和基层法律工作者，市财政局负责会计行业从业人员，市市场监管局和市工商联负责民营企业管理技术人员，市文体广旅局负责社会体育组织从业人员，市税务局负责税务师行业从业人员，市总工会、团市委、市妇联、市科协、市文联等负责各自群团领域内的新的社会阶层人士。市公安局、检察院、法院、信访局、税务局、环保局等部门对全部被评价对象给出“一票否决”意见。遇到特殊情况时，由市委统战部牵头会商研究解决。

我们组织联席会议成员单位认真分析研究评价内容和测试中收集到的新的社会阶层代表人士信息，对定量指标的评分阈值、“格次赋分”规则、定性指标的扣分标准以及“一票否决”事项的范围分别进行了明确，同时对“如何处理集体荣誉中的个人贡献”等具体问题进行了统一。为体现广泛性和代表性，江阴市在评分标准上坚持宽严相济的原则，对数量较多的新阶层群体，如民营外资企业中的管理技术人员，评分标准适度从严，以体现“代表性”；对于数量较少的新阶层群体，如新媒体从业人员、自由职业人员等，则评分标准适度放宽，以体现“广泛性”。为体现分层分级评价的原则，镇街在综合评价时可以在市级标准的基础上适当调整。

（四）检验评价流程，完善协调机制和工作制度

2021 年 7 月起，课题组在全市范围内对新联会成员开展大规模综合评价。为了做好此项工作，在前期出台《江阴市新的社会阶层代表人士综合评价试点工作方案》的基础上，江阴市成立了综合评价工作领导小组，出台了《议事规则》《协调机制》等文件，印发了《评价细则》《评价流程》《填表指南》等指导性文件，形成了“1＋N”的评价工作制度体系。此次大规模评价的目的，就是对综合评价工作进行全流程检验，帮助完善有关协调机制和制度文件。具体评价工作流程包括

以下步骤：

第一，下发《新的社会阶层代表人士信息登记表》，由市镇两级统战部门按管理层级组织新的社会阶层代表人士填写；

第二，表格回收后，由市委统战部汇总并按类别分解到联席会议成员单位进行确认，并由联席会议成员单位分别给出一票否决意见；

第三，市委统战部分别将被评价对象名单交由关联方或知情人（属地镇街党委、行业主管部门党委、所在单位和居住地社区）给出定性评价（他评）得分；

第四，市委统战部汇总各评价单位的意见和得分，由软件计算评价结果，并形成最终评价结论；

第五，市委统战部将评价结果填入《新的社会阶层代表人士信息登记表》，"一人一档"建立新的社会阶层代表人士数据库，并将评价结果反馈到联席会议成员单位和所在镇街党委统战部门。

此次综合评价共涉及新的社会阶层代表人士 231 人。其中，民营外资企业管理技术人员 125 人，中介组织和社会组织从业人员 62 人，新媒体从业人员 16 人，自由职业人员 28 人。

评价得分 90 分以上的 26 人，80～89 分 120 人，70～79 分 61 人，60～69 分 24 人。细分类别上，民营企业管理技术人员 90 分以上 17 人，80～89 分 59 人，70～79 分 31 人，61～69 分 12 人；外资企业管理技术人员 90 分以上 2 人，80～89 分 3 人，70～79 分 1 人；社会组织从业人员 90 分以上 3 人，80～89 分 16 人，70～79 分 12 人，61～69 分 7 人；中介组织从业人员 90 分以上 2 人，80～89 分 18 人，70～79 分 4 人；新媒体从业人员 90 分以上 0 人，80～89 分 10 人，70～79 分 6 人；自由职业人员 90 分以上 2 人，80～89 分 14 人，70～79 分 7 人，61～69 分 5 人。

从结果来看，综合评价指标体系具有较好的鉴别力，能够区分出新的社会阶层代表人士的"代表性"高低。在评价实施过程中，评价流程得到了检验，协调机制和工作制度发挥了较好的作用。

结合大规模综合评价结果，采用"主观验证法"和"统计检验（秩检验）"两种方法，对综合评价结果和统战部门平时掌握情况进行比较，以检验综合评价指标体系的科学性。

一是主观验证法。具体流程如下：

（1）按综合评价得分将市级新联会成员划分为 A、B、C、D、E 五档（A 档≥90 分；80 分≤B 档＜90 分；70≤C 档＜80 分；60 分≤D 档＜70 分；E 档＜60

分)；

(2) 由市委统战部相关负责人、职能科室负责人根据平时掌握的情况，结合各方面的反映等分别对上述人员按A、B、C、D、E进行分类(A：优秀；B：良好；C：较好；D：一般；E：较差)；

(3) 对比两种方法获得的评价结果是否一致。

二是统计检验(秩检验法)。具体流程如下：

(1) 按综合评价得分将市级新联会成员进行排名，并依次赋值1～N；

(2) 由市委统战部相关负责人、职能科室负责人根据平时掌握的情况，结合各方面的反映等进行主观排序；

(3) 采用统计软件对两种排序结果进行"秩检验"，通过统计结果判断两种评价结果是否一致。

两种统计方法各有利弊。第一种方法操作简单，但相对较为粗糙，适用于被评价对象较多的情况；第二种方法更为精确，但当被评价对象人数较多(≥30人)时，精确排序较为困难。

参与本次综合评价的新的社会阶层代表人士中，市级新联会成员和每个乡镇的新联会成员均不超过30人，因此我们同时采用了两种检验方法。采用主观验证法时，市级代表人士的结果一致性超过90%，乡镇代表人士的结果一致性超过85%；采用"秩检验法"时，市镇两级代表人士的结果一致性均通过统计学检验。两种方法都验证了综合评价结果的客观性、准确性，充分说明综合评价指标体系是科学有效的。

(五) 丰富应用场景，强化目标导向和实践创新

在建立评价指标体系的基础上，我们还通过拓展评价结果的应用场景，帮助推动全市新的社会阶层人士统战工作提质增效。

(1) 建立"1+N"的工作机制。坚持"边试边立边用"，将综合评价作为推动新的社会阶层人士统战工作的着力点。出台《新的社会阶层代表人士综合评价实施办法》，按照综合评价得分，将新的社会阶层代表人士分为A、B、C、D、E五类：A类"代表性很强"，可直接推荐使用；B类"代表性强"，可培养后推荐；C类"代表性较强"，则纳入后备队伍继续培养；D类"代表性一般"，建议不推荐，继续进行跟踪了解；E类"代表性较差"，考虑从代表人士中剔除。同时，根据向心力、引领力、凝聚力、履职力的单项得分，可以分析新的社会阶层代表人士的"强项"和"短板"。为此，江阴市出台了包括政治引领、教育培养、联系交友等若干新的

社会阶层代表人士统战工作文件，明确要通过开展各类统战活动，帮助新的社会阶层代表人士提升强项优势，补齐短板弱项，进一步提高新的社会阶层代表人士的综合素质。通过建立“1＋N”的统战工作机制，真正让综合评价结果“用”起来、“活”起来。

（2）拓展评价结果的应用场景。继续坚持“凡荐必评、凡进必评、凡用必评”的原则，除思想引导、选树先进典型、推荐宣传表彰、安排使用等重点场景外，明确在新的社会阶层代表人士统战工作的全流程中都要参考综合评价结果。例如，开展市级新联会会员吸纳、推荐进入新的社会阶层代表人物库等工作时，需要进行市级层面的综合评价；在开展教育培训、能力提升、活动组织等工作时，要参考近期的综合评价结果。江阴市还把综合评价的范围扩大到各行业中具有先进性、代表性的新的社会阶层人士，通过评价分析人物特点，明确引导方向，将综合评价从“分级分档”“分值分段”的考查型评价转化成“分类施策”“补短板、强弱项”的检测型评价。

（3）以综合评价推动统战工作实践创新。坚持把加强新时代新的社会阶层人士统战工作作为试点工作的出发点和着力点，通过评用结合，有力推动统战工作实践创新。一是加强工作统筹，以综合评价推动面上工作。江阴市将综合评价开展情况，作为考核镇街新的社会阶层统战工作的重要指标，作为撬动新的社会阶层人士统战工作的支点。在综合评价的基础上，实行新的社会阶层代表人士“一人一档”，将评价结果的“存量”与“增量”对比，实现了新的社会阶层代表人士统战工作的“动态化”。二是加强政治引领，拓宽新的社会阶层人士政治参与渠道。通过综合评价，加强新的社会阶层人士发现和培养工作。积极推荐优秀的新的社会阶层人士担任人大代表、政协委员及民主监督员等。将新的社会阶层人士考察调研列入工作计划，每年至少组织一次，鼓励和支持新的社会阶层人士建言献策。邀请新的社会阶层人士代表参加党委、政府召开的协商会、座谈会。组织新的社会阶层人士就经济社会发展的重大问题进行研讨，发挥集体的力量联合攻关，体现新的社会阶层人士集体的智慧。三是加强教育培训，开展形式多样的活动。将新的社会阶层人士的学习教育培训工作纳入统一战线培训规划，每年至少举办一次新的社会阶层人士主题培训班。将习近平新时代中国特色社会主义思想的科学体系、统一战线和新的社会阶层人士统战工作等政治理论学习作为学习重点，实行集体学习与自主学习相结合，理论学习与实地调研相结合，教育培训与座谈交流相结合。结合重大事件和学习先进典型的契机，以主题教育、专题讲座、学习考察、经验交流等形式，组织新的社会阶层人士开展教育活动，寓政治引导于各种活动之中。

四、本研究的创新突破与不足

与原有的研究和实践相比，本研究主要在以下几个方面实现了突破：

其一，实现了“共性”与“个性”相互结合。综合评价指标体系中，大多数指标是基于新的社会阶层代表人士的共性特征，这样做的目的是给评价提供可对比的基准。同时在二级指标“争先创优”中，充分考虑新的社会阶层代表人士的4个类别以及更丰富的职业划分，采用个性化指标，增强评价的针对性和科学性，实现了共性为主、兼顾个性的评价。

其二，实现了“广泛性”与“代表性”相互贯通。为推动新的社会阶层人士统战工作向基层延伸，在设计综合评价指标体系和流程时，尽可能从乡镇统战工作实际出发，充分考虑市镇两级新的社会阶层代表人士的差异化特征，乡镇层面以“广泛性”为主，市级层面以“代表性”为主，实现评价内容和计分标准上的“宽严相济”。

其三，实现了“多角度”与“立体化”相互融合。在实施评价时，通过《新的社会阶层代表人士信息登记表》，充分调动了新的社会阶层代表人士自评的积极性；在此基础上，将联席会议成员单位（新的社会阶层代表人士的行业主管部门）、属地党委、工作单位和居住地社区等纳入评价主体；最后将综合评价指标体系的得分结果与统战部门平时掌握的情况进行校验，实现评价工作的多角度、立体化。

其四，实现了“分级评价”与“分类管理”相互补充。综合评价工作由市委统战部牵头完成，乡镇负责辖区内新的社会阶层代表人士的综合评价和日常管理，两级评价采用同一套综合评价指标体系，乡镇在市级指标体系整体框架下进行适当调整，乡镇评价结果为市级提供参考。吸纳乡镇新的社会阶层代表人士进入市级数据库时，由市级统战部门在乡镇评价结果的基础上重新进行综合评价。市镇两级各取所需、各司其职，实现了新的社会阶层人士统战工作的协同联动。

研究中也遇到了一些问题和挑战，具体包括：

其一，新的社会阶层代表人士自评数据的准确性查验。作为县级城市，受城市能级和工作权限制约，江阴市在查验数据真实性上花费了较大的精力。如果统战系统能够建立一套自上而下的大数据系统，将大大减少查验工作量，也能够做到数据的动态更新，更好地实现动态化评价。

其二，新的社会阶层代表人士综合评价结果的区分度。对于科学合理的综合评价指标体系，其评价结果应当具有一定的区分度。从江阴市的综合评价结果来看，得分在划分A、B、C、D(优、良、中、差)4档时体现出较好的区分度，但是各分数段之间仍然不平衡。这反映出综合评价指标设计和计分标准仍需细化。由于参加综合评价的新的社会阶层代表人士仅占市镇两级新联会会员总人数的38.5%，还有相当一部分新的社会阶层代表人士因“自评”得分偏低而主动放弃评价。对这部分群体，如何对评价指标体系进行优化需要做更多的研究。

五、未来研究展望

1. 优化完善综合评价指标体系

在前期工作的基础上，充分吸收各级统战部门和专家学者的意见建议，结合试点工作经验和工作实际，继续优化完善综合评价指标体系。

2. 探索建立网络评价机制

科学设定评价体系、指标权重和计分办法，最大限度地减少评价流程的人工干预，最终建立网络评价模式。被评价对象能够随时填写、更新、提交个人信息；系统自动匹配检验自评数据；评价部门能够及时了解评价进度，查看评价结果；统战部门能快速分析代表人士构成、发展现状，对评价结果有疑问的能及时实现部门沟通。网络平台的建立，也有利于推动综合评价工作常态化，减少琐碎的工作协调组织程序，使引入更多评价主体(甚至做到公众参与)成为可能。最后，通过网络评价可以实现规范有序的线上互动，结合程序分明的线下沟通，必将大幅提升综合评价工作的信度和效度，使评价结果更准确、更高效。

3. 提升综合评价结果的应用效能

以新修订的《中国共产党统一战线工作条例》为基准，在新的社会阶层代表人士统战工作的全流程、全场景中应用综合评价结果。在现有《新的社会阶层代表人士信息登记表》的基础上，探索建立新的社会阶层代表人士履职档案和评先评优制度，将履职成效、评比结果与综合评价结果建立联动模型，让综合评价系统可操作、易推广、能执行。

第三节 新的社会阶层代表人士综合评价体系研究

新的社会阶层作为改革开放和时代发展的产物，发展到如今已初具阶层的结构与规模，但它的成长与发展又与其他阶层有着明显的不同。因此，加强对新的社会阶层代表人士综合评价体系的研究，对于做好新的社会阶层的统战工作具有理论和实践意义。综合评价体系的构建是引导新的社会阶层代表人士健康成长的"指向标"，指标设计和综合评价可为新的社会阶层代表人士健康成长树立正确、科学、鲜明的导向。本节的分析主要是基于新的社会阶层人士综合评价的研究文献、一些地方开展的综合评价实践、江阴综合评价指标体系的构建及试点总结。

一、开展综合评价的背景和意义

（一）新的社会阶层的成长与壮大

新的社会阶层作为近年来产生的新兴社会力量，对统战工作具有重要作用，是新时代统战工作的一个重要领域、爱国统一战线的重要组成部分。2015 年颁布的《中国共产党统一战线工作条例（试行）》，将新的社会阶层人士作为统战工作对象的重要内容之一予以明确。习近平总书记在不同场合多次强调做好新的社会阶层人士工作的重要性，为我们做好新的社会阶层人士统战工作提供了理论指导和行动指南。新的社会阶层具有独特的自身优势和鲜明特点，无论是外在的收入高、职业自由，还是内在的学历高、技能多，都是当前我国其他大部分群体所不具备的。另外，随着经济社会的日益进步，这一群体的吸引力不断增强，人员数量不断扩大，群体的影响力也在逐渐上升。

从本质上看，新的社会阶层作为经济对外开放、社会民主进步和治理现代化不断发展的产物，已经越来越成为社会言论、参政议政一股不可忽视的力量，也上升为新时期统战工作无法回避的重大课题。当前新的社会阶层人士成长速度快，但群体特质、群体层次、群体组织尚未完全定型，对他们的团结、教育、协调、引导就显得十分必要。面对新形势，在肯定新的社会阶层人士积极作用的同时，要不断激发他们向上向善的社会正能量，更要团结引导他们向着有利于统战工作的方向成长进步。总的来说，加强对新的社会阶层代表人士综合评价体系的研究，对于搞好新的社会阶层统战工作具有特别的意义。

（二）综合评价的理论与实践意义

1. 理论意义

中共十八届三中全会提出了国家治理体系和治理能力现代化，中共十九届四中全会审议通过了《中共中央关于坚持和完善中国特色社会主义制度、推进国家治理体系和治理能力现代化若干重大问题的决定》，而新的社会阶层是我国改革开放的产物，做好其统战工作，有利于国家治理体系和治理能力现代化的实现。以往的民主党派、党外代表人士、党外知识分子、非公企业等领域的统战工作取得了明显成效，但新的社会阶层的统战工作在理论和实践方面均处于落后阶段。进入新时代，加强对新的社会阶层统战工作的理论研究，以此指导新的社会阶层的实践创新，不断调动新的社会阶层人士的积极性、创造性，发挥他们学历高、专业技能强的阶层优势，对充实和丰富统战工作理论具有重要意义。

2. 实践意义

发展统一战线的最终目的是团结引导各阶层、凝聚强大合力，把新的社会阶层纳入统战工作，激发他们的建言献策热情，有利于扩大基层民主，有利于促进基层治理，更有利于基本实现社会主义现代化。新的社会阶层统战工作作为当前党和国家统战工作的新方向、新内容，是新时代统战工作的重要内容，对于助推经济高质量发展、巩固党的执政基础、凝聚最广泛的力量都具有重要的现实意义。从统战工作发展的实践来看，只有团结一切可以团结的力量，才能不断助推我国民主政治、经济建设、社会进步、文化交流等各项事业的全面发展与进步，为国家富强、人民富裕、民族振兴贡献力量。做好新时代的统战工作，需要将新的社会阶层这个富有生命力、创造力的阶层纳入统战工作，引导、发挥这个阶层人士的最大优势，不断取得统战工作的新成效。可以说，新的社会阶层代表人士综合评价工作是当前新的社会阶层人士统战工作的着力点与突破口，也是做好新的社会阶层代表人士选拔培养、推荐使用的前提与依据。

二、综合评价研究及工作开展情况

当前，新的社会阶层人士统战及评价工作处于积极探索和大胆实践阶段。

（一）新的社会阶层代表人士综合评价的相关研究

新的社会阶层群体具有面广量大、分散流动、思维活跃等特点，使得这一领域的统战工作难定位、难进入、难组织、难开展，亟需创新方法、精准切入、有效破题。抓住新的社会阶层人士中的"关键少数"就成为新的社会阶层人士统战工作理论与实践的契合点。一些学者敏锐地从这一角度展开研究，如龚继民定性分析新的社会阶层代表人士基本标准与内在结构；苏海涛等人基于南京市新的社会阶层发展现状，建立新的社会阶层人士评估体系，研判其作用发挥与发展趋势等；武汉市社会主义学院以自由职业者、知识分子、律师等群体为个案，分析新的社会阶层代表人士的进入、成长与评价标准等；龚继民等重点关注新的社会阶层代表人士的培训机制，通过培训强化对新的社会阶层人士的政治吸纳、人才培养；李金花从嵌入理论分析新的社会阶层代表人士的培养，并建立系统的评价体系；吕勤彬等基于无锡市委统战部的工作实践，构建了六大类 20 个项目的综合评价体系，据此评价无锡市新的社会阶层代表人士。

现有的少量研究为新的社会阶层代表人士综合评价工作提供了一些参考与启发。但在研究内容方面，对新的社会阶层代表人士尚未形成一个共识性概念，代表人士的选择缺乏明确定位。已有研究较多侧重于对新的社会阶层的整体性评价，或对新的社会阶层的内部群体如企业管理人员、律师、社会组织从业人员等群体的单向性评价。在研究主体方面，已有研究主要集中在社会主义学院或统战部门，尚未引发学术界和社会各界的广泛关注与深度解析。在实施主体方面，县域层面的综合评价工作大多为空白，其原因在于受部分县域城市经济社会发展等制约，新的社会阶层人士数量有限，四类人群发展不完备，同时受制于统战理论与工作机制约束等，综合评价工作的难度较大。在评价工具方面，已有研究尚未形成一套科学完备、系统规范的评价体系，评价的维度与指标依然侧重于定性与主观判定，尤其依赖于新的社会阶层代表人士的个人信息申报。在评价结果运用方面，评价结果大多用于各行业评先评优，较少用于评价日常工作、教育引领、选拔任用。

（二）新的社会阶层人士评价工作开展情况

《中国共产党统一战线工作条例（试行）》出台以后，非公经济人士被划分出来作为独立的统战工作对象，全国各地统战部门都建立了非公经济人士综合评价体系，但对其他新的社会阶层人士群体还没有建立评价体系，部分地方参照非公经济人士综合评价体系建立新的社会阶层人士评价体系，但都没有建立独立的新的社会阶层人士评价体系。

目前，全国各地新的社会阶层人士评价工作处于探索阶段，部分地区初步构建了新的社会阶层人士评价机制，开展了相应的评价工作并取得了一定成效，如上海、吉林、无锡等地。上海市于 2015 年进行了“上海新的社会阶层人士现状调查与分析”专题调研，提出了“健全联席会议机制、聚焦体制外精英人才、扩大工作覆盖面、畅通表达渠道”等评价人才、建设队伍的机制，目标是使新的社会阶层代表人士“不为我所属、但为我所用”。吉林省吉林市提出新的社会阶层代表人士的评价标准是“有较高政治素质、有较大社会贡献、有较强参政议政能力、在所联系的组织和阶层中有较大影响”。无锡市委统战部将新的社会阶层代表人士综合评价的不同等级（综合评价结果为“代表性很强”“代表性强”“代表性较强”“代表性一般”）作为对新的社会阶层代表人士进行政治安排、社会安排和评优表彰的重要依据，有组织、有计划地做好发现、选拔、培育和安排使用工作。

三、开展综合评价工作面临的主要问题

近年来，通过分析新的社会阶层人士评价指标体系以及实地调研，发现一些地方评价指标、评价方法、评价主体、评价对象、评价结果运用等方面还存在一些亟待解决的问题。

（一）评价指标的科学性问题

就评价指标设计来看，一是评价指标的设计以定性指标为主，定量指标较少，评价过程中主要依赖个人判断和印象，主观性、随意性较强，科学性不足，评价结果的可信度大打折扣。二是评价指标针对性不强，未能体现为统战工作服务的设计意图，针对不同群体的个性化指标设计还不够精准。三是评价指标都

是正面“加分”性指标，缺乏负面“减分”性指标，大多数地区没有“一票否决”的约束性指标。四是评价指标主要涵盖绩效、能力等方面的评价内容，对新的社会阶层人士参加社会活动的积极性、主动性反映不足，甚至出现评价结果和主观印象完全相反的现象。

（二）评价方法的简单化问题

1. 评价方法仍然单一化

一些地方新的社会阶层人士评价通常采用一次性集中评价，缺乏平时考核和全程纪实。评价过程侧重于走访了解、查阅资料等传统方式方法，不能全方位、多角度地对新的社会阶层代表人士的个人实绩、工作能力、工作作风、群众基础、应对和处置复杂情况的能力等进行全面、立体、综合的评价，影响评价工作效率和评价结果的准确性、客观性。

2. 评价主体覆盖面不足

一些地方对新的社会阶层人士的评价还是单一层级的评价，一般由同一级统战部门组织进行，缺乏分级分层的管理，往往仅能反映评价对象在工作这一层面的能力与表现，较为扁平化，无法全面、立体地对评价对象进行刻画和评价。

3. 评价数据的来源不够

一些地方新的社会阶层人士综合评价的数据主要来源于评价对象及其所在单位，数据来源比较单一、评价主体不够全面，不可避免地导致数据的科学性、准确性、全面性不足。另外，评价周期较短，也导致不能更全面地反映评价对象的长期表现。

（三）评价对象的积极性问题

1. 评价对象稳定性较差

新的社会阶层人士包括“私营企业、外资企业的管理技术人员”“中介组织和社会组织从业人员”“自由职业人员”“新媒体从业人员”四大类，他们的就业方式、生活方式、组织方式多样，人员流动性大，缺乏相对固定的联系。新的社会阶层人士具有流动性大和不稳定性强的特征，不利于统战部门长期、动态跟踪掌握其详细情况，对其进行综合评价存在较大难度。

2. 评价对象积极性不高

新的社会阶层代表人士大多从事专业技术、企业管理和社会中介等工作，且多数处于体制外、党外。其中，知识分子居多，具有学历高、年纪轻、专业技能强的特征。他们思维活跃，自主意识强，遇事不盲从。但有的统战意识较弱，对评价认同不够，缺乏主动参与评价的积极性；有的对统战工作认识不足，功利化倾向明显。这些都不利于综合评价工作的有效开展。

（四）评价结果的应用问题

评价结果应用不足。评价工作还存在重程序、轻标准和重统计结果、轻综合分析的现象，群众参与评价面窄、民主性不强，缺乏社会公众评价的有效机制。评价结果运用没有统一完善的制度规定。评价结果一般在授予荣誉时才进行，日常应用场景应用不足。这一方面在一定程度上影响到评价主体的积极性，毕竟评价过程需要大量的精力投入；另一方面也影响评价对象的积极性，因为积极主动配合测评但结果不一定令人满意。

四、完善综合评价体系的对策建议

完善综合评价体系，最终需要建立一套集发现、推荐、考核、综合评价于一体的评价工作制度。这一机制从试点探索到机制逐步成熟，必然要经历较长的过程。从目前整体进展来看，完善新的社会阶层代表人士的评价工作，需要从以下几个方面继续努力。

（一）构建更为科学的指标体系

1. 评价指标设计的科学性

一是要坚持定性与定量相结合，适当增加定量指标。二是要共性与个性相结合，在共性指标之外，针对新的社会阶层中各个群体可再增加设计个性指标及其权重，如对律师增加社会影响和行业口碑等指标，对互联网从业人员增加政治态度及网络影响力指标，对企业管理和技术人员增加管理水平、创新能力等指标。三是要正面与负面相结合。除了原有的正面“加分”指标，还应该有负面“减分”指标，甚至应当增设“一票否决”类的指标。

2. 指标项目繁简适度性

评价指标体系中评价内容、评价项目并不是越多越好。一方面，评价指标过多会增加评价工作的负担，可能造成不堪重负；另一方面，对于“人”的评价过于精细化，可能偏离主旨。选择适量的指标：一是要合理选取评价指标，指标要涵盖遵纪守法、道德等方面；二是要有新的社会阶层人士推动企业发展、提高科技创新能力、促进社会和谐、参与社会公益、维护法治、保护环境等的指标;三是要体现其统战性特点,包括政治诉求、参政议政等指标。

3. 指标设计要有层级性

指标的设计要充分考虑省、市、区(县)的层级差异,坚持广泛性与代表性相统一。比如省级评价体系、市级评价体系、区级(乡镇级)评价体系在指标上应有所不同,因为处于不同层级的新的社会阶层人士能够运用的平台有所不同,分层分级地设计指标将有助于得到公平合理的评价结果。同时要建立不同奖项、荣誉、称号之间的对比、换算关系。

(二) 构建专业、多元评价主体

1. 要求相关部门共同参与

根据新的社会阶层人士自身特点,党委应集中统一领导,统战部门牵头负责,组织部、人社局、纪检监察、公安网监、工商联、税务局、人民银行及各民主党派、知联会等部门(团体)共同参与,根据各自职能及所掌握的情况共同组织开展新的社会阶层人士综合评价工作。

2. 发挥行业协会组织作用

新的社会阶层大多属于体制外的群体。在当前,能够较好联结和了解他们的,大多是一些协会、学会之类的松散型社会组织。为了全面、客观、真实地了解、掌握新的社会阶层人士的静态和动态情况,应更多地从其所在的协会、学会等团体中了解情况,并将这些团体组织纳入综合评价工作。

3. 将熟识人员纳入评价主体

在尽可能地依靠体制内外组织的基础上,在一定程度上也要将熟识新的社会阶层人士的人员纳入评价主体。因为一些特殊的新的社会阶层人士游离于体制、组织之外,这就需要依赖其邻居、亲属、同社区居民等熟识人员并将之作为评价主体。一个人的政治态度、个人品质不仅会在工作环境中有所体现,在生活场景、私人活动中往往会体现得更为真实,因此将周边熟识人员纳入评价主体很有必要,可以提高评价结果的真实性和可靠性。

(三) 进一步完善现有评价方法

1. 建立综合评价信息平台

积极探索网络化、社会化的工作方法。以准确、完备、科学的评估信息资料为依据,借鉴非公经济人士网络评价平台建设的经验和做法,积极探索“互联网＋”的评价模式，建立电子综合评价平台，实现线上线下结合，增强评价信息的公开性、共享性和互动性，推进综合评价及管理的时代性、科学性和高效性。拓展收集数据的方式，不局限于登记填表和发放调查问卷，可以增加走访、访谈等形式，将评价对象的日常行为、日常交往都列入考察范围。

2. 突出评价内容的统战性

明确新的社会阶层代表人士综合评价的目标，评价结果为统战工作服务。目前，新的社会阶层代表人士综合评价针对性不强，要认真研究统战工作的目的、特点，参考组织部门选拔人才的标准和统战部门已有的新的社会阶层人士评价标准，提出具有针对性的评价指标。新的社会阶层代表人士综合评价指标和评价机制要从促进新的社会阶层代表人士履行政治责任、经济责任、社会责任的角度进行设计。明确权利与义务对等原则，增强评价的约束功能，使新的社会阶层代表人士承担起与其所处的地位、享有的权利、占有的资源对等的政治责任、经济责任和社会责任。

3. 进一步增强工作可操作性

新的社会阶层代表人士的综合评价指标要集实用性和可操作性于一体，坚持质量与数量相统一，追求指标繁简适中。评价指标要简化，评价方法要简便。在确保评价结果客观性、全面性的前提下，构建繁简适中的评价指标体系，评价结果要简便易行，各项评价指标及其相应的计算方法、各项数据都要标准化、规范化，力求考核评价全面准确。

（四）提高评价结果的应用性

1. 促进评价与选拔使用挂钩

坚持“适度安排使用”的规定，坚决落实综合评价结果与新的社会阶层代表人士的发现、培养、选拔、使用挂钩，让新的社会阶层代表人士在名誉上有甜头、在政治上有奔头，让评价结果成为促进工作的“驱动机”，彻底消除评价是“年终工作”的短视行为。对于评价结果优秀的新的社会阶层代表人士，各级党委要加强培养使用。在人大、政协换届中，严格按照相关的规定要求适度增加新的社会阶层代表人士。各级群体组织积极选配符合条件的新的社会阶层代表人士担任兼职领导等。

2. 扩大综合评价宣传影响

以正确的评价结论激励和引导新的社会阶层代表人士发挥积极作用，创造一种有利于新的社会阶层代表人士公平竞争、健康成长的良好氛围，促进新的社会阶层代表人士队伍建设。针对评价对象即新的社会阶层人士对评价工作认识不足的问题，利用召开会议、到企业走访调研等时机，通过微信公众号、QQ交流群等途径宣传新的社会阶层人士综合评价工作。主动与人大、政协沟通协商，争取多方支持，促进全社会对综合评价工作的了解和支持，提高新的社会阶层人士参与综合评价工作的热情。

3. 加强评价结果的边际应用

对新的社会阶层代表人士进行综合评价的最终目的是引导其充分发挥优势，为全面建设社会主义现代化国家发挥作用，因此，评价结果务求直观、准确、客观。一是对评价结果进行分级、分类整理，为后续运用打下基础。二是对评价结果由单纯政治安排转向对新的社会阶层人士具体行动的动态掌握和了解。三是对评价结果显示“优秀”的新的社会阶层人士要进行宣传，展示新的社会阶层人士积极进取的精神面貌。

结语

新的社会阶层代表人士统战工作是全党的工作，综合性评价工作也是如此，不但需要各级统战部门的运筹谋划，而且需要其他相关部门的密切协作，同时更需要各级党组织的大力支持，以调动各方积极因素。新的社会阶层代表人士大多知识水平较高，思想、行为崇尚自由，当前形势下做好其综合评价工作，要转变思维方式和工作思路，提升统战工作的宣传、沟通、融合能力，提升综合评价的精准度。

新的社会阶层代表人士综合评价是一项创新性工作，工作中需要敢试敢闯的工作干劲，同时也要注重培育认真细致、孜孜以求的严谨作风，边摸索、边归纳，边梳理、边完善，不断完善综合评价指标体系和评价方法。“试玉要烧三日满，辨材须待七年期”。新的社会阶层人士是市场经济环境下的一种新生事物，我们需要像党组织发现、培养、使用人才一样，在对新的社会阶层人士进行评价的过程中，秉持细心、耐心、信心、恒心发掘新的社会阶层人士中的代表人士，从新的社会阶层代表人士队伍建设的实际需要出发，立足长远，面向未来，行稳致远。

第六篇

新的社会阶层与分众研究

第一节　社会治理共同体建设背景下社会组织从业人员统战工作对策研究

打造共建共治共享的社会治理格局，提高社会治理社会化、法治化、智能化、专业化水平是新时代必须面对的关键命题，更是推进国家治理现代化的关键一环。社会组织作为社会治理共同体的重要主体之一，以其独特的民间性、非营利性、志愿性和自治性，弥补了市场与政府在提供公共物品和处理社会事务方面的不足。社会组织从业人员作为社会组织的运营主体，决定了社会组织的治理效能能否有效发挥，因此如何将他们组织起来、发挥作用，对社会治理共同体建设至关重要，应是新时代统一战线工作重要的着力点。

一、社会组织从业人员统战工作的时代价值

进入新发展阶段，构建充满活力的社会治理共同体是推进国家治理体系和治理能力现代化的重要内容和主要目标之一，而社会组织从业人员统战工作是推进社会治理共同体建设的重要路径，应充分发挥对社会组织人才统战工作的效能，以高品质社会治理增进民生福祉。

（一）社会组织从业人员在社会治理共同体建设中的重要作用

党的十九届四中全会通过的《中共中央关于坚持和完善中国特色社会主义制度、推进国家治理体系和治理能力现代化若干重大问题的决定》明确提出，要“建设人人有责、人人尽责、人人享有的社会治理共同体”。社会治理共同体建设离不开各相关利益主体的参与，其中，社会组织从业人员是社会治理共同体建设

的重要力量。社会组织从业人员主要是指在社会团体、基金会和专业化社会服务机构等非营利组织中从事管理工作或开展相关社会服务的人员，他们大多具备专业的技能，具有较高的学历和社会参与热情。

1. 社会组织从业人员是推进共建共治共享的重要主体

社会治理共同体作为一种社会治理的价值理念，是一个社会各利益相关主体平等参与、公平公正、民主决策的建设并共享成果的过程，利益相关主体理应涉及社会组织从业人员。一方面，社会组织从业人员作为社会个体，理所当然是推进社会治理共同体建设的重要主体。“人人有责”“人人尽责”“人人享有”是对社会治理共同体的生成基础、参与主体、组织运作、体制机制等诸多相关要素的精准概括。社会治理共同体建设的前提要件是“人人有责”，以共同参与，实现治理目标；社会治理共同体建设的重要保障是“人人尽责”，以义务承担，提升治理效能；社会治理共同体建设的最终目标是“人人享有”，以共享发展，促进社会公平。因此，从逻辑理路层面分析，社会组织从业人员作为社会成员，理所当然是推进社会治理共同体的重要主体。另一方面，社会组织从业人员的专业特性决定了其更应当是社会治理共同体建设必不可少的力量。在思想政治方面，社会组织从业人员大多思想积极向上且社会责任感较强，秉持对公共利益认同的责任意识，是一群有着仁爱之心的人士，以共同参与合作为机制，以互利共享为导向，这些特质与社会治理共同体建设的价值理念不谋而合。在专业特长方面，社会组织从业人员具备服务社会的专业优势和职业精神，坚持职业操守，在社会治理领域提供了丰富多样的公共服务，是社会治理共同体建设不可或缺的力量。由此可见，不管是从自在属性角度分析，还是从自身特质角度分析，社会组织从业人员都是社会治理共同体建设的重要主体。

2. 社会组织从业人员是国家与公众互动的枢纽

社会组织是国家与公众之间的社会域，社会组织从业人员在其中发挥重要作用，是连接国家与公众的枢纽，有利于提升双方的政治沟通效能。国家在推进社会治理共同体建设中需要充分吸收公众的意见，将公众纳入国家主导的治理体系，引导公众达成治理共识，推动治理政策的落实落地。同样，公众也需要一定的渠道反馈自身的意见建议，在利益需求表达和认同凝聚中对国家的治理体系和治理机制产生影响。但是在社会治理实践过程中，宏大的国家治理体系复杂交错、机构繁多，很难将社会领域的公众需求全面纳入考察和监测视域，导致国家与公众之间的对话、协商难以开展，或者是即便能够实现对话，花费的各类成本也比较高，互动的效能不高，双方的互动陷入一种尴尬的境地。因此，这种互动的不对称、连接的薄弱化为社会组织进入互动场域提供了存在和发展的空间。社会组织从业人员作为新兴的社会力量，能够发挥自身专业特长，搭建国家与公众之间沟通交流的平台，实现高效能的互动，传达国家的社会政策到公众中间，推进群体利益协商达成一致，从而更高效、更精准地收集公众利益诉求，提升信息传达沟通的及时性、针对性。正是社会组织从业人员所具备的体制灵活性、专业优势性，使其在社会治理共同体建设中发挥了承上启下的枢纽作用，实现了国家治理资源与公众需求的良性互动沟通。

3. 社会组织从业人员是调解社会矛盾、推进社会治理共同体建设的重要力量

社会组织从业人员依托自身所在的社会组织，将党和国家的政策方针传达给人民群众，同时也为人民群众的多元利益诉求提供多种渠道与合法的表达方式，通过对话协商机制，实现社区公共生活的有序化，建立起基层各利益主体有机整合、良性互动的社会秩序，减少了社会矛盾冲突，维护了社会稳定。一方面，社会组织从业人员具备化解社会矛盾的专业方法。社会组织从业人员已经逐步走上了专业化、职业化的道路，很多从业人员是社会工作、社会学、社会保障、社区管理等专业的毕业生，大部分是持证上岗，拥有"社会工作者国家职业资格证书"，按社会组织管理的法律规章来开展社会服务，具备调解社区居民间矛盾的专业方法。另一方面，社会组织从业人员具备较强的资源链接能力。社会组织从业人员依托自身所在的社会组织，积极引导驻社区机关企事业单位、其他社会力量和市场主体参与社区发展议题的治理，化解社区发展面临的矛盾；综合运用社会福利资源，整合链接政府相关部门的社会政策，分析社区面临的发展难题和居民个体面临的生活困境，推动社区发展和个体生活境遇的改善，化解社区工作中面临的矛盾。

4. 社会组织从业人员是拓展基层自主治理空间的关键因素

社会治理共同体建设的重要一环是良性有序的基层社会自治。《中共中央国务院关于加强和完善城乡社区治理的意见》中专门提出，要"充分发挥自治章程、村规民约、居民公约在城乡社区治理中的积极作用，弘扬公序良俗，促进法治、德治、自治有机融合"。其中，自治成为城乡社区治理的重要维度，是基层协商民主的重要机制之一。城乡社区社会组织在基层自治中起到不可替代的作用，发挥对基层自治的多重构造功能，社会组织从业人员成为拓展基层自主治理空间的关键因素。一是广泛动员社区居民参与社区公共事务和公益事业。社区社会组织从业人员作为面向服务居民的群体，他们运用专业的社会工作方法，引

导社区居民聚焦社区公共事务和公益事业，通过相关社区社会工作方法推动居民自我管理、自我服务。二是推动社区利益相关群体协商解决发展矛盾。社区社会组织从业人员通过发现社区发展面临的痛点、堵点，统筹设计协商议题，引导政府、社区居民、企业等相关利益主体围绕矛盾焦点展开协商，提升基层议事协商的效果。三是传递社区治理的自治理念。社区社会组织从业人员作为非营利机构的工作人员，与生俱来具备自治的理念，自我管理、自我治理能力比较强，在社区开展社会服务的过程中，也自然传递着自治理念，能够引导社区居民从私人领域中走出来，实现社区的“去个体化”，推动发展的“整体化”。

（二）社会组织从业人员统战工作是推进社会治理共同体建设的重要抓手

社会组织从业人员是新的社会阶层人士的重要组成部分，是新时代统战工作的新力量、新阵地、新资源。无论是在价值层面，还是在具体实践领域，社会组织从业人员统战工作都是实现共建共治共享的重要方法。

1. 凝聚价值共识，推进社会治理共同体建设

习近平总书记指出：“社会治理是一门科学，管得太死，一潭死水不行；管得太松，波涛汹涌也不行。要讲究辩证法，处理好活力和秩序的关系，全面看待社会稳定形势，准确把握维护社会稳定工作，坚持系统治理、依法治理、综合治理、源头治理。”[①]社会组织从业人员统战工作是树立“共同体”理念的重要抓手，社会组织从业人员中的绝大多数能够从经济社会发展的整体利益出发，兼顾自身利益和公众利益，较好地发挥模范带头作用，在社会治理领域凝聚价值共识。但是，社会组织从业人员内部的构成也比较多样、复杂，仍然存在利益诉求表达中带有明显的功利性，有些是表达具体的、关系他们切身利益的问题，不是出于对国家发展和社会进步的考量，不是出于对社会治理的关注，而是基于投入与产出的比较来决定自己利益表达的重点，寻求以最小的代价获取最大的利益，通过向政府要优惠扶持政策、工程项目、谋求政治身份等方式，来实现自己或所在社会组织的利益，从而影响了整个社会价值共识的凝聚。因此，开展社会组织从业人员统战工作，可以有效引导社会组织从业人员为国分忧、为民服务的责任担当意识，跳出个体“原子化”的逐利行为，破解“碎片化”的少数利益诉求，真正成为践

① 中共中央文献研究室：《习近平关于社会主义社会建设论述摘编》，中央文献出版社2017年版，第125－126页。

行社会主义核心价值观和职业道德的带头人，成为诚信执业、服务公益的“领头羊”，发挥自身的示范引领作用，凝聚价值共识，推进社会治理共同体建设。

2. 形塑政党统合社会，推进社会治理共同体建设

不管是在革命战争时期，还是在改革开放和社会主义建设时期，中国共产党人都始终坚持把自己的领导权厚植于中国的社会土壤之中，扎根于基层社会。东南西北中，党政军民学，党是领导一切的。借助党的政治优势和组织网络，柔性嵌入社会领域，渗入整个社会的方方面面，实现中国共产党对社会的统合。在这其中，社会组织成为党的组织工作和服务群众工作的重要阵地。中共十七大之后，开始着力积极推动发展社会组织，推动社会主义和谐社会建设。中共十八大以来，发展社会组织成为社会治理体系现代化的重要议题，政党统合社会的能力建设提升日趋紧迫。中共十九届四中全会提出把党的领导贯穿于国家治理体系和治理能力现代化的各领域各环节各方面，社会组织成为党建工作的新兴领域和薄弱环节，而社会组织从业人员则是加强党的建设、实现政党统合社会的重要抓手。社会组织从业人员统战工作也是加强社会组织党的建设的重要部分。一方面，社会组织从业人员在思想上积极向上，组织性、纪律性比较强，大多拥有推动社会发展、增进社会福祉的“正能量”，有可能成为政党统合社会的新亮点和新突破。另一方面，社会组织从业人员是在新的组织形式和空间场域中工作的群体，如何加强对他们的引领，成为政党统合社会的新挑战，要发挥统战工作优势，避免社会组织党的建设“弱化、虚化的问题”，以社会组织从业人员为突破口，柔性嵌入新的社会域。

3. 增强情感性黏度，推进社会治理共同体建设

当前，社会治理领域面临的新情况、新问题层出不穷，人民群众对高品质社会建设的期望不断提升，社会治理共同体建设日渐成为社会公众关注的重点，也成为社会情绪波动的关键领域。从社会治理的系统论视角看，社会治理共同体建设是一项系统工程，情感治理是其重要的维度，这不仅仅是社会治理共同体建设的一个概念维度和表现形式，更是社会治理的目的导向和内涵要义。在探寻“社会治理究竟是为了谁”这一缘起问题时，就会更加深刻察觉到，社会治理的最终目的和主要内容都是围绕构成社会的“人”的发展问题，不管是宏观叙事意义上的社会群体与阶层的整体发展及价值实现，还是微观体验意义上的个人的生存境遇与发展成长，从根本上来讲都是一种情感的满足与获得。社会组织从业人员作为社会治理共同体建设的重要参与主体，直面社会矛盾、直接服务于人民群众，与基层有着天然的联系，因此必须做好社会组织从业人员的统战工作，发

挥他们在社会情感治理方面的专业优势，有针对性地采取措施对社会情绪加以正面引导，最大限度地释放其正面效能，减少群体的焦躁，疏导社会公众的负面情绪，在社会治理中使得社会正向情绪最大化，从而增强社会治理现代化的情感性黏度，实现以社会情感连接共情为基础的社会凝聚和社会稳定。

4. 提高整合性效能，推进社会治理共同体建设

社会组织从业人员统战工作进一步凸显了新时代统一战线的多样性和社会性特征，进一步拓展了统一战线服务社会治理共同体建设的深度和广度。正如习近平总书记在中央统战工作会议中提出的“做好新形势下统战工作，必须正确处理一致性和多样性关系，不断巩固共同思想政治基础，同时要充分发扬民主、尊重包容差异，尽可能通过耐心细致的工作找到最大公约数”。社会组织从业人员是新的社会阶层人士的重要组成部分，作为经济发展和社会阶层变革的反映，社会组织从业人员的崛起深刻改变了原有国家社会治理体系下的封闭结构，“总体性”社会结构被“多元化”社会结构所替代，社会组织从业人员凭借拥有的专业知识、技术能力和创新思维悄然影响着社会治理结构的优化整合。进入新时代，政府指出“要加强和创新社会治理”，“支持社会组织、人道救助、志愿服务、慈善事业等健康发展”。加强社会组织从业人员统战工作，发挥统战工作聚民心的优势，发挥社会组织解民忧的特长，有效整合社会方方面面的资源，借力社会组织从业人员延伸统战工作手臂，推进社会治理共同体建设，有助于形成社会化、专业化、法治化、智能化的社会治理合力，进而提升社会治理整体效能。

二、社会组织从业人员统战工作的江苏实践

近年来，江苏省社会组织总体上呈现出健康有序的发展态势，社会组织的数量持续增长，社会组织的服务质量稳步提升。截至 2020 年 11 月，全省各级民政部门登记的社会组织有 97 286 家，位居全国第一（占全国总量的 11%），其中，社会团体 38 120 家，民办非企业单位 58 407 家，基金会 759 家，全省社会组织从业人员 82.7 万人。在中央统战部的正确指导和江苏省委的坚强领导下，各有关方面抓住机遇、齐心协力，高度重视社会组织发展和管理工作，积极探索和推进江苏社会组织从业人员统战工作，目前在实践中已经形成了一些经验做法。

（一）强化顶层设计，推进社会组织从业人员统战工作全覆盖

江苏将团结引导社会组织从业人员作为服务改革发展、推进国家治理体系

和治理能力现代化的重要方面，将社会组织从业人员统战工作纳入统战工作的总体布局，纳入各级党委统战工作考核内容，加强顶层设计，积极推进社会组织从业人员统战工作全覆盖。充分发挥由省委统战部牵头，宣传、网信、公安、民政、司法等多部门及行业参加建立的新的社会阶层人士统战工作联席会议制度优势，形成多部门齐抓共管、合力推进的工作格局，形成省、市、县三级新联会组织的全覆盖，部分县已经延伸到乡镇和街道，各级新联会组织都注重加强社会组织从业人员的联系联络，积极为他们参与社会治理共同体建设提供坚实平台。譬如，联合民政厅共同推动社会组织孵化。与此同时，通过强化组织领导、服务引导、品牌建设、责任落实、总结推广，全面推进全省实践创新基地建设和组织建设，为社会组织从业人员提供了有力的示范引领和阵地依托。镇江市网络社会组织统战工作特色彰显，新的社会阶层人士统战工作实践创新基地——“e 和同心汇”位于万科社区，旨在汇聚和团结更多社会组织从业人员，把社会组织从业人员组织、凝聚起来，引领他们参与社会治理，已入驻网络社会组织 7 家，辐射带动重点网络社会组织 50 多家。社会组织从业人员团结凝聚工作由点及面，逐步走向系统化和规范化，成为政府履行行政职能的有益补充。

（二）坚持党建引领，坚定社会组织从业人员统战工作正确方向

全省各有关方面把社会组织从业人员统战工作纳入大党建范畴，着力发挥各级党组织主体作用和政治核心作用，以党建带统战、以统战促党建，推动党建与统战工作成效的双提升。习近平总书记指出，要加强党的领导，推动党组织向最基层延伸，健全党组织工作体系；要高度关注基层政权组织、经济组织、自治组织、群团组织、社会组织发展变化的特点，加强指导和管理，使各类基层组织按需设置、按职履责、有人办事、有章理事，既种好自留地、管好责任田，又唱好群英会、打好合力牌。当前，“党建”已经成为江苏社会组织从业人员统战工作的“硬内核”，各级党建管理体制得到健全，各类社会组织党建成效显著，初步形成组织部门牵头抓总，登记管理机关、业务主管单位、行业党委等党建工作机构齐抓共管的工作合力，党组织的政治核心作用得到较好发挥。在省级层面，截至 2020 年底，已经在住建、交通、水利、农业、卫生、律师、注册会计师、税务师、互联网、体育等规模较大、从业人员较多、影响力较强的行业领域成立 15 个行业党组织。省民政厅成立省社会组织综合党委，切实履行全省性社会组织党建托底管理职责，至 2020 年底兜底管理的全省性社会组织达 181 家，全面脱钩完成后将增至 390 家。此外，还将“党建”写入社会组织的“章程”，把社会组织党建示范项目列

入2020年政府购买服务范围予以资金支持，夯实社会组织党建工作基础。各地市在实践中也纷纷探索出各具特色的社会组织党建实践路径。无锡市依托公益创新创业园打造社会组织红色党建基地，徐州市启动“红色链”志愿服务品牌项目，常州市推进“1＋6＋X＋N”网络化社会组织党建模式，苏州市探索形成“1＋10”“红色社工”党建项目共建模式，淮安市构建了“三强三好”社会组织党建新模式，宿迁市实施社会组织“书记项目”。

（三）勠力同心聚合力，引导社会组织从业人员助力疫情防控

在疫情防控阻击战中，江苏不同类型、不同层级社会组织从业人员主动承担社会责任，凝聚起同心战“疫”的强大合力。各级统战部门加强与社会组织的沟通交流，调动社会组织从业人员的积极性、主动性，形成众志成城、共克时艰的浓厚氛围。2020年疫情期间，全省数千家行业协会商会发出倡议，指导各行各业有序参与疫情防控，推动行业企业复工复产；全省社会组织等慈善力量共募集慈善资金17.47亿元、物资折价5.433亿元；全省9 000多个社会组织下沉一线参与联防联控，3万余名社会组织从业人员配合社区开展联防联控工作，为困难群众、孤寡老人、留守儿童、残障人士等特殊群体协调链接资源、配合运送生活物资，发挥专业优势开展心理慰藉疏导和社会工作专业化服务，为打赢疫情防控阻击战作出了重要贡献。2021年上半年省内疫情防控期间，共有3 300多家社会组织投身疫情防控工作，社会组织从业人员积极奔赴疫情防控一线，南京红叶社会工作服务社、南京江宁星火社工事务所、扬州市广陵区晗韵志愿者协会等社会组织协助开展多轮核酸检测和社区志愿者招募工作；南京雨花翠竹社区互助中心协助社区调动社工、社会组织、志愿者力量，创新设计居民检测流程信息化登记软件；南京雨花恒宇居家养老服务中心从业人员依托机构运营的雨花台智慧养老信息平台，向全区80岁以上的老年人家庭拨打近4 000个电话，搜集老人需求，满足老年人疫情期间买菜、买药等需求；爱德基金会联合多家爱心企业、爱心团体发起“向核酸检测一线人员助餐助力”项目。

（四）协同基层治理，推动社会组织从业人员统战工作新跃升

当前，我国政府正逐步转向公共服务型政府，社会组织逐步承担起政府改革后的部分职能，通过整合各方资源，发挥自身的人才、资源等优势来满足社区居民多样化的服务需求，依托社会组织从业人员提供专业服务。近年来，江苏以协同基层治理为切入点，着力引导社会组织从业人员协同参与基层社会治理，开展

专业化的基层公共服务，以社会组织开展的服务为抓手，着力推进统战工作。截至2020年底，全省登记、备案的城乡社区社会组织超过14.5万家，城市社区平均拥有社区社会组织超过10个，农村社区平均拥有社区社会组织超过5个。这些基层社会组织从业人员贴近群众、专业突出、运作灵活。各地各级统战部门着力推动社会组织从业人员统战工作，充分发挥他们在承接社区公共服务和基层政府委托事项中的作用，有序开展社区志愿服务、促进社区减负增效、化解社会矛盾、维护社会秩序、促进社会和谐等活动，有效消解了基层社会治理的“中阻梗”，使社会组织从业人员充分发挥“调节器”“减压阀”的功能作用，成为基层创新社会治理的重要力量。南通市崇川区虹桥街道、开发区“栾馨仁”服务站、海门市“同心·社会组织联盟”、启东市北城区街道社会组织孵化中心等社会组织从业人员协同基层治理的实践，亮点纷呈、成效显著。

（五）强化人才队伍建设，增添社会组织从业人员统战工作新活力

社会组织从业人员处在社会治理的一线，他们的实践活动具有社会性、群众性、服务性的特点。专业化、高水平的人才在社会组织中可以发挥“顶梁柱”的作用，是决定社会组织生存发展的重要变量，更是关乎社会治理共同体建设的重要因素。全省各级统战部门积极探索社会组织从业人员的培训方式，开展了一系列各具特色的培训，其中包括省委统战部与省社会主义学院在中央社院专门举办的涵盖社会组织从业人员的“新的社会阶层人士骨干培训班”，以及依托各民主党派、黄埔同学会、欧美同学会等党派团体开展的各类培训活动等。每次培训都从学员遴选、课程设计、师资选择等方面突出以学员为主体、以需求为导向，充分调动学员的积极性和创造性，努力把各类培训班打造成把社会组织从业人员“组织起来”的重要平台，把骨干人才变成统战工作力量。同时，积极推荐和安排社会组织从业人员中的代表人士进入各级人大和政协组织，到有影响力的社团和联谊性组织中任职，鼓励他们积极参政议政，有效激发社会组织从业人员参与社会治理共同体建设的积极性。

三、社会组织从业人员统战工作的实际困境

近年来，江苏积极鼓励社会组织协同参与社会治理创新，各级统战部门积极推动新的社会阶层人士组织化，通过平台搭建、载体创新、教育引导、畅通渠道等一系列方式方法帮助社会组织从业人员提高政治觉悟、专业化水平和社会参与

能力。进入新发展阶段，社会组织从业人员队伍不断壮大，但是他们流动性大、结构复杂、组织化程度较低，这无疑给统战工作增加了难度。从目前来看，社会组织从业人员统战工作的实际困境主要表现在以下几个方面。

（一）对社会组织从业人员的群体特征认识不够深刻

目前，社会组织从业人员统战工作主要是作为新的社会阶层人士统战工作的一个亚类型逐步开展的。尽管近年来各级统战部门一直在积极推进新的社会阶层人士统战工作的精准化分类施策，但在实际工作中，新的社会阶层群体数量众多、分布广泛，其代表人士往往存在多重统战身份相互叠加的情况，这就导致社会组织从业人员常常被淹没在其他的统战身份中，他们"社会组织从业人员"的身份特征往往被弱化或忽视，统战部门对他们的群体特征缺乏深入的调研和认知。此外，社会组织从业人员内部也存在着不同类型、不同身份的区分，例如社会组织的创立者、实际运营者、专家顾问、全职工作人员、兼职工作人员等，这些不同类型的从业人员由于身份不同，对社会组织的介入程度不同，其群体特征自然也不相同，对待社会治理的态度也不同，与统战部门的联系程度也不同。这些不同类型的群体究竟哪些是统战工作的明确对象，哪些是重点群体，他们各自的特征又如何，这些都需要进一步总结和分析。

（二）一些社会组织从业人员对社会治理的理解存在偏差

社会组织既是畅通利益表达的渠道，也是提供公共决策的机制，更是共同参与社会治理的重要主体。在治理过程中，社会组织从业人员对治理的认识和表达方式关系到国家治理现代化能否持续健康发展。从调查的情况来看，一些社会组织从业人员对社会治理的认知依然集中在自身本职工作的范畴，并没有能够从服务基层社会、承接政府职能、参与公共管理等角度深入理解社会治理共同体建设以及共治共建共享的社会治理格局。换言之，他们更多的是以内在利益导向为指引，更关注组织本身的利益和个体的成长，为社会发声的性质并不突出。在之前新的社会阶层人士江苏研究基地开展的调研活动中，有超过 76％的从业人员认为社会治理就是做好本组织自身的工作，而仅有 24.7％的人将参与社区活动看作基层社会治理的内涵，积极参加公益活动的认知比例也只有 31.5％。同时，在调查中，仅有 29％的从业人员表示自己和自己所在的组织经常参与到社区管理服务活动中，有 21％的社会组织从业人员表示从来没有参与过社区的服务活动。因此，当前社会组织从业人员并没有真正地组织起来，没有与政府建立良性的合作关系，成为国家治理的主体之一。这就要求统战工作更加积极主动地对他们进行教育引导，让他们真正形成正确的共识，更好地发挥作用。

（三）社会组织从业人员的代表人士培育机制有待创新

如前文所述，社会组织从业人员常常更为关注组织的发展和个人的成长，他们对社会治理的理解和承担社会责任的行为总是与个体或社会组织本身息息相关，特别是一些在社会组织中发挥“顶梁柱”作用的专业社会工作人才更为看重个人的上升空间和政治身份。但是目前，统战部门对于社会组织从业人员的教育培训方式较为单一，大多是同其他新的社会阶层群体一起开展，缺乏专门针对社会组织从业人员的教育培训活动，尤其是一些与他们组织发展相结合的专业化培训活动，这就降低了统战工作对他们的吸引力。尤其对于一些年轻的社会组织从业人员，他们受过良好的教育，有开阔的视野，乐于接受新兴事物。在这样的情况下，传统的工作方式已经不能适应他们的需求。一方面，他们排斥座谈会、培训、考察等传统的交流形式，不愿意参加统战部门组织的活动，这就使得传统的统战手段不能发挥作用，无法将其吸引到代表人士队伍中来。另一方面，由于社会组织内部从业人员之间的联系较为松散，多以扁平化、网络化结构呈现，他们对新技术新媒体的依赖性更强，更倾向于通过网络实现社会治理，这就需要统战工作继续深耕网络统战，尤其要善于运用新兴的短视频、直播等方式开展教育培训。目前这些新式的教育方式依然较为缺乏。

（四）社会组织从业人员的参与渠道有待畅通

社会组织从业人员大多在社会化环境中成长，组织化程度低，同政治具有天然的疏离性，但同时，社会组织天然的专业性和公益性又使得他们总是要与社会治理发生联系，这就使得他们具有强烈的意见表达欲望而又缺乏合理的参与渠道。目前，社会组织从业人员不像传统体制内的工作群体有较多的机会参与到公共事务中，而现行的统战工作机制能够提供给社会组织从业人员的政治资源相对较少，除了人大代表和政协委员外，还有一些政府决策咨询专家委员、政风监督员等渠道还没有充分利用，统战部门对各类社会公益活动的引导相对不够，与其他部门联合打造的参与基层社会治理的活动也相对较少，活动形式有待进一步拓展和创新。他们中有一些由于不知道如何合理表达自身诉求，又依赖互联网的表达方式，随着新媒体技术的发展，很可能通过互联网来表达自我，在网络上表达政治诉求，进而转化为网络意见人士，从而给统战工作增加了难度。

（五）统战平台载体建设有待完善

目前建立的大多数社会组织从业人员统战工作可以依托或利用的组织平台产生较晚，总体处于成长期。从一些已经建立的社会组织从业人员联谊会来看，不同地区、不同类型、不同群体的平台建设较不平衡，许多平台载体的自身建设有待加强，在履行组织起来、发挥作用职能方面还有些力有不逮。在现有的条件下，统战干部队伍面临着有效工作载体不足、缺乏工作抓手和落脚点等问题，不能以一种立体化、即时性、交互性、接地气的方式开展工作。这种滞后性主要表现在：联系方式相对单一、沟通渠道相对狭窄、服务方法相对落后、工作机制仍不完善等。其中，一些党的组织工作没能充分扎入社会组织基层也是重要的原因之一。除了党员以外，对于其他的群体，也缺少合适的手段将其组织起来，这促使他们中一部分人在政治上、组织上处于边缘地带，有劲没处使，有话没处说，容易在认识上、观念上、价值取向上钻牛角尖，在某种程度上对统战工作较为排斥。

四、社会组织从业人员统战工作的对策建议

新时代，社会治理共同体建设是推进国家治理体系和治理能力现代化的重要内容。社会组织作为社会治理共同体的有机组成部分，既是联结政府和公众的桥梁纽带，也是公民参与和社会自治的重要载体，更是承接政府职能转移、创新公共服务模式的重要依托。做好社会组织从业人员统战工作，不仅仅是拓展统战工作社会化工作平台的重要抓手，也是做好新的社会阶层人士组织化工作的关键一环。目前开展社会组织从业人员统战工作，要以社会组织本身为统战工作社会化的重要平台，打破原有从上而下开展工作的体制，形成扁平化的组织网络，以多元参与、协同推进、结构优化为统战工作机制，以项目化、精品化、品牌化为统战工作导向，实现将社会组织从业人员组织起来、发挥作用的最终目标。

（一）分众研究、分类引导，促进社会组织人才精英化

要在调查研究、摸清底数的基础上，对社会组织从业人员进行分类、分众、分层研究，建立动态的人物、数据跟踪测算分析机制，准确把握群体的发展趋势。分类建立精英人才库，准确把握这类群体的思想行为特征，善于求同存异，关注不同群体、不同时期、不同地区的情况差别，不能简单地套用一个模式，搞“一刀切”。

要对社会组织的建立者、领导者，社会组织的专业人才，社会组织的一般全职工作人员，社会组织兼职工作人员等进行区别对待，对他们的个性特征、思想状况、利益诉求进行深入剖析。例如，社会组织的创立者或领导者往往具有较强的社会影响力和资源动员能力，对政治身份具有一定的期待，希望在履行社会责任的同时，通过已有的政治身份为社会组织的发展谋求资源。这就需要统战工作积极做好政治吸纳和人才培养，通过合理的政治安排，将他们转变为统战力量，成为社会组织领域的联络员和中间人，让他们积极承担更多的社会责任，自觉参与社会治理共同体建设，增强社会组织的凝聚力和服务效能。而对于社会组织中的一些专家顾问，要善于把握他们作为专业技术人才的属性，引导他们发挥自身知识和技术的优势，努力搭建建言献策平台，积极采纳专业意见融入政策制定过程。

（二）推进基层党建，形成工作合力，实现多部门联合的统战工作机制

加强社会组织的党建工作是加强党的领导的基础性环节，也是检验党的统战工作对社会组织是否取得实效的重要标志。因此，要积极推进社会组织的基层党组织建设，强化“大统战”思维，理顺登记注册部门、业务主管部门、统战部门在党建工作中的关系，探索务实管用、灵活便捷的党组织设置形式和工作方式。对已经成立党组织的社会组织，统战部门要积极引导，发挥其组织依托和领导核心的作用，找准党的工作与社会组织业务工作的结合点。对一些暂未建立党组织的社会组织，统战部门要挑选合适人选，聘任为党建联络员和统战联络员，扩大党的组织覆盖面。党建工作和统战工作要在工作力量、平台载体、工作机制上实现融合，形成“组织、阵地、队伍、方法”四位一体、融合共建的良好态势。

要充分尊重社会组织从业人员的工作方式、创新精神，引导、鼓励他们在制度框架内合理、合法地追求自身利益。要在实际工作中科学划分统战部门与注册登记部门、业务主管部门等相关单位之间的职能边界，对于他们反映的实际问题，要由统战部牵头，协调其他部门积极解决。要以激发社会活力、促进社会发展为工作重点，通过科学化、信息化、制度化的手段明确各自分工，做到职能明晰、任务明确、资源互通、优势互补。

（三）依托统战社会组织，发挥旗帜性人物的政治引领效应

统战部门应以原有新的社会阶层联谊组织为工作依托，延伸和拓展统战团

体的工作手臂和联系交友面，充分发挥各类统战团体对相同领域、相同性质、相同类别组织的工作辐射、指导和归属作用，通过广泛联系、交友沟通、团结帮助、服务引导，构建起新的统战工作渠道。要掌握一部分规模较大、运行良好、影响力强的社会组织，发挥他们对界别性、行业性、专业性、学术性等各类组织及其成员的联系、沟通、团结、帮助、引导和维权作用。

要特别关注社会组织从业人员中那些才能出众的“动员精英”，以能力优先的激励机制，鼓励发挥个体才能、取得成就。把社会组织从业人员的人才政策纳入总体人才战略规划，从政治素质、道德水准、群众基础、人品作风及组织领导能力上进行全面考察。将这部分精英吸纳进代表人士队伍，系统学习和培训，使其成长为社会组织从业人员中的旗帜性人物和枢纽型人物，通过他们以点带面，联系、团结一批具有相似价值观的精英人士。通过这群人，将长期分散的小组织从业人员联系起来，相互帮助、相互引导。同时要健全社会保障机制，提升社会组织从业人员工作和生活的安全感，使他们不再将自己放在“弱势群体”的位置上，将他们的参与热情充分引入对社会公益事业的关心，引导他们理性地、有序地参与到社会治理之中，为实现国家治理现代化提供更多的正能量。

（四）畅通表达渠道，提升参与能力，搭建社会治理平台

要通过定期教育培训，加快社会组织从业人员的专业化、职业化进程，健全社会组织从业人员的行为准则和职业道德规范，对个体实行可操作的评价指标体系。要打破传统单一灌输的培训方式，以社会组织发展、个体职业成长为核心建立有效的教育培养机制，为社会组织从业人员搭建沟通研讨的平台，从中引导他们提高政治觉悟，增强参政议政的能力，增强他们的归属感和责任感。要积极吸纳具有较大影响力的社会组织从业人员，从政治素质、道德水准、群众基础、人品作风以及组织领导能力上进行全面考察，有计划、有步骤地培养一批政治素质好、社会贡献大、有较强参政议政意识和能力的社会组织专业人才，打造一支结构优化、布局合理、素质优良的社会组织专业人才队伍。

统战部门要通过政策宣传、定期服务、定点走访等方式，加强与社会组织从业人员的联系与沟通，及时向有关部门反映他们的意见和建议，使统一战线成为他们为党和政府建言献策的平台。要建立有社会组织代表人士参加的座谈会制度，听取他们对于业务相关的重大事项或重要决策的建议，为党和政府在更大范围内听取社会各界心声提供条件，使政府决策更加贴近民生需求。支持他们通过决策咨询、行政听证、专家资政、媒体讨论以及重大决策社会公示等多种形式，

共同商讨社会公共事务，架构起社会与党政部门之间协商对话的桥梁，在增进彼此相互了解和关系协调的过程中，增强社会责任感和政治认同。

（五）善用新媒体技术，形成立体化工作网络

为适应社会组织的发展特点和趋势，统战工作必须调整思路、注重实效，探索形成多元化的工作途径，发挥群团组织和传统民主党派的统战力量，积极引导社会组织从业人员参与社会治理。必须整合资源、构筑平台，探索形成社会化的工作态势，积极将具有代表性的从业人员转变为统战力量，以他们所在的组织为抓手开展统战工作。必须创新载体、延伸手臂，探索形成立体化的工作网络。要通过开展有形、有效的品牌活动，将统战工作有机融入活动，以活动吸引关注、以活动凝聚人心、以活动扩大影响，形成一系列具有统战特色的活动品牌。

要以互联网为依托，建立社会组织多方监管、信息公开、过程评估的网络机制，积极利用互联网技术降低社会组织参与社会治理的实际运行成本，减少线下操作中人力、物力在承接公共服务过程中的过度损耗，通过云空间增加公共服务的覆盖面和利用率。通过在基层政府搭建智慧平台，吸引公众参与，形成基层社区治理的一体化网络，为政府、公众、社会组织提供一个开放化、社会化、互动性的信息平台。

对于社会组织从业人员而言，要在网站上适时开设有关栏目，及时宣传报道统战工作的政策和活动，通过微信、微博等即时通信平台，以“公众号”形式，以漫画、影像、歌曲等多种表达方式，实现与该群体的实时互动，营造良好的网络环境，实现线上不断交流、线下定期活动的良好态势。以网络为主要平台，建立诉求双向反馈机制，促使人人有机会有条件有路径表达利益诉求，形成统战部门牵头、各方面合力的网上诉求反馈和解决机制。

第二节　社会治理现代化视域下网络人士统战工作创新研究

当今世界，不仅以互联网为代表的网络信息技术日益成为驱动社会变革与进步的革命性力量，直接影响着人们的思维视域、价值观念与行为范式，创造了"网络化生活"这一新的生活方式，而且网络技术赋权效应在更深层面冲击、解构着现有的社会关系与社会结构，并试图重构新的社会秩序，从而对社会治理产生重大影响，甚至决定着中国未来社会发展的走向和政策选择。中共十九届四中全会决议中提出"坚持和完善共建共治共享的社会治理制度"，实质上蕴含了深刻的问题导向意识，体现了对当下中国社会领域与网络技术发展相伴而生的一系列问题和矛盾的深切观照，具有强烈的现实针对性和指向性。

作为网络领域最活跃的关键因素，网络人士在社会治理现代化进程中具有显著作用，是社会治理主体之一。特别是一些具有较强话语权和影响力的代表性人士，不仅能够直接作用于技术创新、经济发展和社会服务，而且自带流量，能够凭借其舆论传播能力、内容生产能力、社会动员能力来左右网络舆情走向，进而影响社会民意和行动选择，成为推动社会治理转型的显性力量。能否将网络人士有序、有效地纳入社会治理体系，真正发挥其主体作用，关系到网络强国建设、意识形态安全、社会民生福祉增长和党的执政地位，因而成为新时代统战工作的题中之意和必然之举。

一、新时代网络人士统战工作的逻辑理路

网络人士是推进社会治理现代化的重要力量，在弘扬社会正能量、舆论引

导、创新创造和服务社会等方面具有独特优势。加强网络人士统战工作，把广大网络人士紧密团结在党的周围，积极推进社会治理现代化，是保证网络人士政治方向正确、促进网络人士队伍健康发展的有效途径，是巩固党的执政基础和扩大群众基础的重要内容。

（一）加强网络人士统战是推动网络人士队伍健康发展的重要举措，进一步巩固社会治理现代化的基础性力量

网络人士的政治认同普遍较高，但部分人也存在一些模糊和错误的认识。他们经常接触到国内外网站上的各种思潮，特别容易受到西方政治思潮影响，向往西方社会制度和生活方式，习惯用西方所谓的"三权分立""民主宪政"等比较和分析我国的经济社会问题，脱离我国的基本国情，从而出现传播错误、偏激、片面言论的问题。习近平总书记指出，要加强和改善对新媒体中的代表性人士的工作，建立经常性联系渠道，加强线上互动、线下沟通，让他们在净化网络空间、弘扬主旋律等方面展现正能量。这一重要论述给新媒体从业人员甚至整个互联网从业人员一个积极、客观的认可，网络人士是新时代统一战线的重要工作对象，是促进我国阶层关系和谐稳定的关键群体，是推进社会治理现代化的重要力量。加强网络人士统战工作，要对网络人士群体进行正确的思想政治引导，避免他们在意识形态和群体倾向方面出现朝着偏离甚至相反方向发展的危险，进而推进网络人士队伍健康成长，汇聚网络人士的正能量，增强社会治理现代化的基础性力量。

（二）加强网络人士统战是适应网络社会发展的客观要求，有效促进社会治理现代化的前瞻性研判

《第 45 次中国互联网络发展状况统计报告》显示，我国网民规模为 9.04 亿，互联网普及率达 64.5%。在互联网时代，社会运行信息的主客体地位发生变化，新媒体信息平台传播的双向性、信息选择的多样化、信息投放的精准化，进入用户（受众）需求至上的新阶段，大数据的使用、以用户（受众）需求为导向的时代背景都给社会治理现代化带来了新的机遇。在这其中，新媒体从业人员作为多元化信息的第一生产者和传播者，是互联网环境下主要的发声群体。他们在表达公众意见和利益诉求、参与相关社会政策的制定、有效监督政府行政效能、抑制和澄清网络上的不良和虚假信息、引导社会舆论正能量、化解社会矛盾风险等方面都起着重要作用。面对新形势新要求，网络人士统战工作可以有效整合和

发挥新媒体从业人员的独特优势，增强社会治理的精准性和实效性，从而实现社会治理现代化的前瞻性研判。

（三）加强网络人士统战是推进网络空间社会治理的应有之义，不断提高社会治理现代化的系统性成效

由于网络本身的匿名性、虚拟性、开放性等特点，网络空间极有可能成为信息失真、虚假新闻乃至造谣蛊惑的催生地，为各种谣言滋生、网络诈骗等违法犯罪活动提供了土壤，对现实社会和谐稳定造成一定的冲击。从表面上来看，出现这些网络乱象的原因在于互联网传播中的信出多源，传播失真，使得信息甄别成本很高。从根本上来看，还是因为共建共治共享的网络社会治理格局尚未完全形成，碎片化的管理在一定程度上导致网络社会治理失灵。互联网不是法外之地，网络社会秩序维护要与传统意义上的社会治理创新结合起来齐抓共管，只有将网络这一新的社会空间治理好，实现“线下”和“线上”协同推进，培育积极健康向上的网络生态环境，才能提高社会治理现代化的系统性成效。

（四）加强网络人士统战是新媒体时代社会情感治理的重要抓手，增强社会治理现代化的情感性黏度

新媒体时代，信息传播更迅速、更集中，也比以往更容易传播给社会大众，人们在情感方面实现了更快速、更便捷地表达与分享，社会情感的传播更加生动、更加真实，从而更容易让别人感同身受、感染别人，实现由情感分享到情感共享。治理是一项系统工程，情感治理不仅是系统治理的一个概念维度和表现形式，更是社会治理的目的导向和内涵要义。在探寻“社会治理究竟是为了谁”这一缘起问题时，我们就能更加深刻地察觉到，社会治理的最终目的和主要内容都是围绕“人”，不管是宏观意义上的阶层整体发展与价值实现，还是微观意义上的个人生存境遇与发展成长，说到底都是一种情感的满足与获得。在技术赋权作用下，新媒体已经成为受众情感释放的重要出口。加强新媒体从业人员的统战工作，发挥他们在社会情感治理方面的先天优势，在把握负面情感生成逻辑的基础上，有针对性地采取相应措施加以规范引导，最大限度地释放其正面效能，在社会治理中使得社会正向情感最大化，从而增强社会治理现代化的情感性黏度，实现以社会情感为基础的社会凝聚和社会稳定。

二、江苏网络人士基本状况分析

江苏省拥有近5 000万网民,网站近50万个,网络人士代表性和成长性强,是互联网大省、强省。作为改革开放前沿阵地、中国经济发展的领头羊,江苏在互联网产业发展上也体现出一定的示范性和先进性。基于江苏网络人士的调研,可以为全国网络人士的统战工作提供具有价值的参考。课题组于2020年7—8月先后对江苏省苏南、苏中和苏北三地(苏州、镇江、泰州、盐城、连云港)网络人士进行了走访和调研,共计发放问卷600份,回收有效问卷533份,回收率为88.8%。

(一) 网络人士的群体特征:一个年轻化、有文化、收入水平中等、背景多元、流动性强的新兴社会群体

课题组通过对问卷的分析,发现网络人士在年龄结构、教育背景、经济状况、政治面貌、职业流动等方面具有以下一些特征。

1. 在年龄结构上,以35岁以下的青年人为主

具体而言,本次调查中,网络人士的年龄分布以"26～30岁"(28.2%)、"31～35岁"(22.6%)两个年龄段为主,两者合计占比50.8%。"25岁以下"年龄段人群占比19.7%。"36～40岁"年龄段人群占比14.0%,"40岁以上"占比15.5%。可见,网络人士是一个年轻的群体。

2. 在文化程度上,以本科学历为主

据统计,拥有本科学历的网络人士占比为63.0%,超过一半。拥有大专学历的网络人士占比为23.9%,拥有研究生学历的网络人士占比为7.3%。只有5.8%的网络人士学历是"高中及以下"。可见,网络人士大多拥有本科学历,文化程度高于社会平均水平。

3. 在学科专业上,学科背景多元

调查显示,网络人士的学科背景非常多元,其中"文史哲类"(21.6%)、"新闻与传播类"(18.6%)、"经济管理类"(18.4%)是背景分布较多的学科。网络人士涉及的其他学科还包括"理工类"(16.9%)、"政治法律类"(6.2%)等。多元的学科背景反映出网络人士是一个思想丰富的群体。

4. 在收入上,处于社会中等偏上水平

据统计,38.2%的网络人士年收入在"6万～10万"区间,28.4%的网络人士收入在"11万～20万"区间,两者合计占比66.6%。网络人士年收入在"21万～

30万”、“31万～50万”以及“50万以上”的占比较少，仅为5.5%、3.6%和2.6%。此外，还有一定比例（21.7%）的网络人士收入处于“5万元以下”。

5. 在阶层认知上，绝大多数处于社会的中下层

具体而言，认为处于“中下层”的网络人士占比为45.0%，认为处于“下层”的网络人士占比为26.7%，认为处于“中层”的网络人士占比为21.8%。仅5.6%的网络人士认为自身处于“中上层”，而认为自身处于“上层”的网络人士更少，仅为0.9%。

6. 在职业流动上，体现出较频繁的职业流动性

调查显示，8成网络人士更换过工作。其中，66.3%的网络人士更换过“1～3次”工作，10.3%的网络人士更换过“4～5次”工作，3.4%的网络人士更换过“5次以上”工作。

（二）网络人士的政治参与：政治参与意愿强、青睐网络参政、四类人士之间差异明显

本课题对网络人士的政治参与进行了调查，摸底网络人士政治参与的思想和行为表现。

在思想认识层面，大多数网络人士对政治参与持积极认可态度，60.1%的网络人士认为政治参与对自己“很有帮助”，见图6-1。

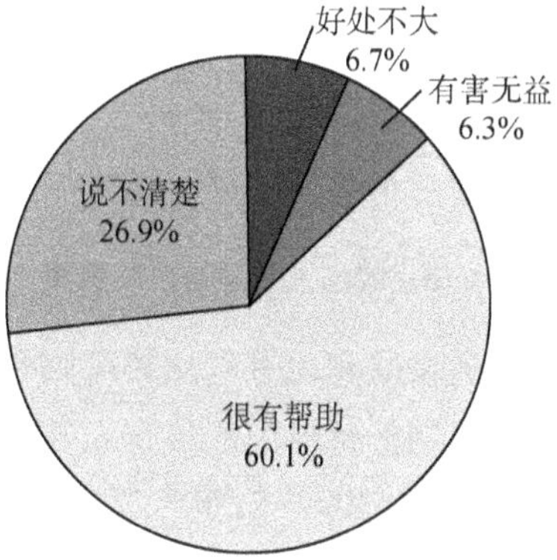

图6-1　网络人士政治参与的意义

网络人士政治参与的目的主要是“保障权益、维护安全”（36.1%），其他还有“争取社会的认可”（18.3%）、“成就事业、实现自我”（18.1%）、“发展经济、壮大实力”（17.5%），见图6-2。

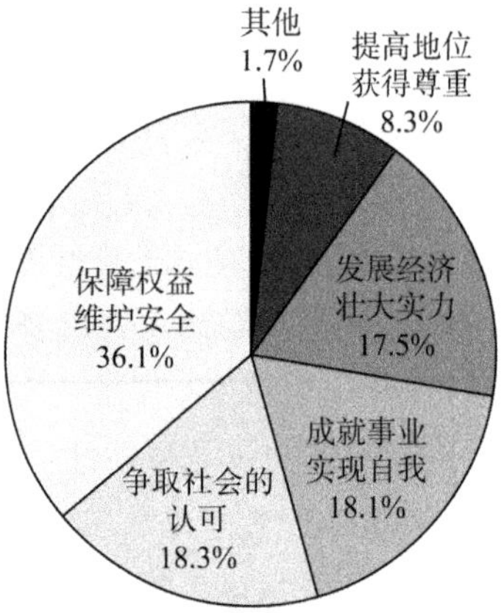

图 6-2　网络人士政治参与的目的

网络人士政治参与意愿的综合均值为 3.54,表明网络人士具有较高的政治参与意愿。其中,他们对"关心本地政府的各项政策"评分最高,说明他们对地方政府的施政最为关注,见图 6-3。

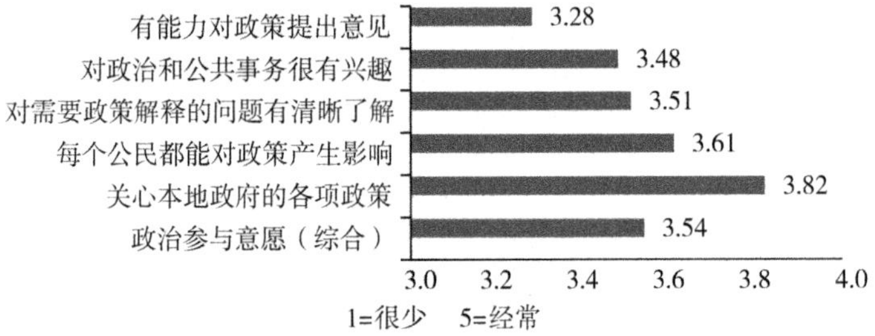

图 6-3　网络人士政治参与意愿

通过对四类网络人士政治参与意愿进行比较可以看出,第二类网络人士,即网络"大 V"、个人网络"大号"、网络社群组织负责人、网络作家、网络主播视频红人、职业电竞选手等网络名人,他们的政治参与意愿最高(均值为 3.91)。而第四类网络人士,即与网络密切相关的其他企业和社会组织人员,他们的政治参与意愿最低(均值为 3.36),见图 6-4。

在行为层面,对于传统政治参与(线下政治参与),只有 22.5%的网络人士表明自己有传统政治参与的经历。从对政治参与的评价来看,大多数网络人士对曾经参加过的有关政治性选举的评价比较高,认为"非常有意义(33.0%)"和"比较有意义"(35.4%)。

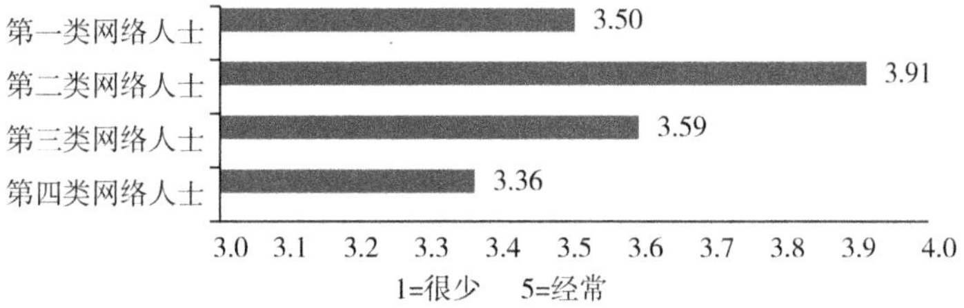

图 6-4　不同类型网络人士政治参与的意愿

在被询问希望如何介入政治生活时，“参加政治性组织”(38.1%)和“加强与政府官员的联系”(15.3%)是他们选择最多的两种介入政治生活的方式，见图6-5。

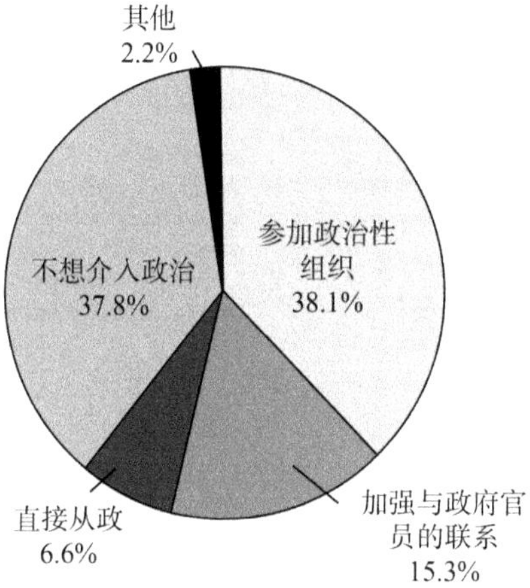

图 6-5　网络人士希望介入政治的方式

相较于传统政治参与，网络人士更倾向于通过网络途径参与政治。在被询问通过什么途径发表意见时，“通过网络”(29.2%)是网络人士最常用的方式，其次是“通过媒体反映”(15.0%)，见图 6-6。

具体来看，网络人士网络政治参与的综合均值为 2.56，显示他们的网络政治参与行为比较频繁。其中，他们最为常见的行为是“通过网络转发公共事件信息”(均值 2.69)和“通过网络谈论公共事件”(均值 2.68)，见图 6-7。

对四类网络人士网络政治参与进行比较显示，与政治参与意愿的情况相同，依然是第二类网络人士有最高网络政治参与行为(均值 3.14)，而第四类网络人士的网络政治参与行为频次最低(均值 2.26)。

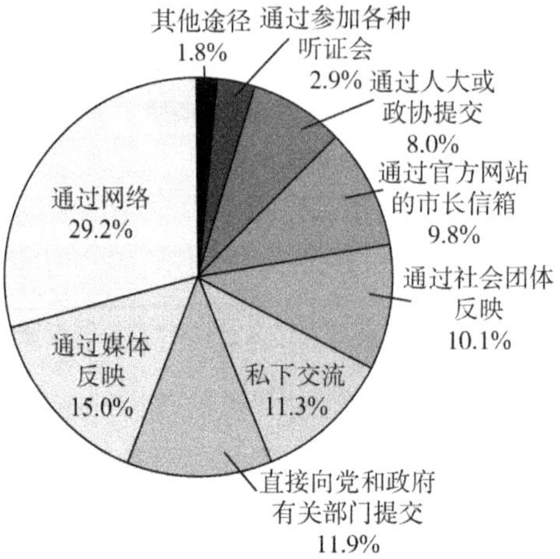

图 6-6 网络人士政治参与的方式

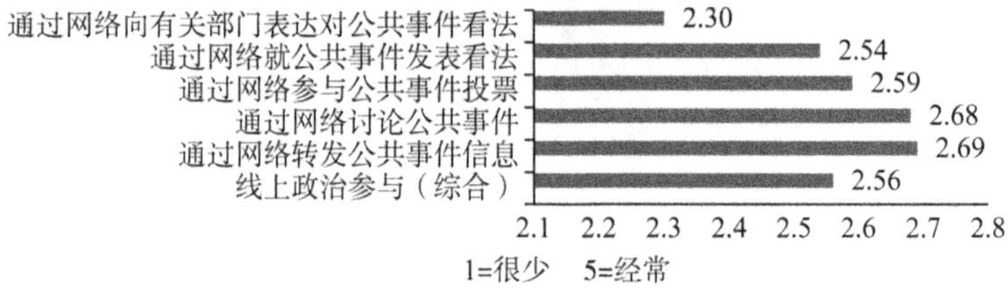

图 6-7 网络人士网络政治参与的行为

（三）网络人士参与社会治理：社会认同高、社会参与高

在社会认同层面，本课题考察了网络人士对种族（民族）认同、文化认同和国家认同的情况。网络人士均表现出很高的种族认同（均值 4.73，图 6-8）、文化认同（均值 4.66，图 6-9）和国家认同（均值 4.66，图 6-10）。这说明，网络人士普遍具有很高的社会认同感，这种社会认同感对培育他们的社会责任意识、促使他们积极参与社会治理具有很好的正面作用。

比较四类网络人士的社会认同情况后发现，第二类网络人士的社会认同程度最高（均值为 4.74），而第一类网络人士的社会认同程度最低（均值为 4.64），见图 6-11。

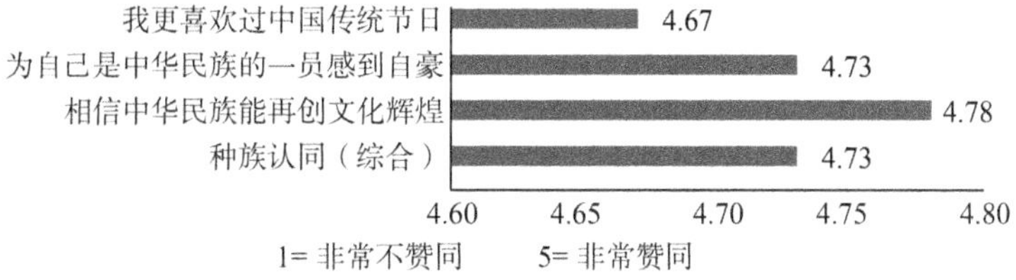

图 6-8　网络人士的民族认同

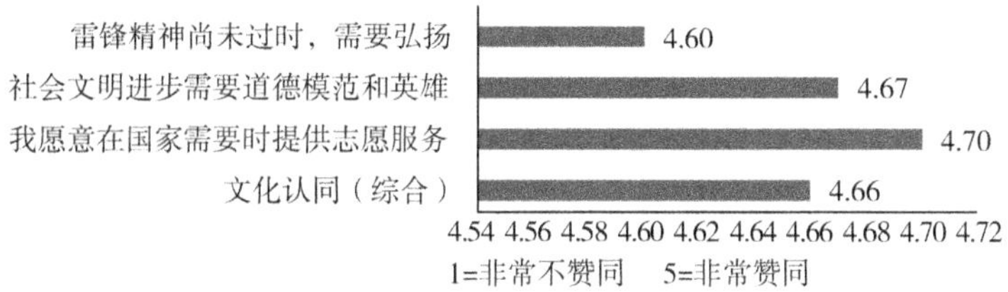

图 6-9　网络人士的文化认同

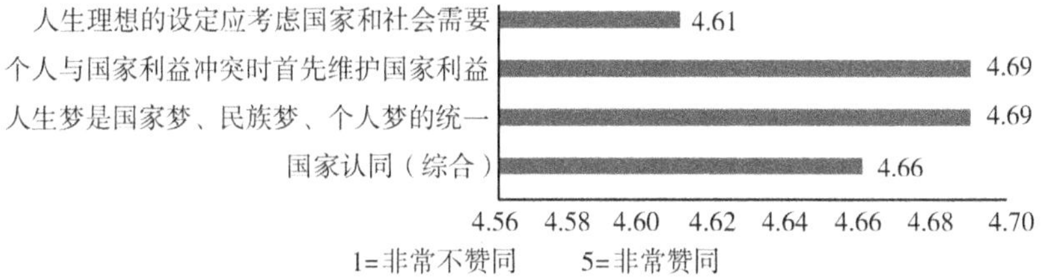

图 6-10　网络人士的国家认同

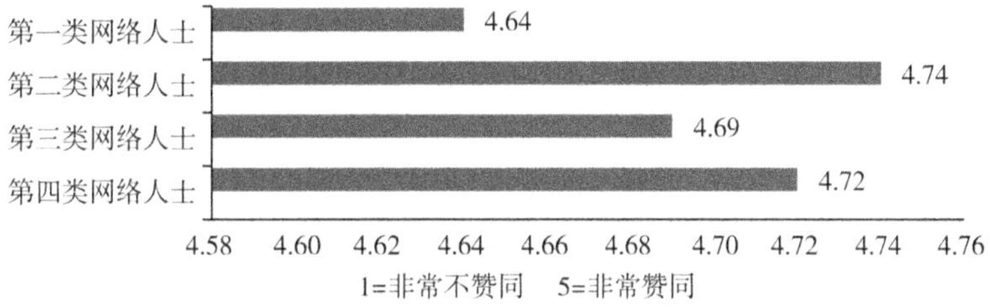

图 6-11　不同类型网络人士的社会认同

在社会责任实践层面，网络人士表现出很高的社会实践程度，综合均值达到 4.63。其中“在公共场所能做到文明礼貌帮助他人”（均值 4.73）、“能正视贪污腐败等不良风气并不受影响”（均值 4.71）是他们最为认可和践行的社会实践，见图 6-12。

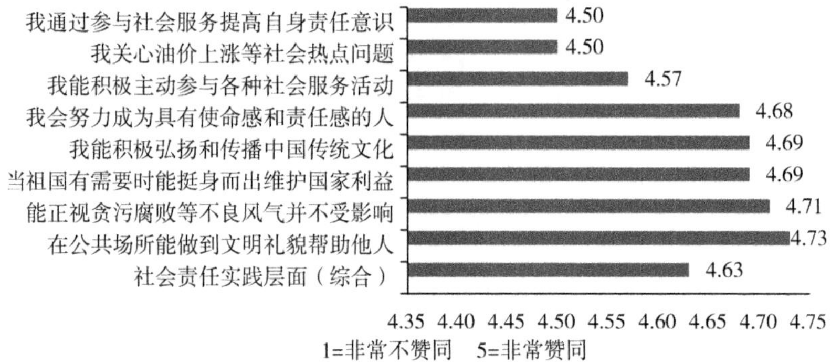

图 6-12 网络人士的社会实践程度

对四类网络人士的社会实践进行比较发现，依然是第二类网络人士的社会实践程度最高，而第一类网络人士的社会实践程度最低。这说明，社会认同影响着网络人士的社会实践。未来政府部门可以从提升网络人士的社会认同着手，推动网络人士积极参与社会实践，为社会治理贡献智慧和力量。

（四）网络人士统战工作需要注意的问题

网络人士作为一个来源广泛、新类型不断涌现的群体，在调查中也暴露出一些需要注意的问题，具体如下。

1. 新媒体等新闻资讯平台从业人员

该类群体中部分人士受西方思想影响比较深，对社会主义民主政治认识浅薄，存在追求过度自由化倾向。在访谈中，有的受访人士表达对民主的理解，就是一人一票的西方选举式民主。而他们表达对自由的追求，实质是在渴望一种不用负任何责任的消极自由，并未意识到应当追求一种积极自由，一种个体解放为社会增添活力的自由。

2. 网络“大号”、网络“大 V”等自媒体网络人士

该类群体中部分人士存在表达不理性、主观片面性突出，习惯性质疑，对社会现象极端化、扭曲化解读等问题。在访谈中，一些网络人士对“社会资源的公平分配”“向上流动的可能性”等持怀疑态度，他们大多习惯于将网上负面信息指向体制问题。这种问题产生的一个重要原因，是他们在网络世界的高人气和现实世界的普通收入之间的落差，这种落差在很大程度上带来他们仇富仇官等病态心理。

3. 网络作家

该类群体中部分人士被资本挟裹控制，主动或被动创作各种娱乐化、庸俗化、低俗化和历史虚无主义等冲击主流意识形态的作品。网络作家是自由职业人员，他们拥有广大的读者群体，许多读者还是正处于成长期的青少年。在访谈中，我们发现作为分散个体的网络作家人士，他们蕴藏着强大的社会动员力，而他们自述远离政治的创作背后实际存在着对主流意识形态侵蚀和冲击的隐患。

4. 网络主播/视频红人

该类群体中部分人士为了吸引眼球、获取流量，泛娱乐化、无下限、无底线问题突出，有时甚至挑战法律“红线”。网络主播/视频红人是伴随着移动互联网技术发展而衍生出的新兴群体。这一群体虽然出现时间不长，但已经吸引了相当规模的用户。根据中国互联网信息中心统计，截至 2018 年 6 月，网络直播用户规模达到 4.25 亿，直播趋于普及和大众化。但部分网络主播/视频红人一直存在不断突破伦理道德底线，迎合网民审丑、娱乐、刺激、偷窥、臆想以及看客等心理的问题。针对网络直播平台传播淫秽色情信息非法牟利现象，2018 年 2 月全国“扫黄打非”办公室对外曝光其中 5 起典型案件案情，以教育经营者、从业者，警示违法犯罪分子。

三、网络人士统战工作的江苏实践

江苏省网络人士众多，呈现抱团式、聚集式发展态势。在中央统战部的正确指导和江苏省委的坚强领导下，各有关方面抓住机遇、齐心协力，在准确把握网络人士特点的基础上积极探索和推进江苏网络人士统战工作，目前在实践中已经形成了一些经验做法。

（一）强化顶层设计，推进网络人士统战工作全覆盖

江苏将团结引导网络人士作为服务改革发展、推进国家治理体系和治理能力现代化的重要方面，将网络人士统战工作纳入统战工作的总体布局，纳入各级党委统战工作考核内容之中，加强顶层设计，积极推进网络人士统战工作全覆盖。一是充分发挥由省委统战部牵头，宣传、网信、公安、民政、司法等多部门及行业参加建立的新的社会阶层人士统战工作联席会议制度优势，形成多部门齐抓共管、合力推进的工作格局，形成省、市、县三级新联会组织的全覆盖，部分县已经延伸到乡镇和街道，各级新联会组织都注重加强网络人上的联系联络，积极

为他们创新创业提供坚实平台。二是通过强化组织领导、服务引导、品牌建设、责任落实、总结推广，全面推进全省实践创新基地建设。初步构建了纵向覆盖省市县直至乡镇（街道）、横向辐射各群体的基地矩阵，为网络人士统战工作提供了有力的示范引领和阵地依托。省委网信办创新开展网络人士统战工作，在全省部署实施“i江苏e同行”网络名人工程建设。三是通过实施“十百千”专项培训工程，加强网络人士思想引导，建立了网络代表人士信息库。江苏省委统战部联合多部门、多地市和多高校建立网络人士统战工作研究基地，组织开展对网络人士统战工作重要理论和实践问题的研究。南京市成立的“南京好朋友—新媒体人士之家”网络人士工作基地成为加强网络从业人员引导、创新网络人士统战工作方式的典型示范。

（二）落实党组织的主体责任，确保统战工作正确方向

只有加强党的领导，落实党组织的主体责任，才能为做好网络人士统战工作指引方向。一是全省各级统战部门把新的社会阶层人士统战工作纳入大党建范畴，着力发挥各级党组织主体作用和政治核心作用，以党建带统战、以统战促党建，在党建高速公路上跑好统战快车。二是注重加强对网络人士的党建引领，把广大网络人士紧密团结凝聚在党的旗帜下，支持有条件的互联网企业、行业协会及相关中介组织建立党组织，并设立统战工作机构或统战委员、确定统战工作联络员，及时摸清各领域网络人士情况。南京市将网络人士统战工作与“两新组织”党建工作结合，打造了苏宁、途牛、润和等8家互联网企业党建阵地，建设“网商党委”“牛人党委”“红色方向盘”“红色键盘”“西祠红”等特色网络党建项目，以党建促团结；连云港市成立了全国第一家基层网络社会组织党支部——赣榆义工协会党支部，并不断推广复制其发展模式，在全市各县区陆续建立了一批网络社会组织及其党组织，使网络人士团结凝聚工作由点及面，逐步走向系统化和规范化。

（三）加强思想引导，凝聚网络人士政治共识

掌握网络人士思想动态和利益诉求，凝聚思想政治共识是网络人士统战工作的重要任务之一，江苏一直积极探索凝聚思想政治共识的新思路、新方法。一是梳理排查，利用信息技术手段厘清网络人士群体。省网信办通过开展网络人士专项梳理排查工作，在全省共梳理出属地较有影响力的正能量、灰色地带、黑色地带的网络人士共288人，为掌握并跟踪网络人士思想动态、对其有针对性地

开展团结凝聚打好基础。二是紧扣时代脉搏，加强主题教育。通过开展形式多样的主题教育，夯实网络人士的思想根基。2019 年，南京市将网络人士的理论培训纳入全市党外人士培训工作总体计划安排，共有 300 多名网络代表人士参加了统一战线理论培训。南通建立红色教育制度，每年至少组织 2 次属地网络人士赴革命教育基地接受洗礼，引导网络人士自省自律，坚定理想信念，自觉将红色基因融入血脉。三是情理结合，以实际行动赢得认同。网络人士统战工作从根本上说是做人的工作。各级统战部门在实际工作中通过以情感人、以理服人、以助暖人，赢得了网络人士的信任与理解，切实为网络人士统战工作打好坚实基础。四是加强活动引领，增强网络人士凝聚力。注重发挥网络人士的带动作用，通过开展各项文化交流活动、志愿服务活动、网络公益活动，充分展示网络人士群体良好形象，引领社会道德新风尚。2020 年为了解决传统企业复工复产面临的困难，省网信办联合多个单位开展了"苏货直播 · e 起小康"全省行活动，各地网络人士纷纷为扶贫助农带货，为家乡特产代言，获得良好的社会反响，网络人士的影响力和社会动员能力得到充分发挥。五是表彰激励，发挥先进典型的示范作用。江苏各地通过评选和表彰优秀网络人士和网络社会组织，使之增强了荣誉感和使命感，达到了团结一个、影响一片的效果。南通市推荐优秀网络人士参政议政，近两年推选了 1 名网友当选县级以上人大代表，3 名网友当选县级及以上政协委员，激发了网络人士参政议政、服务社会的积极性。

（四）做强"一体两翼"，构建多元组织平台共生体系

按照党中央"用好现有组织、创建工作载体"的要求，着力打造以社会组织为主体，以群团组织和自组织为两翼，多元组织平台相互共生、并行发展的体系。一是重点依托社会组织，扩大工作覆盖面，通过盘活存量、扩大增量，将统战要素嵌入社会组织发展，延伸工作手臂。2020 年，江苏在全省网络论坛工作座谈会上成立了江苏网络论坛联盟。该联盟在 2018 年成立的江苏自媒体联盟的基础上不断扩大团结范围，将省内 37 家主要网络论坛的上千万网民组织凝聚起来，通过组织主题宣传、舆情引导等活动发挥网络人士的传播优势、桥梁作用和智慧力量，带动省内网络论坛健康发展。二是充分发挥工会、共青团、妇联、科协等群团组织的作用，推荐、安排网络代表人士进入群团组织担任兼职领导，向上打通政治参与渠道，向下密切联系群众，不断扩大网络人士覆盖面。三是将自组织作为新的关注点和发力点，依托网络论坛、吧群、公众号、微信群、微博粉丝群等线上线下自组织，通过推送理论学习文章、开展网上教育培训及网络沙

龙等活动，加强网络人士的沟通交流，凝聚共识，营造良好的社会舆论氛围。

（五）线上线下相结合，创新统战方式方法

网络人士发展起点、成长轨迹、价值追求各不相同，做好团结工作就要以开放的思维，加强联系联络，线下多走动、线上多活动，不断拓宽网络人士联系渠道，不断密切网络人士间的联系，在交流中增进了解，在沟通中形成共识。一是各地积极整合和利用网络代表人士的自身资源优势，把“统战工作对象”变成“统战工作力量”，把社会资源变为统战资源，使得统战部门与网络人士之间由“联系”变成“朋友”，进而由“朋友”变成“伙伴”。二是通过组织属地网络人士开展考察和实地调研，组织开展网络人士论坛、网络座谈会、网络沙龙、研讨互动等活动，引导网络人士做好政策信息的“传递员”和群众愿望呼声的“反馈员”，并着力打造一批活动品牌，发挥典型引领和辐射带动作用。江苏省作协在2019年开展了网络文学大调研，走访省四大文学网站，深入基层单位，了解江苏省网络文学领域思想政治工作的开展情况，发现问题、提出整改措施并撰写调研报告，推动江苏网络文学高质量发展。三是坚持网络化沟通，打造智慧统战系统。充分利用网络人士在网络舆情调控、社会舆论引导管控等方面的积极作用，带动更多网络人士参与活动。南京组建了以“南京好朋友”为品牌的新媒体负责人队伍、以“红色键盘”为牵引的网络评论员队伍、以南京网络文化协会为主体的网宣队伍，以“三支队伍”打造网络人士统战舆论场，发挥了网络人士在弘扬主旋律、传播正能量中的独特优势。

四、网络人士统战工作的路径选择

网络技术的普遍应用加速了社会阶层结构分化和社会治理模式转型，网络人士统战工作面临新的挑战。习近平总书记指出，“互联网在社会管理方面有较大作用”，问题是我们怎么去适应它和科学有效地使用它。新时代网络人士统战工作要围绕社会治理现代化这一中心工作，充分发挥统一战线的资源禀赋和功能优势，把统战工作与引导网络人士健康成长相结合、与推动风清气正网络生态建设相结合、与提升社会治理效能相结合，引导网络人士有序有效地参与到社会治理现代化进程之中，使互联网这个最大变量变成事业发展的最大增量，真正构建一个既充满活力又拥有良好秩序，呈现出活力和秩序有机统一的社会治理共同体。

(一) 加强协同创新研究,掌握网络人士成长规律

1. 提高政治站位,正确认识网络人士在社会治理现代化中的重要作用

作为网络领域最活跃、最富有活力的因素,网络人士的成长壮大与打造共建共治共享的社会治理格局相契合,在社会治理中的作用不可小觑,是推进社会治理现代化不可或缺的重要力量。对于这一新兴的党外知识分子群体,需要从巩固党的执政基础、推动经济高质量发展、促进社会和谐稳定以及维护意识形态安全的战略高度,自觉把党中央关于网络人士统战工作的重大决策部署转化为务实举措和工作实效。

2. 注重调查研究,总结发展规律

当前,网络人士统战工作处于实践探索期,仍然面临底数不清、情况不明、目标不准等问题,统战工作缺乏针对性、精准性。破解这一难题,既要沉下去,组织专门力量,综合运用线上与线下等多种渠道进行全面深入的调查研究,又要浮上来,对一些杂乱的、偶然的、不稳定的表象进行去伪存真,尽可能对网络人士的数量规模、思想动向、利益诉求、行为方式等基本状况形成规律性认知。

3. 构建"互联、互动、互通"协同联动机制,形成工作合力

网络人士普遍具有成分复杂、结构松散、分布广泛、流动性强等特征,单靠一个部门或几个部门的力量既不能做到,也不能做好网络人士统战工作。这就需要打破"统战工作就是统战部门工作"的狭隘认知,在各级党委的强力领导下,坚持各负其责与协同联动相统一,打造多主体参与的统战共同体。由统战部门牵头,以网络人士统战工作联席会议机制为纽带,推动公安、网信办、网络协会等不同成员单位之间横向互联,既根据部门职能制定各自任务清单,又注重合作共享,增强工作协同性和协调性。各级党组织把网络人士统战工作纳入重要议事日程、纳入党的建设总体布局、纳入年度党建工作要点、纳入党组织工作考核目标,自上而下层层压实党组织的统战责任,确保统战工作落地落实。综合考虑地域特色和资源优势,加强不同地区之间内外互通,构建多部门、跨地域、全要素之间强强联合的协同统战模式。

(二) 加强正向宣传引导,壮大主流思想舆论阵地

1. 打造全媒体传播格局,提升主流思想引领力

以习近平总书记关于推动媒体融合发展的重要论述为指导,全面推进传统媒体和新兴媒体融合发展,同步建设、同频发力。一是台子搭起来,构筑"报、网、端、屏"四位一体全媒体矩阵。推动多元媒体平台协同化运作、一体化发展,构建

起统战报(刊)求“深”、统战门户网站求“全”、移动客户端求“快”、微信公众号求“精”的全媒体传播格局,抢占信息传播制高点。二是内容红起来,宣传弘扬主旋律。坚持党媒姓党,强化主流媒体的内容生产能力和舆论传播能力,打造更多现象级、正能量产品,重点宣传党的最新理论成果、重要会议精神、重大主题活动等内容,做大做强主流舆论。三是形式活起来,以新技术推动主流媒体迭代升级。对网络人士宣传引导不能单纯依靠理论说教,更要以适应其特性和喜好的方式,通过微博、微信、抖音、B站等新媒体渠道呈现,增强内容的交互性、可读性、观赏性,让党的创新理论变得活起来、动起来。

2. 推动线上线下相互融合转化,增强思想政治教育的实效性

网络人士政治认同度整体较高,但受不同网络思潮的冲击,加之他们对世情国情党情社情了解不够深入,容易对我国政治体制产生模糊或错误认知。需要充分利用网络媒体高、精、快、深、广等优势,以适合网络人士特征的宣传方式和话语体系,把网上政策理论宣传与网下开展主题教育结合起来,在提升政治理论素养的同时,增强对中国特色社会主义的自信和认同。把网络人士教育培训纳入党外人士培训总体计划,开展以政治共识教育为核心、以文化认同教育为基础、以能力素质培养为重点的教育培训工作。结合网络人士的特点,既要利用网络对传统课堂教学、实践教学进行优化升级,又要打造网络“微课堂”,实现全天候教学,增强教育培训的针对性、实效性。

3. 坚持走网络群众路线,扩大网络朋友圈

增强网络意识和利用网络的能力,通过网络渠道主动与网络人士搭上话、见上面、交上心,了解他们所思所愿所想,在交流互动中获得他们的理解与信任,团结更多益友、诤友。理性对待网络人士对社会热点关注度高、批判意识较强、意见表达情绪化等现实问题,既要善于包容,通过细致工作释疑解惑、正本清源,找到最大公约数,又要敢于斗争,坚决抵制各种通过网络鼓吹西方意识形态、激化社会矛盾、攻击党的领导等严重错误行为。针对网络人士大都处于体制外,具有较强的危机意识和不安全感的实际情况,我们更要强化服务意识,把解决思想问题与解决实际困难结合起来,把思想引导与推动个人发展结合起来,通过政策倾斜、项目对接、困难帮扶等方式,为他们的健康成长营造良好环境。

(三) 建立健全选人用人机制,加强代表人士队伍建设

1. 科学评价,发现人才

网络代表人士的影响主要体现在网络空间和意识形态领域,普遍具有身

份虚拟性、成分复杂性、快速流动性以及跨域跨界性等特征，缺乏统一的认定标准和评价体系。统战工作具有很强的政治性，对网络人士的遴选评价可以在参照党外代表人士综合评价标准的同时，重点强调其在意识形态领域的影响力，从关注领域、粉丝数量、发帖数量以及网络点击量等方面制定量化指标。对网络人士的评价不能单靠“一把尺子”，而应根据不同的业态制定多种评价指标体系，构建质与量相统一的科学评价体系，为统战工作找到人、找准人、找对人提供坐标系。

2. 建档入库，储备人才

充分利用大数据、云计算、5G 等技术优势，有选择性地对网络活跃度高、话语权强、影响范围广的重点人士建立“一人一档”数据库，并进行长期动态跟踪管理，及时掌握他们的关注热点、舆论倾向、心态变化等，有针对性地调整统战思路和对策。

3. 制定规划，培养人才

把思想政治培养作为网络人士健康成长的关键环节，坚持理论培训和实践锻炼相结合，系统制定培养规划。一方面，可以把网络人士培养与新的社会阶层代表人士培训结合起来，推进实施“网络名人同心圆工程”。通过举办培训班、参观学习、考察调研等方式，增强网络人士的政治自觉性、社会责任感和主动参与意识。针对网络人士的差异性，注重个性化培养，缺什么补什么，做什么学什么。另一方面，加强与相关职能部门对口合作，组织新媒体代表人士、网络企业负责人、网络组织负责人以及网络作家等重点对象挂职锻炼，让他们在锻炼中成长成才。

4. 合理安排，使用人才

安排使用党外代表人士是坚持和完善我国基本政治制度的客观需要，也是实现中国之治的必然要求。对联系广泛、健康正向、积极有为、参政议政能力强的网络代表人士不仅要“请上车”，还要“请入座”，适量增加网络代表人士在各级人大代表、政协委员中的名额和比重；根据个人能力和专长，推荐担任政府参事、政府评论员、人民监督员等特邀人员；推荐担任群团组织、行业协会、统战社团负责人，通过这些渠道，合理安排，唯才是用，为他们最大限度地发挥正能量提供政治保证，同时发挥他们的名人示范效应，凝聚团结更多正向力量。

（四）构建多元平台体系，畅通组织化制度化参与渠道

1. 以实践创新基地为依托，扩大组织覆盖面

网络人士群体结构趋于离散、不稳定，组织化水平总体比较低，使得他们在

表达利益诉求，参与社会管理，提供公共服务过程中经常面临无序、低效的困境。针对这一问题，最有效的办法就是“组织起来”。按照用好现有组织、创建工作载体的思路，构建以实践创新基地为依托，由党派组织、统战社团、网络社会组织以及自组织等共同组成的“1＋N”平台体系。一方面，注重盘活存量，对现有组织平台优化升级，扩大覆盖面。比如，主动吸纳网络人士中的优秀人才加入党组织或民主党派，积极回应他们的组织归属需求。适度扩大规模，发挥各级新的社会阶层人士（网络人士）联谊会的桥梁纽带作用。另一方面，善于扩大增量，延伸工作手臂。通过政策引导、孵化培育、项目扶持等方式，强化新媒体联合会、网络协会、自媒体联盟等网络社会组织的统战功能。借助多渠道网络服务平台（MCN）把不同类型的网络红人整合起来、规范引导，保证其有序、可控。

2. 打造线下活动品牌，增强吸引力

活动品牌既是将网络人士吸引过来、积聚起来的磁力场，也是统战工作持续、有效开展的推进器。主动适应融媒体时代传播规律和网络人士成长规律，按照一地一品牌、一点一特色的思路，打造形式多、内容新、效果强的活动品牌。

3. 聚才而用，服务经济社会发展

网络人士是社会治理主体之一，能够为推动社会治理现代化提供强大的动能。一是组建网络“红军”，维护意识形态安全。发挥网络人士熟悉网络舆论传播规律、网络话语权大、网络受众广等优势，生产、传播积极健康的网络内容，传递正能量。同时，针对负面网络舆情，集中力量开展网上斗争，主动防范化解重大舆情隐患和群体性事件风险。二是组建网络人士“智库”，建言献策。有针对性地组织他们围绕社会发展的重点难点热点问题进行调研，积极建言资政。三是组织网络人士“服务团”，助力数字经济高质量发展。将网络人士统战工作与地区经济发展相结合、与行业企业发展相结合、与个人创业创新相结合，引导网络人士积极投身创新创业实践，为推动数字经济和智慧社会建设赋能增效。四是组建网络人士“志愿队”，服务社会民生。发挥网络人士在助老爱幼、扶贫帮困、救危化急等方面的巨大能量，为社会提供更多公共产品和公共服务。同时，发挥他们“中间人”“调解员”作用，预防化解社会矛盾，维护社会稳定。

（五）创新工作方式方法，激发社会活力

1. 转变理念，坚持社会化运作

社会化方式与扁平化社会阶层结构相匹配，是与社会治理现代化相适应的一种新的统战范式。一方面，突破行政化科层化思维限制，通过对话协商、相互

合作、共同参与等方式，打造党政部门、网络社团、网络企业、自媒体及网络名人等多元主体构成的社会治理共同体，实现社会资源的优化组合和有效利用，以解决统战资源有限性与统战需求扩张性之间的矛盾。另一方面，把统战目标转化为具体的工作项目，通过直接资助、购买服务、政策扶持、公益创投等方式交由专业网络组织或互联网企业承担，使得统战职能部门与网络人士之间由“联系”变成“朋友”，进而由“朋友”变成“伙伴”，在推动统战工作与社会治理的互动平衡中最终达成政治共识。

2. 因人施策，增强工作针对性

网络人士结构复杂，群体差异性明显，需要分众研究、分类施策。坚持目标精确化，重点向网络人士集中的重要领域和行业聚焦，向新媒体平台负责人、互联网企业出资人、网络组织领导人、自媒体评论员、网络作家、网络“大V”等重点人群聚焦，向品行正、有能力、社会责任感强的青年人才聚焦。坚持分类精细化，按照政治光谱将网络人士划分为由拥护者构成的红色地带、由批评者构成的灰色地带和由反对者构成的黑色地带三类群体。坚持对策精准化，对不同地带的网络人士，坚持“抓两头、带中间”，有针对性地采取不同的统战策略。对拥护者主动加强与他们的联系和沟通，加大培养和政治安排力度，发挥其正能量。对批评者做好说服教育引导工作，多与他们谈话、交心，解惑释疑，把握好网络舆论正确方向。对反对者要保持高度警惕，在争取转化的同时，联合部门力量共同防范打击违法行为。

3. 以网为媒，打造“网络+”统战

网络人士因“网”而生，以“网”而聚。做好他们的统战工作必须以网络为媒介，从现实社会向网络社会延伸，从“面对面”向“键对键”转变。利用网络海量的信息储存功能，实现对重点网络人士的数据化、动态化、可视化管理，及时掌握舆情变化情况。利用网络快速的信息传播功能，为网络人士表达意见诉求、参与民主协商、监督政府行为等提供便捷渠道。利用网络灵活的社交属性，实现线上组织动员与线下互动交流相互转化，扩大统战实体与范围。利用网络便捷的信息交换功能，为网络人士提供全方位、宽领域、零距离的一站式综合服务。利用网络强大的号召力动员力，发挥网络人士在净化网络空间、弘扬主旋律等方面的正能量，打造统战舆论场。

第三节　新时代网络作家团结引领问题研究

随着互联网的发展，网络文学行业整体稳健升级，相应地，网络作家人员规模日益扩大，并在社会生活中扮演着越来越重要的角色。习近平总书记强调，要团结、吸引包括网络作家在内的新的文艺群体，“引导他们成为繁荣社会主义文艺的有生力量”①。如何将网络作家群体团结引领好、最大限度激发其正能量，是贯彻落实习近平总书记重要讲话精神、推进新的社会阶层人士统战工作必须持续关注和不断研究的课题。

一、网络作家队伍发展现状

近年来，我国网络文学市场规模稳步扩大，行业吸引力持续增强，越来越多的人投入网络写作，网络作家队伍呈现出新的特点。

（一）年轻化趋势显著

网络作家群体更新迭代速度非常快，目前，“90后”已成为网络作家主体。与此同时，越来越多的“90后”“00后”新锐作家在网络作家群体中脱颖而出，成长为具有一定知名度和影响力的网络红人，进一步带动了网络文学作家生态的年轻化趋势。

① 中共中央文献研究室编：《十八大以来重要文献选编》（中），中央文献出版社2016年版，第126页。

（二）兼职写作渐成潮流

当下，身兼数职的"斜杠青年"正成为一种"潮"标签，很多上班族以兼职从事网络文学创作为乐趣。《明朝那些事儿》的作者石悦（笔名为"当年明月"，现任上海市人民政府研究室副主任），就曾经是一名典型的"斜杠青年"和网络作家中的出类拔萃者。成功者的榜样作用经由网络放大后，吸引了更多人参与到兼职网络文学写作的潮流中。由南京市委统战部等单位指导、建邺区独角兽企业连尚文学主办的两届现实题材网络文学主题征文大赛中，兼职作家占参赛者比例超过 70%。他们中既有教授、记者等，也有建筑工人、外卖骑手等。一位获奖作者表示，文学是理想、工作是现实，两者皆不可偏废，网络文学给他提供了融通理想与现实的最佳渠道。

（三）专业领域作家不断涌现

当前，大批实践经验丰富、受教育程度较高、具有多元知识背景的作者投入网络文学写作，给网络文学带来一股强劲的专业领域背景小说热潮。这些作者围绕所从事行业、结合职业经历创作的作品受到众多读者的追捧，所改编的影视剧常常热播。2021 年，建邺区企业连尚文学入选中国作协扶持计划的 6 部作品中，有 3 部是专业人士所写的本行业故事。描写中国女排的《2.24 米的天际》，作者行知是中央媒体资深排球专项记者；描写抗疫一线的《共和国医者》，作者王鹏骄是三甲医院医务工作者；描写基层社会治理的《不负韶光》，作者月壮边疆是基层宣传工作者。此外，描写外交战线工作的小说《蹦极》，由连尚文学整理出版后热销脱销，几乎每月加印一次，其作者卢山是从业三十余年的资深外交官。这些作者的专业实力和工作背景使他们具备了别人把握相关题材无可比拟的优势，读他们的作品，不只是代入故事场景，同时也是增加见闻，这是传统文学作者难以具备的优势。

（四）社会影响日益增大

一方面，随着网络文学读者规模的持续扩大，网络作家的影响面越来越广。另一方面，作品 IP[①] 的成功开发，使网络作家影响力呈指数级增长。网络文学

① IP 为"Intellectual Property"的缩写，即"知识产权"。在互联网行业，它被用来作为所有成名文创作品的统称。

发展进入IP时代后，网络文学作品与影视、动漫、游戏等产业深度融合，一个网络作家往往连接着几十万、几百万的读者、粉丝，其思想境界、价值取向和作品优劣对读者、粉丝产生了直接影响。新冠疫情防控期间，建邺区利用网络作家影响力开展政策措施、科普知识、先进事迹等的宣传工作，取得了良好效果。

（五）社会责任意识明显增强

近年来，各级宣传、统战、网信、共青团、妇联、文联、作协等单位加强对网络作家的团结引导，多次组织网络文学界认真学习贯彻习近平总书记重要讲话精神，有效提升了网络作家群体的社会责任感和历史使命感。在创作方面，广大网络作家深入生活，扎根人民，推出了一批积极观照现实、呼应主流价值、富有时代感的作品，为网络文学发展带来了全新活力。在网络文明方面，广大网络作家积极响应清朗网络空间的号召，自觉抵制低俗、庸俗、媚俗，积极弘扬传播正能量，为打造网络文学的绿水青山尽一份力。在社会公益方面，网络作家特别是其中的代表人士，积极加入各类志愿者队伍，参与各项文学公益服务活动，以文学服务人民，让人民感受文学的价值与滋养。2020年9月，连尚文学网络作家公益团队被江苏省委网信办表彰为“十佳网络公益达人”。

二、网络作家团结引领面临的问题

自诞生以来，多数网络作家能够随时代脉搏而动，积极适应社会需要，努力创作优秀作品，但由于历史积淀有限、群体规模庞大、网络匿名属性等特点，网络作家群体难免良莠不齐、泥沙俱下。同时，互联网飞速发展、快速变化、流动性强的特征也给监管、引领等工作带来了现实困难。

（一）网络作家数量规模庞大，范围对象难以精准掌握

《2020中国网络文学蓝皮书》显示，网络作家数量超千万，其中签约作者100多万人，活跃的签约作者60多万人。[①] 这其中，除了极少数知名作家外，绝大多数是以虚拟身份在网上进行创作的。同时，网络作家群体流动性强、每年新入者和退出者均数量较大，加之多数作者并无固定发稿网站且多数网站平台存活期短，给精确掌控网络作家群体数量和范围带来了极大困难。

---

① 中国作协网络文学中心：《2020中国网络文学蓝皮书》，《文艺报》2021年6月2日。

（二）网络作家思想复杂多元，教育引导难以及时有效

网络作家群体伴随互联网而生，早年处于自发的野蛮生长状态，没有传统主流价值观念的引导，也不被主流文化认可和接受。由于网络文学的功利色彩和可以批量复制的传播方式，网络作家身上往往体现出鲜明的大众性、娱乐性和商业性特征。此外，由于网络的隐匿性与自由性特征，一些网络作家侧重于通过作品宣泄个人情绪、描绘个人幻想，在某种程度上导致网络作家群体精品创作意识不强、价值追求有待矫正、社会责任有待增强等问题。

（三）网站平台运营利益为先，管理责任难以充分落实

网络文学平台多依靠私营资本投资特别是风险投资，其运营必然以追求利润为首要目的。这在网站运营过程中被具体化为点击量、订阅数、打赏金额、会员数等一系列指标，并成为网站平台衡量网络作家人气高低的标准。其结果是，网站平台往往忽视对网络作家各方面状况的关注，疏于对作品内容和导向性的监管。同时，平台和网络作家的共生关系也使平台的监管职责难以落实。一方面，作家是平台的核心生产力，没有作家平台难以为继，平台很难对“下金蛋的鸡”下重手监管。另一方面，平台相对于作家天然具有垄断地位，拖欠稿费、侵犯版权等情况时有发生，它对网络作家的监管有时不仅无法让网络作家心服口服，甚至可能带来负面效应。

（四）职能部门权责尚不明晰，工作合力难以有效形成

网络作家这一称谓体现了相关群体的两大属性：一是网络属性，二是作家属性。从网络属性看，与之相关的职能部门有网信、宣传、科技、工信、公安、市场监管、广电等。从作家属性看，相关的有宣传、文化、版权等部门。此外，统战部门、文明委、共青团、文联、作协、妇联、总工会、行业协会等都有同网络作家群体相关联的职能。具体到网络作家团结引领这项工作上来看，虽涉及部门众多，但存在权责不够明晰、难以形成合力的情况，主要有归口管理与网络作家主体性的矛盾、属地管理与网络作家流动性的矛盾、底线管理与网络作家复杂性的矛盾等。

三、做好新时代网络作家团结引领的思路举措

做好新时代网络作家团结引领，要把统战工作和网络作家特点相结合，积极

探索新规律、新方法、新手段。

（一）坚持党的领导，始终坚定网络作家团结引领的正确方向

习近平总书记强调，做好新形势下统战工作，“最根本的是要坚持党的领导，实行的政策、采取的措施都要有利于坚持和巩固党的领导地位和执政地位”①。做好网络作家团结引领，关键是要坚持党的集中统一领导。只有在党的集中统一领导下，才能真正凝聚人心、增进共识、整合资源，形成团结引领工作的最大公约数和最大合力。

1. 坚持党的领导，要把牢政治方向

要以习近平新时代中国特色社会主义思想为指导，不断增强“四个意识”、坚定“四个自信”、做到“两个维护”，从党和人民事业全局角度认识和推进新时代网络作家团结引领工作，将有利于坚持和巩固党的领导地位和执政地位作为网络作家团结引领的根本方向。要充分认识到统一战线工作是全党的工作，做好网络作家团结引领离不开全党同志共同努力，各级党委要落实主体责任，党委书记要带头抓好相关工作，统战和其他职能部门要具体做好相关工作。

2. 坚持党的领导，要突出党建引领

对于有一定数量固定签约作家的网络文学平台，以平台为依托，将签约作家、编辑、网站管理者等统合起来，建立相应的基层党组织。对于兼职或居住地较为分散的网络作家、规模较小的网络文学平台等，可以采取楼宇党组织、跨企业联合党组织等多种形式建立基层组织。在相关基层组织建设中，要注重组织负责人的选用，在政治素质过硬、党性修养较强、组织领导能力突出的基础上，注重选拔熟悉网络文学和网络作家特点、热爱网络文学工作、能够同网络作家打成一片的优秀党员。在基层组织建设过程中，要注重发现并吸纳网络作家中的优秀分子。网络作家中的优秀分子，通过网络文字工作为发展繁荣社会主义文化事业作出了贡献，也是中国特色社会主义事业的建设者。吸收他们入党，有助于扩大党的群众基础、调动网络作家参与团结引领工作的积极性。要通过党员培训、组织生活等方式，加强网络作家党员和入党积极分子的培养，并以他们为纽带将更多优秀网络作家团结到党的周围。

---

① 习近平：《巩固发展最广泛的爱国统一战线 为实现中国梦提供广泛力量支持》，《党建》2015 年第 6 期。

3. 坚持党的领导，要唱响党的旋律

任何文学作品，必然体现一定的价值取向，网络文学也不例外。在网络作家团结引领工作中坚持党的领导，关键是要能对其创作产生积极影响，使他们写出更多弘扬党的旋律、传递党的声音、契合党的需要、深受群众欢迎的精品力作。要引导网络作家积极为党和政府工作大局服务，不断创作出符合主流价值追求、契合时代精神、反映新时代风貌的优秀作品；要引导网络作家积极为人民服务，正确处理个人名利与社会效益的关系，不断创作出满足人民群众日益增长的美好生活需要的优秀作品；要引导网络作家积极弘扬正能量，不断创作出鼓舞人心、振奋精神的优秀作品。要通过团结引领工作，使网络作家在引导人民群众投身社会主义建设事业中发挥重要作用，为实现“两个一百年”奋斗目标和中华民族伟大复兴的中国梦贡献力量。

（二）发挥协同作用，着力形成网络作家团结引领的整体合力

网络作家团结引领工作涉及面广，仅靠单一部门难以有效做好相关工作，必须加强跨部门沟通协作，发挥各部门协同作用，着力形成团结引领工作合力。

1. 充分发挥统战部门优势

统战部门具有熟悉情况、掌握政策、队伍专业等无可比拟的优势，是网络作家团结引领的主力队员和具体工作的组织者。各级统战部门要提高认识、理清思路、改进方法，切实担负起党赋予的团结引领网络作家的工作职责。统战部门工作人员要改进工作方式方法，树立“互联网＋”理念，及时了解网络领域新潮流、新变化，尝试用互联网思维解决网络作家团结引领工作中面临的困难。要用好新的社会阶层人士联谊会、网络人士联谊会等机制，做好沟通联络，及时了解网络作家所思所想、所需所畏，尽力帮助其解决困难，拉近网络作家与统战工作的心理距离。

2. 加强跨部门沟通协作

其他党政部门和群众团体要充分认识做好新时代网络作家团结引领工作的意义，在统战部门统一组织下做好相应工作，形成团结引领工作合力。一方面，要把网络作家“请进来”，通过学习教育、专题活动等，增强网络作家的政治意识和思想自觉；通过志愿者活动、扶贫助学活动等，增强网络作家的社会责任感和职业道德感；通过评选表彰等，增强网络作家的荣誉意识和进取精神。另一方面，要帮助网络作家“走出去”，对于优秀的网络作家和作品，要加大推广力度，让他们更好发挥示范作用；要利用好群团组织的网宣队伍和网络影响力，推动形成

弘扬主旋律和正能量的网络文学环境,使优秀网络作家和作品能够脱颖而出。

3. 注重发挥行业协会等社会组织的作用

新形势下开展统战工作"要注重各类新经济组织、新社会组织"①。网络作家广泛参与的行业协会、联谊组织、"自组织"等,是做好团结引领工作的天然纽带。要在这些组织的制度建设、资金筹措使用、活动场所、领导选拔等工作中加强帮带和监管,提高他们的政治站位、公信力和影响力,使其成为做好团结引领工作的重要渠道。

(三) 注重吸纳培养,巧妙发挥网络作家团结引领的头雁效应

"我们党始终重视培养人才、团结人才、引领人才、成就人才。"②做好网络作家团结引领工作,关键是要发掘和培养一批网络文学人才,团结支持他们为党和人民事业建功立业。特别是要按照习近平总书记"努力造就一批有影响的各领域文艺领军人物"③的要求,着力发现、培育网络作家群体中的领军人才,通过发挥他们的头雁示范效应,建立满足团结引领工作需要的网络作家人才队伍。

1. 建立网络作家科学评价机制,精准发现人才

"世有伯乐,然后有千里马",精准发现人才是建立网络作家人才队伍的基础。然"千里马常有,而伯乐不常有",要使各级统战部门发挥好"伯乐"作用,需要完整的人才科学评价机制。"养德和修艺是分不开的"④,习近平总书记的重要论述为科学评价网络作家提供了根本遵循。首先,要坚持以德为先,从网络作家的个人私德、作品蕴含的社会公德、网上言行体现的修养道德等方面出发进行全方位考察,实行品德一票否决制。其次,要注重实绩、突出才干,优先选拔有优秀代表作品、有广泛读者群、有重要影响力的网络作家。

2. 建立网络作家培养激励机制,用心打造人才

古人云,玉不琢,不成器,要使选拔出来的网络作家能够充分发挥作用,必须立足长远,制定合理的人才培养激励措施,帮助他们成长为可堪大用之人才。其一,要制订切实可行的培养计划。针对网络作家来源多元、思想复杂、思维活跃

---

① 习近平:《巩固发展最广泛的爱国统一战线 为实现中国梦提供广泛力量支持》,《党建》2015 年第 6 期。

② 《习近平在中央人才工作会议上强调 深入实施新时代人才强国战略 加快建设世界重要人才中心和创新高地》,《人民日报》2021 年 9 月 29 日。

③ 习近平:《在文艺工作座谈会上的讲话》(2014 年 10 月 15 日),《人民日报》2015 年 10 月 15 日。

④ 习近平:《在中国文联十大、中国作协九大开幕式上的讲话》(2016 年 11 月 30 日),《人民日报》2016 年 12 月 1 日。

等特点，在人才培养中要突出党的创新理论教育，强化其宗旨意识、大局意识和责任意识，引导他们做好社会表率。其二，要有针对性地培训培养。通过组织学习、参观调研等活动，帮助他们从国家发展全局出发认识当前各类现实问题，大力提高他们的政治素养和理论水平。其三，要在创作实践中锻炼人才。要鼓励网络作家创作群众喜闻乐见、弘扬主旋律和正能量的作品，通过作品反响和读者反馈，砥砺磨练网络作家写作能力，使他们能更好地驾驭同类作品。其四，要提供适当激励措施。通过设立创作基金、出版基金、组织奖项评选等方式激励优秀作家创作优秀作品，充分调动网络作家成长成才的积极性。

3. 建立网络作家服务监管机制，尽心呵护人才

要做好网络作家服务工作，尽力排忧解难，协助他们解决版权纠纷、稿酬纠纷、社保缴纳等实际问题，呵护网络作家的创作理想，鼓励优秀人才在网络文学领域扎根。同时，要本着对组织负责、对网络作家负责的态度，在思想、作风、纪律等方面抓好网络作家的监督管理与动态考核。要着重关注苗头性、倾向性、方向性问题，通过与网络作家充分沟通，防止小问题演变为大麻烦，确保优秀网络作家沿着正确的职业道路不断进步。

4. 建立网络作家参政议政机制，充分使用人才

要把网络作家群体中政治立场坚定、品德才干突出、社会影响力巨大的代表性人才用起来，纳入人大代表、政协委员、政府参事、兼职纪检监察员、特聘专家等的推荐范围，使他们成为团结引领工作的共同参与者。在政府决策、行业治理等过程中，要注重调研倾听网络作家代表性人才意见，充分发挥他们的才干。

（四）借助网络技术，倾力打造网络作家团结引领的智能格局

要深入网络作家群体、做好团结引领，必须使统战工作走进网络的“田间地头”。面对网上每天产生的海量信息资源，要使有限的统战力量发挥最大效用，就必须借助各类网络技术手段，倾力打造智能化工作格局，以网络化、信息化、智能化为效能倍增器，持续放大网络作家团结引领工作成效。

1. 搭建网上沟通平台，增强同网络作家交流互动

网络作家流动性强，工作时间自由，相当比例为兼职写作，传统的沟通方式难以适应网络作家群体的特点。在网络作家团结引领工作中，可以通过网上信箱、互动交流平台、微信群、论坛等形式，搭建起统战部门同网络作家群体进行沟通的平台，以便充分了解网络作家的想法，及时帮助他们排忧解难，增强他们的

向心力和凝聚力。

2. 利用大数据技术，建立网络作家数据库

针对网络作家数量规模庞大，范围对象难以精准掌握的特点，建立网络作家数据库，能够有效提升团结引领工作的针对性和有效性。建立网络作家数据库，首先要充分调动相关单位和网络作家自身的积极性。一方面，可以利用区块链等技术，在确保信息安全基础上加强网站平台、政府机构、群团组织、协会等的信息共享互通。另一方面，可以通过建立网络作家认证、评级系统等，调动网络作家参与数据库建设的主动性，使他们更积极地分享数据。其次，全面采集、分析网络作家基本信息、作品、网上言论、影响力等内容，形成网络作家风格特征的数据画像，构建网络作家分级分类系统，在满足统战工作需要的同时，也为其他部门推进团结引领工作提供数据支撑。最后，做好数据动态挖掘工作，通过不断分析比较，找出做好团结引领工作的关键招数和网络作家群体中的关键少数，使工作开展更有的放矢。

3. 利用舆情分析系统，把握网络作家群体动向

可以借助目前已比较成熟的网络舆情分析系统，通过计算机实时抓取和处理数据，来实现对网络作家群体动向的及时了解，增强团结引领工作的主动性和时效性。重点要实现以下几种功能：热点、敏感问题及发展趋势分析，突发或重大事件报警，目标信息收集整理，决策数据支持。

4. 利用算法技术，引导网络作家传播正能量

互联网算法或推荐算法是指利用数学计算方法推算互联网用户喜好并精准推送内容的技术。算法技术自 20 世纪 90 年代被首次提出后迅速发展并渗入互联网各领域，成为决定网络推送内容的“看不见的手”。2021 年国家网信办等九部委共同制定了《关于加强互联网信息服务算法综合治理的指导意见》，提出“在算法应用中坚持正确政治方向、舆论导向、价值取向。提高正能量传播的精准性和有效性，规范信息分发行为和秩序，推动企业借助算法加强正能量传播，引导算法应用向上向善”。统战部门可以同网络文学平台、搜索引擎、社交媒体等加强合作，在其算法中嵌入团结引领的导向和要求。对于那些符合社会主义核心价值观要求、弘扬传播正能量的网络作家和作品，要通过算法使更多网民知晓；对于那些传播有害或灰色内容的作家和作品，则要通过算法使他们在网上销声匿迹，无法产生影响。在算法这只“看不见的手”的作用下，通过大浪淘沙、优胜劣汰，逐步形成政治立场鲜明、价值观导向正确、作品积极向上的网络作家群体。

第四节　新时代扬州市自由职业人员统战工作初探

一、我国自由职业人员的兴起与概念

我国自由职业者是适应市场经济发展和信息技术进步需要而产生的新兴社会群体，这一特定群体存在着一定程度的广泛性、流动性和复杂性。在我们党的文献中，这一概念最早可追溯至1939年12月毛泽东的《中国革命与中国共产党》。毛泽东在文中指出，“农民以外的小资产阶级，包括广大的知识分子、小商人、手工业者和自由职业者……有各种业务的自由职业者，医生即是其中之一。他们不剥削别人，或对别人只有轻微的剥削。”

中华人民共和国成立后，尤其是在20世纪50年代完成了社会主义改造后，自由职业的概念几近消失。国家以单位制的形式整合社会，大量的自由职业者被体制和组织吸纳。改革开放后，随着社会主义市场经济体制的逐步确立，体制内从业者从组织和单位脱离，成为自由职业者，自由职业的概念再次回到学界和社会的视线之中。

从当下统战工作实务的语境来看，对自由职业者的理论研究和统战实践探索可追溯至21世纪初。2001年，江泽民在“七一”讲话中提到了新的社会阶层的概念，强调新的社会阶层也是中国特色社会主义事业的建设者，并明确了六类人员，其中便包括自由职业人员。这是党中央第一次在公开场合正式提出新的社会阶层概念，同时也是党中央关于“自由职业人员属于新的社会阶层”的最早提法。

2002年，党的十六大报告再次肯定了自由职业人员作为中国特色社会主义事业建设者的重要地位。报告指出:“在社会变革中出现的民营科技企业的创业人员和技术人员、受聘于外资企业的管理技术人员、个体户、私营企业主、中介组织的从业人员、自由职业人员等社会阶层都是中国特色社会主义事业的建设者。”2006 年,第二十次全国统战工作会议提出了加强新的社会阶层人士统战工作的新要求,并把新世纪新阶段统一战线的工作对象扩大为 15 个方面,自由职业人员是其中的一个方面。自 2001 年“七一”讲话起,自由职业人员的概念逐步走向清晰化、具体化,自由职业人员的群体轮廓和外延也更加形象地呈现在我们面前。

2015 年 5 月 18 日正式实施的《中国共产党统一战线工作条例(试行)》将统一战线工作范围和对象由原来的 15 个方面调整为 12 个方面,把“私营企业、外资企业的管理人员和技术人员”“中介组织从业人员”“自由职业人员”“新媒体从业人员”等统称为“新的社会阶层人士”。“自由职业人员”不再单列为统一战线的工作范围和对象,而正式成为新的社会阶层人士中的一个明确分类。新形势的出现,对我国的统战工作提出了更多的新要求和新任务。党中央对上述条例进行了调整修订并于 2020 年底发布了《中国共产党统一战线工作条例》。这一条例成为新时代我们党统一战线工作开展的基本遵循。自由职业人员成为新的社会阶层人士四大类之一的地位也有了长期稳定遵循。

对于自由职业人员的概念界定,自 2001 年“七一”讲话以来存在多种声音。直到 2017 年 2 月第一次全国新的社会阶层人士统一战线工作会议召开前夕,中央统战部微信公众号“统战新语”撰文指出,自由职业人员指不供职于任何单位和组织,凭借自己的知识、技能和专长,为社会提供某种服务并获取报酬的人员。该文也对自由职业者所包括的六类群体进行了界定。这可以看作官方对自由职业者这一概念在当前发展阶段的定性。对这一概念的明确界定有助于更好地明确区分统战对象、把握群体特征,有利于新时代统战工作的更好展开。

二、自由职业人员统战工作方法与实践

从上述概念的形成与演变来看,自由职业人员始终同“新的社会阶层”与“新的社会阶层人士”概念捆绑在一起。自由职业人员统战工作方针与工作开展方法总体上是以新的社会阶层人士统战工作为基本遵循的。

2006 年全国第二十次统战工作会议明确的新的社会阶层人士的统战工作方针为我们党开展新的社会阶层人士统战工作提供了指导。会议要求把新的社

会阶层人士作为统一战线工作的新的着力点，明确新的社会阶层人士的统战工作方针是：充分尊重、广泛联系、加强团结、热情帮助、积极引导。会议要求，在党委统一领导下，建立由统战部门牵头、党政有关部门参加、社会有关团体参与的联席会议制度，形成开展新的社会阶层人士统战工作的合力。要在工作方针的指导下探索新的社会阶层人士统战的工作方法，注重以社团为纽带，以社区为依托，以网络为媒介，以活动为抓手。这是针对广义的新的社会阶层人士统战工作提出的工作方针和要求。

在上述方针的具体指导下，各地统战部门在新的社会阶层人士统战工作方面开展了许多有益的尝试与探索，总结了不少的工作方法与统战策略。

一是摸清底数，夯实工作基础。摸清底数、掌握数据是展开工作的基础。在中央统战部的要求下，各地统战部门相继开展了关于新的社会阶层人士的调研，对所在地新的社会阶层人士的分布情况、职业分类、学历水平、参政意愿程度等进行了实际摸排，部分统战部门在摸排的数据基础上依托互联网构建并完善了数据信息平台。比如，宁波市统战系统全面启动人员库、组织库、档案库、地理库4个数字库的建设，建设一、二、三类人物库。扬州在摸清底数方面也做了相似的探索，依托“扬统云”平台，增补新的社会阶层人士组织库、人员库、信息库，由此走在全省统战信息化工作的前列。

二是织密网络，提升组织化水平。从线下的层面来看，各地统战部门采取的普遍做法包括成立“新的社会阶层人士联谊会”，拓宽统战网络；在中介组织、工业园区等处设置党组织，加强党的集中统一领导；在街道社区等设置统战联络员，推动统战工作下沉。从线上的层面来看，主要是加大了互联网信息平台的资金投入，搭建了一批有针对性的平台。在搭建的微信公众号、新闻类APP地方平台公众号上发布新的社会阶层人士的统战政策信息、党史教育等。通过线上、线下举措将新的社会阶层人士尽可能地吸纳进党能够集中统一领导的组织中去，尽可能地织大织密统战网络。

三是抓好关键，彰显政治关怀。识别、审核、举荐新的社会阶层人士中的代表人物和典型人物，实现其参政议政的愿望。各地统战部门加强了新的社会阶层人士参政议政队伍的培育，在政府部门、企事业单位中预留了合适的职位，着力做好新的社会阶层人士的政治吸纳工作。部分地区将在人大和政协中适当增加新的社会阶层人士代表名额作为一项新的制度进行探索。

正确区别新的社会阶层人士和自由职业人员并合理运用恰当的统战策略开展工作是坚持普遍性和特殊性相结合的马列主义科学方法论在统战工作中的具

体表现。自由职业人员作为新的社会阶层人士的一个明确分类，在群体特征上与广义的新的社会阶层人士既有共性又有差异。这就决定了除在总体上遵循新的社会阶层人士统战工作方法和策略外，自由职业人员的统战工作也有一些自身的特色实践。

一是开展评选表彰提升荣誉感。不同于其他三类人员，自由职业人员构成中存在着相当多的以自由撰稿人、网络作家在内的自由写作人员以及包括自由画家、书法家、摄影师在内的自由文艺创作人员。这类群体同样需要认同感、成就感、实现感。针对这类群体，部分地区的统战部门有针对性地开展了特色评选活动。比如2019年，无锡市民进网络作家支部与市文联联合开展了无锡网络文学“金手指”奖评选活动，积极推进文化惠民，促进网络文学健康发展。

二是提供优质服务提升安全感。自由职业人员中的部分群体存在有工作无单位、有工资无保障的问题。比如，技能型市场服务人员在职业技能培训和职业生涯发展规划上存在支撑不足的问题，部分自由职业人员子女的入学保障、职称评定等也存在困难。针对这些群体的“心头病”，各地统战部门积极地同相关职能部门联合探索做好自由职业人员的行业技能培训、职称评定、政策理解、社会保障工作等，解决他们的后顾之忧，让他们能够做到安得下心，稳得住神。

三是搭建基地平台提升归属感。自由职业人员流动性较大，分散程度较高，缺少就职单位提供的联谊机会和活动平台。针对这一问题，各地统战部门打造了一批活动基地。比如，高邮在2019年建成的“同心教育实践馆”目前已成为江苏省统一战线最大的主题教育馆，自由职业人员的联谊活动、政策咨询、技能培训有了空间保障。再比如，杭州的“同心荟”、无锡的“新英汇”也都是搭建基地的有益实践。

三、扬州自由职业人员统战工作探索与创新

近年来，扬州市委统战部以《中国共产党统一战线工作条例》为遵循，以“组织起来”为抓手，在自由职业人员统战工作方面作出了许多符合本地自由职业人员情况的特色尝试与创新。

扬州积极适应自由职业人员的特点，采用集中培训与走访座谈相结合、专题报告与活动组织相结合、典型宣传与服务帮助相结合等方式，坚持分类施策，积极主动为自由职业人员送理论、送政策、送服务，多措并举，常抓不懈，最大限度

地凝聚他们的思想共识，激发创新活力。

一是以先进理论教育人。以工作走访、课题调研等多种形式，分层次、分领域进行座谈交流，深入了解自由职业人员的工作生活现状、利益诉求，听取意见建议。以专题报告会、交流研讨会等形式，及时组织学习习近平新时代中国特色社会主义思想和党的十九大精神，专题学习习近平总书记系列重要讲话精神和全国新的社会阶层人士统战工作会议精神，传达学习各级统战部门针对自由职业人员的工作方针政策，把党的关心、支持送到心里，引导自由职业人员正确认识中国特色社会主义道路，用党的先进理论统一思想、凝聚共识，增强他们坚定不移跟党走的信心。在定期举办的培训班中，注重吸收自由职业人员参加，在课程设置、交流讨论、现场教学等方面，充分考虑自由职业人员的特点和需求，因材施教，最大限度用好集中培训的时机，潜移默化地做好思想引导工作。

二是以鲜明典型引领人。建立 120 多人的自由职业人员数据库，确定 30 人为重点联系培养对象，实行动态管理并及时调整充实，保证人员素质和规模稳定。选取 9 位新的社会阶层代表人士，拍摄首期“绿扬新风——扬州市新的社会阶层人士风采”专题微视频，其中 6 位是自由职业人员，依托网站、微信公众号等多媒体手段广泛宣传，达到了宣传一个、带动一批、影响一片的效果。推荐 1 位工艺美术行业自由职业人员为全省第六届优秀中国特色社会主义事业建设者。主动邀请有关代表人士参加调研考察、座谈交流等活动，通过有序组织、正向引导，调动参政议政的积极性，增进思想政治共识。加大政治安排力度，先后推荐安排自由职业人员省政协委员 1 人、市政协委员 1 人、县(市、区)人大代表 8 人、县(市、区)政协委员 11 人，畅通自由职业人员有序政治参与渠道。

三是以政策帮扶激励人。在掌握情况的基础上，推动县(市、区)职能部门全面梳理涉及自由职业人员的政策，将其纳入政策覆盖范围，用政策团结人。宣传、文化等部门将文化领域自由职业人员纳入文艺创作引导资金申请范围，支持鼓励他们多出优秀作品。经信、人社等部门将工艺美术领域自由职业人员纳入职称评定范围，支持帮助他们发挥专业技术优势，投身创新创业大潮。设立“湾头玉器产业小微企业成长基金”，帮助 800 多户从事玉器创作的自由职业人员提高应对风险的能力。面向全国招收扬州漆艺学徒并提供免费培训，启动“扬州市美术教师非遗项目(扬州剪纸)培训”工作，为扬州非遗文化的传承发展注入新的血液和力量。

四是以特色活动团结人。针对自由职业人员的特点，先后成立了以工艺美术领域自由职业人员为主体的"扬州市 486 工艺美术自由创业联盟",以书画领域自由职业人员为主体的"扬州市自由书画之家"等统战联谊组织;依托有影响力的自由职业人员个人工作室,建立统战工作联系点,搭建了点面结合的特色平台载体。依托搭建的平台载体,充分发挥联谊组织的作用,先后举办了庆祝香港回归 20 周年、"喜迎十九大·共筑中国梦"、"壮丽七十年·奋进新时代"书画作品展、"我爱你中国——同心七十年·携手新时代"非遗大师精品展等主题展览活动,展出各类作品近 300 幅,参与 500 人次以上,既凝聚了共识,又激发了自由职业人员参与统战活动的积极性创造性。组织开展"肩负新使命、奋进新时代""与改革共成长、与时代共繁荣"等专题学习考察活动,既增加了联系联谊、增强了组织活力,又增进了团结凝聚。通过聘请组织能力强、业务素养好、具有一定号召力的新的社会阶层人士为联谊组织负责人,激发他们的自豪感、归属感、责任感;邀请他们参加江苏庆祝香港回归 20 周年、澳门 2018 迎新年、"文艺进万家"、非遗文化"进社区、进学校"等活动,发挥他们在传承优秀文化、弘扬社会主义核心价值观等方面的积极作用。

通过加大经费投入,为自由职业人员搭建了场所固定、条件较好的活动交流平台,也为搭建其他类别新的社会阶层人士统战工作平台载体积累了经验。通过召开座谈会,走访代表人士,举办培训班,开展主题教育,加强了思想引导,将自由职业人员紧紧地团结在党和政府周围,壮大了全市统一战线,营造了和谐稳定的社会环境。通过拓宽选人视野和推荐渠道,创新培养方式,适度安排使用,树立了自由职业人员良好的社会形象,激发了他们立足岗位建功立业、积极投身创新创业大潮的热情,为全市经济社会发展集聚了新力量。

四、新时代自由职业人员统战工作再思考

中央将新的社会阶层人士的工作方针概括为"信任尊重、团结引导、组织起来、发挥作用"。相比于过去的二十字方针,调整后的方针聚焦于如何做好统战工作,更加凝练简洁,更加求真务实,更具针对性和指导性。

"信任尊重、团结引导"浓缩了原二十字方针的核心要义,指出了新时代新的社会阶层人士统战工作的重要前提、鲜明主题和根本任务。"组织起来、发挥作用"是党中央给新时代新的社会阶层人士统战工作提出的新要求和新方向。"组织起来"是新时代党开展新的社会阶层人士统战工作的基本方法,要求运用好社会化、网络化的方法,通过实践创新基地、联谊组织等形式凝聚起新的社会阶层

人士的政治共识。“发挥作用”则是开展新时代新的社会阶层人士统战工作的最终目的。习近平总书记多次强调，要做好新的社会阶层人士工作，发挥他们在中国特色社会主义事业中的重要作用。要求通过上述工作方法，最终发挥好新的社会阶层人士在巩固社会意识形态安全、参与社会治理、推动社会变革创新、服务中心大局方面的战略作用。

新的工作方针是新时代“围绕中心，服务大局”在新的社会阶层人士统一战线工作方面的具体诠释，是习近平新时代中国特色社会主义思想对新的社会阶层人士统战工作指导加强的重要体现。新的社会阶层人士统战工作的开展需要我们在新的工作方针的指导下深刻思考，及时改进。

一是要加强调查研究，动态掌握底数。调查研究是我们党的传家宝，只有注重调查研究才能更好地贯彻问题导向。自由职业人员增速快、增量大且群体职业具有较大的流动性。自由职业人员的信息数据不可能通过一次大规模的调研或统计就能完成，需要及时地进行数据信息的更新，时刻做到把握底数。第一，要实现当前数据信息最大限度的摸排清零。对于未开展自由职业人员数据统计和调研的地区，要及时开展这项工作，对当前自由职业人员情况做到心中有数。第二，要多措并举保障数据的“动态更新”，对新出现的信息及时“清零”。统战部门要做好谋划指导工作，推动自由职业人员统战工作下沉，给予基层统战联络员、统战委员更多的权限，通过自由职业人员定期申报和基层统战工作者联络申报初审、统战部终审的流程保障数据更新的准确性。第三，要时常开展调查研究。对于自由职业人员底数的掌握绝不仅限于职业的变化、收入的涨落等客观指标方面，还要把握其心理状态、幸福感、满足感等主观指标方面。统战部门应有组织、有规划地定期开展调查研究，全面了解把握自由职业人员新动态。

二是要坚持唯物辩证法，学会具体区别分析对待。要辩证地看待分析当下统战工作中出现的现象。第一，要辩证看待关键少数和普通多数之间的关系。《中国共产党统一战线工作条例》明确将党外代表人士作为重点统战对象，但在开展具体统战工作的过程中有时出现了只抓关键少数的情况，甚至将个人的成功与否、资产多寡作为判断是否为关键少数的依据，这实际上是将统战工作简单化的表现。个人成功不等于具备群众影响力、代表性，将党外代表人士作为重点统战对象不等于只抓关键少数。要掌握好唯物辩证法，解好统战工作中的“不等式”。在做好抓关键少数的基础上，要向普通多数的自由职业人员适当倾斜统战资源。通过更多的线上线下平台，分配更多的人财物以做好对普通多数自由职业人员的政策沟通解释、社会福利权利保障、幸福感满意度提升等工作。第二，要辩证地看待自由职业人员中的不同群体。过去部分调研报告基于较小的样本统计和较不规范的问卷设计得出了较为偏颇的结论。有些报告认为自由职业人员参政意愿强烈，但是缺少平台。有些报告则认为自由职业人员对政党制度认识少，参政议政意愿低。实际工作中，可能存在自由艺术家和创作者们参政议政意愿强烈，自由技术服务人员可能更多地关注自身的生活保障和工资待遇，参政意愿低的现象。这些情况都需要我们辩证地看待、具体地分析，只有这样，我们的统战工作才能“投其所好”“对症下药”，更好地凝聚起共识。

三是要围绕“组织起来”，创新组织方法形式。自由职业人员不同于中国共产党和民主党派，在具体的集体活动和组织中缺少党纪章程的各种约束。实际的组织工作中经常出现“看似千军万马，实则无人答应”的尴尬局面。部分针对自由职业人员的组织活动流于形式，浮于表面；部分组织活动沉于说教，死板生硬。这就失去了活动组织的意义，更不可能实现“发挥作用”的最终目的。第一，要创新活动组织形式，自由职业人员的活动组织更多地采用情景式教学，摆脱室内说教。将活动组织置于统战基地中去，置于爱国主义教育基地中去，置于实践中去。在注重内容高站位的情况下，尽可能地提升活动组织的趣味性。第二，要推动实现统战工作者人人成为自由职业人员统战领域的“行家”。不同于党派领域、民族宗教、港澳台等，自由职业人员的成员更接地气，接触频次更高。要改变过去依托规模化、组织化程度更高的活动来组织团结自由职业人员，要让各条战线的统战工作者都能够掌握自由职业人员统战工作的方法与策略，使其能够参与到对自由职业人员的日常统战工作中来，在日常的接触中做到随时随地组织起来，随时随地在思想上实现引领。

四是要注重结果导向，支持引导鼓励发挥作用。过去新的社会阶层人士发挥作用的领域较少，多集中于经济稳定持续发展和传统文化传承传播方面。新时代、新形势的变化带来新的挑战、新的风险。包括自由职业人员在内的新的社会阶层人士群体特征的多元化决定了其可“发挥作用”的多领域、多层次。第一，要发挥出新的社会阶层人士在常态形势和政策背景下的作用。如在网络安全领域，西方势力渗透严重，对舆论话语权的激烈争夺日趋常态化，作为新的社会阶层人士中的重要组成部分，新媒体从业人员可以作为重要的力量加入争夺网络话语权和捍卫国家舆论空间的斗争。统战部门同其他相关部门应该在划出底线、明确政策、做好引导的前提下，给予其更多的网络舆论自主权。再如，新时代“一带一路”大背景下，知识型市场型服务人员和技能型市场服务人员都有了更大的舞台。我们可以给予更多的语言培训、政策解释、资金支持等服务，引导自由职业人员更加积极地“走出去”。第二，要发挥出其在处理社会风险和解决突发性灾难时的作用。我们应该做好宣传，提供服务平台，鼓励全体新的社会阶层人士同整个社会一起共克时艰，巩固新时代的爱国统一战线。

后 记

习近平总书记在党的二十大报告中指出:“人心是最大的政治,统一战线是凝聚人心、汇聚力量的强大法宝”“加强党外知识分子思想政治工作,做好新的社会阶层人士工作,强化共同奋斗的政治引领”。在中国式现代化进程中巩固和发展最广泛的爱国统一战线,坚持大团结大联合,具有十分重要的意义。新的社会阶层人士是中国式现代化的重要力量,是爱国统一战线的重要组成部分,加强新的社会阶层人士思想政治引领,鼓励支持他们立足岗位、建功立业,积极投身中国式现代化实践,施展才华和抱负,是做好新时代统战工作的重要方面。由江苏省委统战部、江苏省社会科学院共建的中国统一战线理论研究会新的社会阶层人士统战工作理论江苏研究基地自 2004 年挂牌成立以来,发挥统战系统的组织优势和基地专家学者学术专长,致力于新的社会阶层人士统战工作理论前沿和热点问题研究,取得了丰硕研究成果,为相关领域统战工作的开展提供了理论支持和实践引导,在新的社会阶层人士统战工作研究领域形成了富有特色的品牌。本书系江苏研究基地专家学者、统战系统实际工作者聚焦新的社会阶层人士重点研究领域的较新研究成果,以期为全国这项工作高质量开展提供参考。

本书系学术研究著作,各篇所述内容均为作者个人观点。各篇参与研究和撰写人员如下:第一篇,张春龙、顾辉、吴晓静、殷乐希、马立松;第二篇,张卫、后梦婷、孙运宏、鲍雨、薛峰波、符迪;第三篇,张卫、后梦婷、郭晓东、刘向东;第四篇,吉强、王超、张卫、鲍雨;第五篇,郭晓东、张春龙、李天鹏、周琛、汤建影、范烨菁;第六篇,张卫、后梦婷、孙运宏、鲍雨、张伟伟、殷乐希、马立松、茅建刚、王肇金。张卫、后梦婷等同志对全书进行了统稿。

本书在研究和撰写过程中得到了中国统一战线理论研究会有关专家、江苏省委统战部、江苏省社会科学院以及江苏省社会主义学院有关领导的关心和支持，得到了南京大学、南京师范大学、南京理工大学、中国矿业大学、南京传媒学院等高校，以及南京、苏州、无锡、扬州、泰州、盐城、徐州、江阴等地党委统战部的大力帮助，在此一并表示衷心的感谢。由于水平有限，本书在编写过程中难免有不足之处，欢迎读者批评指正。

希望本书能够为理论和实践工作者提供有益的借鉴，能够为进一步加强新的社会阶层人士统战工作提供有力的支撑。

中国统一战线理论研究会新的社会阶层人士
统战工作理论江苏研究基地
2022 年 12 月